Markus Bauder, Volker Holzer, Thomas Paaß, Christian Seifritz

Holzer Stofftelegramme

Wirtschaftsgymnasium

Volks- und Betriebswirtschaftslehre mit wirtschaftlichem Rechnungswesen

Baden-Württemberg

Lösungen

6. Auflage

Bestellnummer 00637

Bildungsverlag EINS

Haben Sie Anregungen oder Kritikpunkte zu diesem Produkt?
Dann senden Sie eine E-Mail an 00637_006@bv-1.de
Autoren und Verlag freuen sich auf Ihre Rückmeldung.

www.bildungsverlag1.de

Bildungsverlag EINS GmbH
Hansestraße 115, 51149 Köln

ISBN 978-3-427-**00637**-4

INHALTSVERZEICHNIS

VOLKSWIRTSCHAFTSLEHRE

1 Kosten- und Leistungsrechnung I: Grundlagen – Abgrenzungsrechnung

1.1 Grundbegriffe und Aufgaben

1. Vgl. Stofftelegramm

2. a) Aufwendungen b) Ausgaben + Aufwendungen c) Ausgaben d) - e) Aufwendungen

3. Betriebsfremde, periodenfremde, außerord. Aufwendungen, Verluste aus AV-Abgängen

4. a) Neutrale Aufwendungen: Aufwendungen, die nicht als Kosten erfasst werden (vgl. 3.)

   b) Zweckaufwand: kostengleicher Aufwand

   c) Grundkosten: aufwandsgleiche Kosten

   d) Zusatzkosten: Kosten, die in der GuV nicht als Aufwand erfasst werden

   e) Anderskosten: Kosten, die in der GuV in anderer Höhe als in der KLR erfasst werden

5. Vgl. Stofftelegramm

6. a) Kosten b) periodenfremd c) Verluste aus AV-Abgang d) Kosten
   e) betriebsfremd f) Kosten g) außerordentlich h) Kosten

7. Abgrenzung der Kosten und Leistungen (= Größen der KLR) von den Aufwendungen und Erträgen (= Größen der GuV-Rechnung). Neutrale Aufwendungen und Erträge werden herausgefiltert, um die für die KLR notwendigen reinen Kosten und Leistungen zu erhalten.

8. Vgl. Stofftelegramm

1.2 Kalkulatorische Kosten

1. Vgl. Stofftelegramm

2. Unterscheidungsmerkmale: Vgl. auch Stofftelegramm

   Begründungen für den unterschiedlichen Ansatz kalkulatorischer Abschreibungen:

   - **Abschreibung des betriebsnotwendigen Vermögens:** Nur dieses dient dem ordnungsgemäßen Betriebsablauf. Darüberhinausgehendes Vermögen darf kalkulatorisch nicht berücksichtigt werden, weil z. B. Konkurrenten dieses auch nicht kalkulieren.

   - **Lineare Abschreibung:** Im Unterschied zur degressiven Abschreibung führt die lineare Abschreibung zu einer kostenrechnerisch erwünschten gleichmäßigen Kostenbelastung der einzelnen Perioden.

   - **Abschreibungsgrundlage = Wiederbeschaffungskosten:** Bei Preissteigerungen kann die neue Maschine aus den Abschreibungsrückflüssen beschafft werden. Hierdurch wird eine substantielle Kapitalerhaltung erreicht.

3. Vgl. Stofftelegramm

4. a) Zweckaufwand = Grundkosten: 100 000,00 EUR

   Neutrale Aufwendungen: 20 000,00 EUR

   Zusatzkosten 0,00 EUR

   b) Zweckaufw. = Grundkosten: 70 000,00 EUR

   Zusatzkosten: 20 000,00 EUR

   Neutrale Aufwendungen 0,00 EUR

5. • Wiederbeschaffungskosten sind gesunken:

   kalkulatorische Abschreibung ist kleiner als die bilanzielle Abschreibung.

   • Bilanzielle degressive Abschreibung, die in den Anfangsjahren größer als die lineare Abschreibung ist.

6. a) Gesamtergebnis = E – A = **– 40 000,00 EUR**

   b) Betriebsergebnis = **+ 10 000,00 EUR**

   c) Neutrales Ergebnis = **– 50 000,00 EUR**

   d) Kosten = **50 000,00 EUR**

   Nebenrechnungen:

   Neutrale Erträge *= Erträge – Leistungen = 70 000 – 60 000* *= 10 000 EUR*

   Neutrales Ergebnis *= Neutrale Erträge – Neutr. Aufw. = 10 000 – 60 000* **= – 50 000 EUR**

   Betriebsergebnis *= Ges.erg. – Neutr. Erg. = – 40 000 – (– 50 000)* **= + 10 000 EUR**

   Betriebsergebnis *= Leistungen – Kosten –>* **Kosten** *= 60 000 – 10 000* **= + 50 000 EUR**

Abituraufgabe 2006: Aufg. 1 (teilweise)

1.1 Neutraler Aufwand: bilanzielle Abschreibung > kalkulatorische Abschreibung
Zusatzkosten: bilanzielle Abschreibung < kalkulatorische Abschreibung

1.2 <u>Abschreibungen auf Gebäude:</u>

Bilanziell: 91 % = 546 000,00 EUR
9 % = x = <u>54 000,00 EUR</u>

Kalkulatorisch: 9 % von 650 000,00 EUR = <u>58 500,00 EUR</u>

<u>Abschreibungen auf Maschinen:</u>

Bilanziell:	Anschaffungskosten	100 %		800 000,00 EUR
	– Abschreibung 2003	20 %		160 000,00 EUR
	Bilanzwert 31.12.2003	80 %	100 %	640 000,00 EUR
	– Abschreibungen 2004		20 %	128 000,00 EUR
	Bilanzwert 31.12.2004	100 %	80 %	512 000,00 EUR
	– Abschreibungen 2005	20 %		102 400,00 EUR
	Bilanzwert 31.12.2005	80 %		409 600,00 EUR

Summe Abschreibungen: 160 000,00 EUR + 128 000,00 EUR + 102 400,00 EUR = <u>390 400,00 EUR</u>

Kalkulatorisch: 30 % von 960 000,00 EUR = <u>288 000,00 EUR</u>

Abschreibungen auf

– Gebäude	bilanziell	54 000,00 EUR
	kalkulatorisch	58 500,00 EUR
– Maschinen	bilanziell	390 400,00 EUR
	kalkulatorisch	288 000,00 EUR

Bezeichnung	neutrale Aufwendungen	Grundkosten	Zusatzkosten
beb. Grundstücke	-	54 000,00 EUR	4 500,00 EUR
Maschinen	102 400,00 EUR	288 000,00 EUR	-

1.3 Die Absenkung des steuerrechtlich zulässigen Abschreibungssatzes betrifft lediglich die Finanzbuchhaltung. Dort werden die Aufwendungen in den ersten Nutzungsjahren geringer und damit der Jahresüberschuss (= Unternehmensergebnis) höher.

In der KLR soll durch die Abschreibung die tatsächliche Wertminderung erfasst werden. Somit ergeben sich durch diese gesetzgeberische Maßnahme keine Auswirkungen auf die Kosten und damit auf das Betriebsergebnis.

1.6 In der GmbH ist der Geschäftsführer Angestellter der juristischen Person. Sein Entgelt ist bereits als Personalaufwand gebucht und stellt in gleicher Höhe Grundkosten in der KLR dar.

2 Kosten- u. Leistungsrechnung II:
• Kostenstellenrechnung • Kostenträgerstückrechnung

2.4 Aufgaben zu den Kapiteln 1 bis 3

1. • Verursachungsgerechte Zuordnung (Verteilung) der Gemeinkosten nach Belegen oder Verteilungsschlüsseln auf die einzelnen Kostenstellen. Die Verteilung erfolgt im BAB

   • Ermittlung von Zuschlagsätzen für die Kostenträgerstück- und Kostenträgerzeitrechnung

   • Ermöglichung der Kostenkontrolle in einzelnen Kostenstellen. (Wirtschaftlichkeitskontrolle)

2. Vgl. Stofftelegramm Kap. 2.1

3. **Kostenstellen:** Diejenigen Orte im Unternehmen, an denen die Gemeinkosten entstehen - zumeist Betriebsabteilungen. Die Kostenstelle muss ein selbständiger Verantwortungsbereich sein, damit eine wirksame Kostenkontrolle möglich ist.

4. Verursachungsgerechte Verteilung der Gemeinkosten auf die Kostenstellen, in denen sie entstanden sind

5. Einkaufsabteilung, Materialannahme, Materialprüfung, Materiallager

6. a) MEK 100 000,00 EUR = 100 % FEK 70 000,00 EUR = 100 %
   MGK 65 000,00 EUR = **65 % MGKZ** FGK 105 000,00 EUR = **150 % FGKZ**

MEK		100 000,00
MGK	65 %	65 000,00
FEK		70 000,00
FGK	150 %	105 000,00
HKP		340 000,00
– Mehrbestand		10 000,00
HKU		330 000,00
VwGK	14,56 %	49 500,00
VtGK	5 %	16 500,00
SK		396 000,00

b)

MEK		200,00
MGK	65 %	130,00
FEK	(3 × 14,00 EUR)	42,00
FGK	150 %	63,00
HK		435,00
VwGK	14,56 %	63,34
VtGK	5 %	21,75
SK		520,09

7. **Beispiel 1:** Bestandsminderung sei 100 Stück:

AB	+ Produktion	– Verkäufe	= EB
300 Stück	+1 000 St.	– 1 100 St.	= 200 St.

EB (200 St.) < AB (300 St.)

Produktion (1 000 St.) < Verkäufe (1 100 St.)

↘ ↘

HK der Produktion < HK des Umsatzes

Folge: HKP + HK Minderbestand = HKU

Beispiel 2: Bestandsmehrg. = 100 St.:

AB	+ Produkt.	– Verk.	= EB
300 St.	+ 1 000 St.	– 900 St.	= 400 St.

EB (400 St.) > AB (300 St.)

Produkt. (1 000 St.) > Verk. (900 St.)

↘ ↘

HK der Produkt. > HK d. Umsatzes

Folge: HKP – HK Mehrbest. = HKU

8. Die Vertriebsgemeinkosten hängen in erster Linie davon ab, wie viel im Laufe der Periode verkauft wurde. Somit sind die Herstellkosten des Umsatzes (= Herstellkosten der verkauften Erzeugnisse) als Zurechnungsbasis zu wählen.

9. a)

Aufw. f. Hilfs- u. Betr.stoffe:	Materialentnahmescheine, sofern nicht unwirtschaftlich
Freiw. soz. Aufwand:	Zahl der Belegschaft in den Kostenstellen
Fuhrparkkosten:	Fahrtenbücher, gefahrene km...
Techn. Betriebsleitung:	Fertigungslöhne, Fertigungskosten, Belegschaftszahl...

b)

Zuschlagsgrundlage Fertigungsstelle II:	82 000,00 EUR	
Zuschlagsgrundlage Vertrieb:	460 000,00 EUR	
Istzuschlag Fertigungsstelle II:	97,56 %	(siehe unten 2.)
Istzuschlag Vertrieb:	5,00 %	(siehe unten 4.)
Zuschlagsgrundl. Verwaltung (Normal):	452 000,00 EUR	(siehe unten 3.)
Normalgemeinkosten Material:	9 600,00 EUR	(siehe unten 1.)
Normalgemeinkosten Verwaltung:	58 760,00 EUR	(siehe unten 3.)
Unterdeckung Fertigung I:	– 2 000,00 EUR	
Unterdeckung Verwaltung:	– 4 240,00 EUR	

Nebenrechnungen:

HK-Berechnung ***(Ist)***		***(Normal)***
MEK	*160 000*	*160 000*
MGK	*8 000*	*9 600*
FEK I	*50 000*	*50 000*
FGK I	*70 000*	*68 000*
FEK II	*82 000*	*82 000*
FGK II	*80 000*	*82 400*
HKP	*450 000*	*452 000*
+ B´minderg.	*30 000*	*30 000*
– B´mehrg.	*20 000*	*20 000*
HKU	*460 000*	*462 000*

1) 6 % von 160 000 = ***9 600,00 EUR***

2) 82 000,00 = 100 %
80 000,00 = ***97, 56 %***

3) Vgl. HK-Berechnung!

13 % von 452 000,00 = ***58 760,00 EUR***

4) 460 000,00 = 100 %
23 000,00 = ***5 %***

10. a)

Kosten nach Umlage I:	71 100 – 29 800 – 127 000 – 358 000 – 120 800 – 170 300
Kosten nach Umlage II:	136 800 – 378 000
Normalgemeinkosten:	72 000 – 144 000 – 379 500 – 111 775 – 178 840
Über-, Unterdeckung:	+ 900/+ 7 200/+ 1 500/– 9 025/+ 8 540

Nebenrechnungen:

HK-Berechnung ***(Ist)***		***(Normal)***
MEK	1 200 000	1 200 *000*
MGK	*71 100*	*72 000*
FEK I	*120 000*	*120 000*
FGK I	*136 800*	*144 000*
FEK II	*330 000*	*330 000*
FGK II	*378 000*	*379 500*
HKP	*2 235 900*	*2 245 500*
– B´mehrg.	*10 000*	*10 000*
HKU	***2 225 900***	***2 235 500***

b)
- Um Kostenschwankungen zu verhindern (Kalkulationsprobleme bei ständig schwankenden Preisen)
- Istgemeinkosten i. d. R. noch nicht verfügbar

11.

MEK		2 650,00
MGK	12 %	318,00
FEK		3 400,00
FGK	120 %	4 080,00
SEKF		352,00
HK		10 800,00
VwtGK	15 %	1 620,00
SK		12 420,00
VtGK	10 %	1 242,00
BVP		13 662,00
KSK/VPr.	10%	1 518,00
ZVP = NVP		**15 180,00**

12.

MEK		**94,00**
MGK	8 %	7,52
FEK I		40,00
FGK I	120 %	48,00
FEK II		56,00
FGK II	125 %	70,00
SEKF		4,48
HK		320,00
VwtGk	25 %	80,00
SK		400,00
Gewinn	8 %	32,00
BVP		432,00
KSK/VPr.	10 %	48,00
ZVP		480,00
KR	20 %	120,00
NVP		600,00

Abituraufgabe 2003: Aufg. 2 (teilweise)

5.2 Position 6:
Bilanzielle und kalkulatorische Abschreibungen werden i. d. R. von unterschiedlichen Bemessungsgrundlagen und mit unterschiedlichen Methoden vorgenommen.

Im Rechnungskreis 1 sind die bilanziellen Abschreibungen ausgewiesen. Abschreibungsbasis sind die AHK.
Abschreibungsmethode ist i. d. R. geometrisch-degressiv (höherer Wertverlust in den Anfangsjahren, zeitliche Verschiebung der Steuerbelastung).

Im Rechnungskreis 2 sind die kalkulatorischen Abschreibungen ausgewiesen. Abschreibungsbasis sind die (meist höheren) Wiederbeschaffungskosten (vgl. Ziel der substanziellen Kapitalerhaltung). Abschreibungsmethode ist i. d. R. linear (gleichmäßige Kostenbelastung der Rechnungsperioden).

5.3 Die Differenz von 200 000,00 EUR ist durch neutrale Aufwendungen bedingt. Im vorliegenden Fall handelt es sich um betriebsfremde oder periodenfremde Aufwendungen (a. o. Aufwendungen sind unter Position 8 gesondert ausgewiesen).

Beispiele: Spekulationsverluste bei nicht betriebsnotwendigen Wertpapieren, Nachzahlung für Gewerbesteuer

5.4 Bei Einzelunternehmungen und Personengesellschaften beziehen die Gesellschafter keine Gehälter, da sie keinen Arbeitnehmerstatus haben. Es liegt daher kein Aufwand vor.

In der KLR wird zur genauen Kostenerfassung ein kalkulatorischer Unternehmerlohn angesetzt, der dem gezahlten Gehalt vergleichbarer Tätigkeiten in vergleichbaren Unternehmungen entspricht (Zusatzkosten).

5.5
- Der Betrieb arbeitet unwirtschaftlich, weil die Leistungen die Kosten nicht decken (Betriebsverlust 60 000,00 EUR) –> Aussage stimmt.
- Es ergibt sich ein positives Unternehmensergebnis von 70 000,00 EUR. In dieser Höhe entsteht für die Gesellschafter ein handelsrechtlicher Gewinn (ggf. Ausschüttung) –> Aussage stimmt nicht.
- Das Unternehmensergebnis ist mit 70 000,00 EUR nicht einmal so hoch wie der kalk. Unternehmerlohn (300 000,00 EUR) –> Aussage stimmt nicht.

5.6

Fertigungsmaterial	800 000,00 EUR	
+ Materialgemeinkosten	240 000,00 EUR	30 %
Fertigungslöhne	1 600 000,00 EUR	
+ Fertigungsgemeinkosten	1 664 000,00 EUR	104 %
+ SEK der Fertigung	36 000,00 EUR	
Herstellkosten der Produktion	4 340 000,00 EUR	
– Bestandserhöhungen FE/UE	500 000,00 EUR	
= Herstellkosten des Umsatzes	3 840 000,00 EUR	
+ Verwaltungsgemeinkosten	347 200,00 EUR	8 %
+ Vertriebsgemeinkosten	**192 000,00** EUR	5 %
+ SEK des Vertriebs	80 800,00 EUR	
= Selbstkosten des Umsatzes	4 460 000,00 EUR	
Betriebsergebnis	– 60 000,00 EUR	
= Umsatzerlöse	4 400 000,00 EUR	

6 Die Materialgemeinkosten werden steigen (mehr kalk. Abschreibungen im Lagerbereich, mehr kalk. Zinsen wegen höherer Kapitalbindung). Wenn der MGK-Zuschlagsatz nicht entsprechend erhöht wird, ergibt sich eine Kostenunterdeckung im Materialbereich.

Weitere Abituraufgaben im Kapitel Deckungsbeitragsrechnung

3 Kosten- und Leistungsrechnung III: Kostenanalyse

1. 60 000 Stück = 100,00 %
50 000 Stück = **83,33 % Beschäftigungsgrad**

2./3. Vgl. Stofftelegramm

4. a)

Prod.-menge Stück	Fix-kosten EUR	Variable kosten EUR	Gesamt-kosten EUR	Stück-kosten EUR	Umsatz-erlöse EUR	Gewinn (Verlust) EUR
5	20 000	5 000	25 000	5 000	10 000	– 15 000
10	20 000	10 000	30 000	3 000	20 000	– 10 000
15	20 000	15 000	35 000	2 333	30 000	– 5 000
20	20 000	20 000	40 000	2 000	40 000	0
25	20 000	25 000	45 000	1 800	50 000	+ 5 000
30	20 000	30 000	50 000	1 667	60 000	+ 10 000
35	20 000	35 000	55 000	1 571	70 000	+ 15 000
40	20 000	40 000	60 000	1 500	80 000	+ 20 000
45	20 000	45 000	65 000	1 444	90 000	+ 25 000
50	20 000	50 000	70 000	1 400	100 000	+ 30 000

b) $p \cdot x = k_v \cdot x + K_f$ –> 2 000 x = 1 000 x + 20 000 –> **x = 20 Stück**
c) 50 Stück (Kapazitätsgrenze)
d) Stückkosten
e) Vgl. analog Stofftelegramm

5. a) 12 000 Stück = 100 %
7 200 Stück = **60 %**

b) Gesamtgewinn = U – K = 6,2 × 12 000 – 60 000 = **14 400,00 EUR**
Stückgewinn = 14 400 : 12 000 = **1,20 EUR;** Fixkosten = 60 000 : 5 = **12 000,00 EUR (1,00 EUR/St.)**
Var. Kosten = 60 000 – 12 000 = 48 000,00 EUR; Var. Stückkost. = 48 000 : 12 000 = **4,00 EUR**

c) Gesamtgewinn = U – K = 6,2 × 9 000 – (12 000 + 4 × 9 000) = **7 800,00 EUR**
Stückgewinn = 7 800 : 9 000 = **0,87 EUR**

d) U = K 6,2 x = 12 000 + 4 x –> x = **5 455 Stück** (ca.)

e) 6,2 x = 24 000 + 3 x –> x = **7 500 Stück**

6.

80 % von 800 Stück =	640 Stück	= 88 000,00 EUR	640 St. × 100,00 EUR =
90 % von 800 Stück =	720 Stück	= 96 000,00 EUR	64 000 EUR variable Kosten
Differenz	80 Stück	= 8 000,00 EUR	88 000 EUR Ges.kost. (640 St.)
Variable Stückkosten	1 Stück	= **100,00 EUR**	**24 000 EUR Fixkosten**

7.1 Gesamtkosten bei 500 Stück 14 000,00 EUR Fixkosten = 14 000 – (20 × 500) = 4 000,00 EUR
Gesamtkosten bei 600 Stück 16 000,00 EUR
Variable Kosten 100 Stück 2 000,00 EUR 30 x = 4 000 + 20 x -> x = **400 St. NS**
–> variable Stückkosten = 20,00 EUR

7.2 30 x = 4 000 + 20 x + 2 500 –> x = **650 Stück**

7.3 60 % von 800 Stück = 480 Stück

Preis	30,00 EUR
– variable Stückkosten	20,00 EUR
– fixe Stückkosten (4 000 : 480)	8,33 EUR
Stückgewinn	**1,67 EUR**

7.4 An der Kapazitätsgrenze von 800 St.: Hier sind die Stückkosten am geringsten; der Anstieg der Kostengeraden ist stets kleiner als der Anstieg der Erlösgeraden.

7.5

Preis	30,00 EUR
– Preissenkung	10,00 EUR
neuer Preis	20,00 EUR

Preis deckt gerade die variablen Stückkosten (somit kein Deckungsbeitrag - vgl. Deckungsbeitragsrechnung). Rechnerisch daher nicht sinnvoll, den Auftrag anzunehmen. Z. B. aus Arbeitsplatzsicherungsgründen kurzfristig evtl. dennoch sinnvoll.

7.6 Kosten der Überbeanspruchung (erhöhter Verschleiß, Ausschuss, unwirtschaftlicher Energieeinsatz); evtl. bereits Anstieg der Fixkosten.

8.1

Gesamtkosten bei Ausbringung von 1 000 Stück	= 15 Mio. EUR
– variable Gesamtkosten bei 1 000 Stück	= 10 Mio. EUR
Fixe Kosten **vor** Belastung	= 5 Mio. EUR

NS (VOR): 25 000 x = 5 000 000 + 10 000 x –> x = 333,333 = **334 Stück**

NS (NACH): 25 000 x = 6 000 000 + 10 000 x –> x = **400 Stück**

8.2 E – K = Gewinn –> 25 000 x – (6 000 000 + 10 000 x) = 2 000 000 –> x = **534 Stück**

8.3 **Gewinnmaximum:**
- praktisch bei 100 %; bei kostanten Erlösen und Grenzkosten und hier minimierter Fixkostenlast pro Stück.
- im Unendlichen: Fixkostenlast pro Stück als Grenzwert = 0; Grenzkosten und Stückerlöse sind konstant.

9.1 Gewinnmaximum an der Kapazitätsgrenze = 5 000 Stück
Variable Kosten bei 5 000 Stück: 1 250 000 + 210 000 = 1 460 000,00 EUR
Gewinn = E – K = 340 × 5 000 – 1 460 000 – 55 800 = **184 200,00 EUR**

9.2 Nutzenschwelle: 340 x = 55 800 + (180 + 70 + 22 + 20) x x = 1 162,5 = **1 163 Stück**

9.3.1 Kurzfristige Preisuntergrenze liegt dort, wo die Erlöse gerade noch die variablen Stückkosten decken, also bei **292,00 EUR/Stück.**

9.3.2 Langfristige Preisuntergrenze bei den Stückkosten:
$k = k_f : x + k_v$ = 55 800 : 5 000 + 292 = **303,16 EUR**

9.4.1 5 000 Stück + 20 % = 6 000 Stück; $K_f \times 2$ = 111 600,00 EUR; k_v – 25 % = 219,00 EUR
Stückkosten bei 6 000 Stück: (111 600 + (219 × 6 000)) : 6 000 = **237,60 EUR**

9.4.2 Stückgewinn = Preis – Stückkosten = 340 – 237,6 = **102,40 EUR**

9.4.3 Technischer Fortschritt; Bsp.: Fotosatzverfahren, NC-Drehbänke...

9.4.4 K = U –> 111 600 + 219 x = 238 x –> x = **5 873,68 Stück**

Abituraufgabe 2006: Aufg. 1 (Teil 2)

2.1.1 $k_v = \frac{972\,000 - 804\,000}{66\,000 - 52\,000} = 12{,}00$ EUR/Stück Fixe Kosten = 972 000,00 – 66 000,00 × 12
= 180 000,00 EUR

2.1.2 Max. Produktion nach der Kapazitätserhöhung = $\frac{70\,000 \times 40}{35}$ = 80 000 Stück

2.1.3 30 % von 12,00 EUR = 3,60 EUR/Stück $\text{Lohnkosten}_{neu} = \frac{3{,}60 \times 35}{40} = 3{,}15$ EUR/Stück

$k_{vneu} = 12 - 3{,}60 + 3{,}15 = 11{,}55$ EUR/Stück

2.1.4 Erlös je Stück = 790 400,00 : 52.000 = 15,20 EUR

<u>vorher:</u> 15,20 x = 180 000 + 12 x
x = 56 250 Stück

<u>nachher:</u> 15,20 x = 180 000 + 11,55 x
x = 49 315,07 –> 49 316 Stück

Produktionsdifferenz = 56 250 – 49 316 = 6 934 Stück weniger

2.2.1 Ohne Zuschlag: 70 000 St. – 66 000 St. = 4 000 St. × 12,00 = 48 000,00 EUR
Mit Zuschlag: (25 % von 3,60 = 0,90 EUR) = 10 000 St. × 12,90 = 129 000,00 EUR
gesamter Kostenzuwachs = 177 000,00 EUR

Variable Stückkosten für Zusatzproduktion = 12 + 3,60 × 0,25 = 12,90 EUR

2.2.2 Kostenrückgang für 66 000 Teile = 66 000 × 0,45 = 29 700,00 EUR
Kosten für zusätzliche 14 000 Teile = 14 000 × 11,55 = 161 700,00 EUR
Kostenzuwachs = 161 700,00 – 29.700,00 = 132 000,00 EUR
Preis je Stück = 132 000,00 : 14 000,00 = 9,429 EUR, gerundet 9,43 EUR

4 Kosten- und Leistungsrechnung IV: Deckungsbeitragsrechnung (Teilkostenrechnung)

1.a)

	A	B	C	insgesamt
Erlöse (EUR)	900 000,00	1 700 000,00	1 250 000,00	3 850 000,00
Gesamtkosten (EUR)	850 000,00	1 350 000,00	1 360 000,00	3 560 000,00
Betriebsergebnis (EUR)	50 000,00	350 000,00	–110 000,00	290 000,00

b1)

	A	B	C	insgesamt
Erlöse (EUR)	900 000,00	1 700 000,00	1 250 000,00	3 850 000,00
Variable Kosten (EUR)	650 000,00	1 200 000,00	860 000,00	2 710 000,00
Deckungsbeitrag (EUR)	250 000,00	500 000,00	390 000,00	1 140 000,00
Fixkosten				850 000,00
Betriebsergebnis insgesamt (vgl. a)				**290 000,00**

b2)

	A	B	insgesamt
Erlöse (EUR)	900 000,00	1 700 000,00	2 600 000,00
Variable Kosten (EUR)	650 000,00	1 200 000,00	1 850 000,00
Deckungsbeitrag (EUR)	250 000,00	500 000,00	750 000,00
Fixkosten			850 000,00
Betriebsergebnis insgesamt			**–100 000,00**

Fehender Deckungsbeitrag C (390 000,00 EUR) vermindert Betriebsergebnis in dieser Höhe.

b3) Arbeitsplatzerhaltung, „Vorzeigeartikel“, Sortimentsvielfalt, negativer DB evtl. nur vorübergehend, Komplementärartikel...

b4) Preisuntergrenze = variable Stückkosten:
A: 650.000 : 30.000 = **21,67 EUR** B: **40,00 EUR** C: **24,58 EUR**

2. Vgl. Stofftelegramm

3. Vgl. Stofftelegramm

4.1

	Min.wasser	Bier	insgesamt
Erlöse (EUR)	420 000,00	180 000,00	600 000,00
Variable Kosten (EUR)	217 200,00	90 000,00	307 200,00
Deckungsbeitrag (EUR)	202 800,00	90 000,00	292 800,00
Fixkosten			185 000,00
Betriebsergebnis			**107 800,00**

4.2.1 Deckungsbeitrag ohne zusätzlichen Absatz von 30 000 Kasten Bier:

Verkaufserlös	180 000,00 EUR
– Einstandspreis (15 000 × 7,50)	112 500,00 EUR
Deckungsbeitrag	67 500,00 EUR

Deckungsbeitrag mit zusätzlichem Absatz von 30 000 Kasten Bier:

Verkaufserlös (15 000 × 12 + 30 000 × 8)	420 000,00 EUR
– Einstandspreis (45 000 × 7,50)	337 500,00 EUR
Deckungsbeitrag	82 500,00 EUR

4.2.2 Der zusätzliche Deckungsbeitrag trägt zur Erhöhung des Betriebsergebnisses bei.

4.2.3 Bei einer Bierumsatzerhöhung um 200 % steigen neben den Fixkosten evtl. auch die variablen Kosten.

5.1.1

	A	B	C	D	
Erlöse EUR/100 Liter	200,00	100,00	270,00	285,00	Rangfolge:
Variable Kosten EUR/100 L.	100,00	100,00	100,00	100,00	D - C - A - B
Deckungsbeitrag (EUR)	100,00	70,00	170,00	185,00	

5.1.2 DB in EUR: 200.000,00 (A), 35.000,00 (B), 374.000,00 (C), 185.000 (D). Rangfolge: C-A-D-B

5.2 Erhaltung der Arbeitsplätze, „Vorzeigeartikel", Sortimentsvielfalt, evtl. Komplementärartikel, Preisausgleich mit anderen Produkten...

5.3 Ohne Teilkostenrechnung würde man diejenigen Aufträge ablehnen, deren Erlöse die Vollkosten nicht decken. Jeder Auftrag trägt jedoch zur Gewinnsteigerung bei, bei dem die Erlöse die variablen Kosten übersteigen (positiver Deckungsbeitrag).

6.1

Preis je St.	Erlöse je Sorte	Selbstkosten je Sorte	Menge	Gewinn/Verlust j. Sorte
A 340,00	1 700 000,00	1 515 800,00	5 000	+ 184 200,00
B 395,00	2 765 000,00	2 658 000,00	7 000	+ 107 000 00
C 445,00	1 780 000,00	1 773 000,00	4 000	+ 7 000,00
		Betriebsgewinn:		+ 298.200,00

6.2.1

Preis je St.	Erlöse je Sorte	Selbstkosten je Sorte	Menge	Gewinn/Verlust j. Sorte
A 340,00	1 530 000,00	1 369 800,00	4 500	+ 160 200,00
B 395,00	2 488 500,00	2 399 000,00	6 300	+ 89 500,00
C 445,00	1 602 000,00	1 621 000,00	3 600	– 19 000,00
		Betriebsgewinn:		+ 230 700,00

6.2.2 Der Fixkostenanteil an den Gesamtkosten wird bei sinkender Absatzmenge größer.

6.3.1

Menge C	Gesamtkosten	Differenzkosten	kv	Fixkosten
4 000	1 773 000,00	152 000,00	380,00	253 000,00
3 600	1 621 000,00			

Wenn die fixen Kosten von 253.000,00 EUR kurzfristig nicht abgebaut werden können, müssen die Produkte A und B diese Fixkosten tragen.

Gewinn A	160 200,00 EUR
Gewinn B	89 500,00 EUR
	249 700,00 EUR
– Fixkosten C	253 000,00 EUR
Verlust	3 300,00 EUR

Es ist ungünstig, das Produkt C aus der Produktion zu nehmen, da sich sonst ein Verlust von 3 300,00 EUR ergibt.

6.3.2

Preis je St.	kv	db	Menge	DB
A 340,00	292,00	48,00	4 500	216 000,00
B 395,00	370,00	25,00	6 300	157 500,00
C 445,00	380,00	65,00	3 600	234 000,00

6.3.3 Solange ein Deckungsbeitrag für C vorhanden ist, soll C produziert werden, da der Deckungsbeitrag zur Fixkostendeckung beiträgt.

6.4

Preis je St.	kv	db	Menge	Fixkosten	DB	Nettogewinn
A 340,00	292,00	48,00	4 500	55 800,00	216 000,00	160 200,00
B 395,00	370,00	25,00	6 300	68 000,00	157 500,00	89 500,00
C 445,00	443,00	2,00	3 600	253 000,00	7 200,00	245 800,00

3 900,00

Bezug von außen: Gewinnminderung 230 700 – 3 900 = 226 800,00 EUR. –> nicht sinnvoll!

Abituraufgabe 2003: Aufg. 1 (teilweise)

2.1

83 Zellen	=	837 300,00 EUR	
72 Zellen	=	748 200,00 EUR	
11 Zellen	=	89 100,00 EUR	
1 Zelle	=	8 100,00 EUR	(kv)

Fixkosten:

83 Zellen:	Gesamtkosten		837 300,00 EUR
	Variable Kosten		
	$83 \times 8\,100$	=	672 300,00 EUR
Fixkosten	165 000,00 EUR		

Gesamtkosten 75 Zellen:

$K = 75 \times 8\,100 + 165\,000 = 772\,500{,}00$ EUR

2.2 GS:

$$E(x) = K(x)$$
$$11\,400 \times x = 8\,100 \times x + 165\,000$$
$$x = 50 \text{ Zellen}$$

2.3

$$G(x) = E(x) - K(x)$$
$$0{,}05\,(8\,100\,x + 165\,000) = 11\,400\,x - (8\,100\,x + 165\,000)$$
$$x = 59{,}84 \rightarrow 60 \text{ Zellen/Monat}$$

Beschäftigungsgrad = $60 \times 100 / 90 = 66\ 2/3\ \%$

2.4

	November	Dezember
Erlöse	72 × 11 400 = 820 800,00 EUR	75 × 11 400 = 855 000,00 EUR
– Kosten	748 200,00 EUR	772 500,00 EUR
Gesamtgewinn	72 600,00 EUR	82 500,00 EUR
Stückgewinn	72 600 : 72 = 1 008,33 EUR	82 500 : 75 = 1 100,00 EUR

Gesetz der Massenproduktion:
Mit wachsender Produktionsmenge sinken die Fixkosten pro Stück und damit auch die gesamten Stückkosten. Bei gleichbleibendem Stückerlös steigt der Stückgewinn.

2.5

Selbstkosten insgesamt	=	987 150,00 EUR
Gesamtkosten für 90 Zellen = (90 × 8.100) + 165 000	=	894 000,00 EUR
K_v für 10 Zellen, mit Überst.-Zuschlägen produziert	=	93 150,00 EUR
K_v für 10 Zellen, ohne Überst.-Zuschläge (10 × 8.100)	=	81 000,00 EUR
Überstundenzuschläge für 10 Zellen	=	12 150,00 EUR
Überstundenzuschlag für 1 Zelle	=	1 215,00 EUR
k_v für 1 Zelle bei Normalbeschäftigung	=	8 100,00 EUR
davon 50 % Lohnkosten	=	4 050,00 EUR

4 050,00 EUR = 100 %
1 215,00 EUR = x –> x = 30 % Überstundenzuschläge

3.1 Fertigungszeit Teilefertigung:

BZ-Opti	140 Stück × 3 Stunden/Stück	=	420 Stunden
BZ-Maxi	80 Stück × 5 Stunden/Stück	=	400 Stunden
gesamte Fertigungszeit		=	820 Stunden

Fertigungszeit Montage:

BZ-Opti	140 Stück × 2 Stunden/Stück	=	280 Stunden
BZ-Maxi	80 Stück × 4 Stunden/Stück	=	320 Stunden
gesamte Fertigungszeit		=	600 Stunden

In der Teilefertigung nur 700 Stunden verfügbar. Somit ist die Teilefertigung ein Engpass. Die Rangfolge richtet sich nach dem Deckungsbeitrag der Engpassbelastung durch das einzelne Produkt (= relativer Deckungsbeitrag):

	BZ-Opti	BZ-Maxi
Verkaufserlös/Stück -Variable Kosten/Stück	8 000,00 EUR 6 500,00 EUR	12 000,00 EUR 10 000,00 EUR
DB/Stück	1 500,00 EUR	2 000,00 EUR
Fertigungszeit/Stück Teilefertigung	3 Stunden	5 Stunden
relativer DB	500,00 EUR/Std.	400,00 EUR/Std.
Rang	1	2

Optimales Produktionsprogramm:

BZ-Opti	140 Stück × 3 Stunden/Stück	=	420 Stunden
BZ-Maxi	**56 Stück** × 5 Stunden/Stück	=	280 Stunden
		=	700 Stunden

3.2

140 Stück × 1 500 db	=	210 000,00 EUR
56 Stück × 2 000 db	=	112 000,00 EUR
Gesamt-DB	=	322 000,00 EUR
– Fixkosten	=	300 000,00 EUR
Betriebsergebnis	=	22 000,00 EUR

3.3 Skizze zum Verlauf der Stückkosten/variablen Stückkosten:

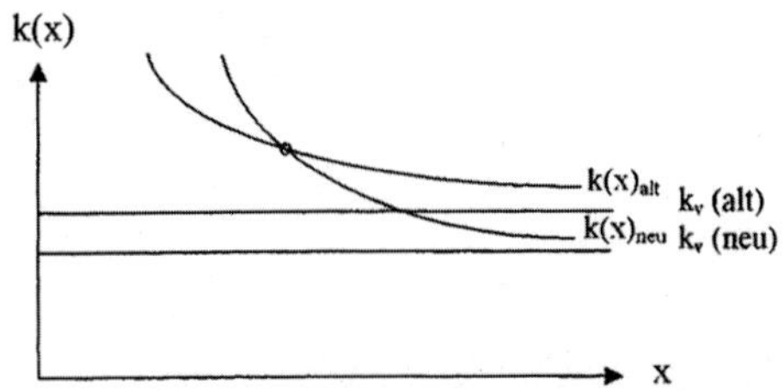

Nur wenn auf Dauer mehr als die kritische Menge produziert werden kann, wird der Nachteil der höheren Fixkosten der neuen Maschinen durch den Vorteil der geringeren variablen Stückkosten überkompensiert, d. h. die gesamten Stückkosten sind niedriger als vor der Rationalisierungsinvestition.

Abituraufgabe 2004: Aufg. 2

1.1 Lösung Betriebsabrechnungsbogen (siehe übernächste Seite)

Einzelkosten:

Fertigungsmaterial	50 000,00 + 50 000,00 + 22 500,00	=	122 500,00 EUR
Fertigungslöhne I	25 000,00 + 20 000,00 + 10 500,00	=	55 500,00 EUR
Fertigungslöhne II	12 500,00 + 10 000,00 + 6 000,00	=	28 500,00 EUR

Gesamtkalkulation:

Fertigungsmaterial	122 500,00 EUR	
Materialgemeinkosten	12 250,00 EUR	**= 10 %**
Fertigungslöhne I	55 500,00 EUR	
Fertigungsgemeinkosten I	83 250,00 EUR	**= 150 %**
Fertigungslöhne II	28 500,00 EUR	
Fertigungsgemeinkosten II	57 000,00 EUR	**= 200 %**
Herstellkosten der Produktion	359 000,00 EUR	
– Mehrbestand an Fertigen Erzeugnissen	– 4 500,00 EUR	
+ Minderbestand an Unfertigen Erzeugnissen	+ 1 500,00 EUR	
Herstellkosten des Umsatzes	356 000,00 EUR	
Verwaltungsgemeinkosten	42 720,00 EUR	**= 12 %**
Vertriebsgemeinkosten	28 480,00 EUR	**= 8 %**
Selbstkosten des Umsatzes	427 200,00 EUR	

1.2

Fertigungsmaterial		100,00 EUR
Materialgemeinkosten	10 %	10,00 EUR
Fertigungslöhne I		50,00 EUR
Fertigungsgemeinkosten I	150 %	75,00 EUR
Fertigungslöhne II		25,00 EUR
Fertigungsgemeinkosten II	200 %	50,00 EUR
Herstellkosten		310,00 EUR
Verwaltungsgemeinkosten	12 %	37,20 EUR
Vertriebsgemeinkosten	8 %	24,80 EUR
Selbstkosten		372,00 EUR
Verkaufspreis		400,00 EUR

Ein Verkauf des City-Rades zum Konkurrenzpreis von weniger als 350,00 EUR würde bei Anwendung der Vollkostenrechnung einen zusätzlichen Verlust verursachen.

1.3 Bei einem rückläufigen Beschäftigungsgrad nehmen die Einzelkosten wie Fertigungsmaterial und Fertigungslöhne proportional ab. Bei unveränderten Gemeinkostenzuschlagsätzen nehmen damit auch die verrechneten Gemeinkosten ab. Da die Gemeinkosten jedoch zu einem großen Teil fix sind, werden auf die Produkte zu wenig Gemeinkosten verrechnet, d. h. die Preise werden zu niedrig kalkuliert.

2.1

Herstellkosten der Produktion (s. 1.1)	359 000,00 EUR
Verwaltungsgemeinkosten	42 720,00 EUR
Vertriebsgemeinkosten	28 480,00 EUR
Selbstkosten des Umsatzes (keine Best. Veränd.)	430 200,00 EUR
+ Betriebsgewinn	10 000,00 EUR
erforderlicher Gesamterlös	440 200,00 EUR

erforderlicher Gesamterlös	440 200,00 EUR
– Verkaufserlöse Touren-Rad (250 St. × 700,00 EUR)	175 000,00 EUR
– Verkaufserlöse Mountainbike (150 St. × 600,00 EUR)	90 000,00 EUR
Verkaufserlöse City-Rad	175 200,00 EUR

175.200,00 EUR : 500 Stück = 350,40 EUR für ein City-Rad

2.2 kurzfristige Preisuntergrenze = variable Stückkosten = 229,00 EUR

3.1

Verkaufspreis Mountainbike	600,00 EUR
– variable Stückkosten	350,00 EUR
Stückdeckungsbeitrag	250,00 EUR

zusätzliche Fixkosten/db = 10 000/250 = 40 Stück

Es müssen 40 Moutainbikes im Monat mehr verkauft werden.

3.2

Verkaufspreis City-Rad	400,00 EUR
– variable Stückkosten	229,00 EUR
Stückdeckungsbeitrag	171,00 EUR
Gesamtdeckungsbeitrag = 171,00 EUR/St. × 500 St. =	85 500,00 EUR

85 500,00 EUR : 250,00 EUR/St. (db Moutainbike) = 342 Stück zusätzlich

bisheriger Absatz Mountainbikes	150 St. = 100 %
erforderlicher Absatz Moutainbikes	492 St. = 328 %
= Absatzsteigerung um	228 %

4.

	City-Rad	Touren-Rad	Moutainbike (MB)	Zusatzauftrag (MB)
Preis/St.	400,00 EUR	700,00 EUR	600,00 EUR	580,00 EUR
$-k_v$	229,00 EUR	412,00 EUR	350,00 EUR	350,00 EUR
db	171,00 EUR	288,00 EUR	250,00 EUR	230,00 EUR
Fert.zeit (Std.)	1,5	2,4	2,0	2,0
Relativer db (EUR/Std.)	114	120	125	115
Rangfolge	④	②	①	③

Da der relative Deckungsbeitrag beim Zusatzauftrag höher ist als beim City-Rad, sollte der Zusatzauftrag angenommen werden.

Fertigungszeit max.	1 775 Std.
- Moutainbike 150 St. × 2 Std.	300 Std.
- Touren-Rad 250 St. × 2,4 Std.	600 Std.
- Zusatzauftrag 100 St. × 2 Std.	200 Std.
restliche Fertigungszeit	675 Std.

675 Std. : 1,5 Std./St. = 450 City-Räder

Optimales Produktionsprogramm:
- 250 St. Mountainbikes
- 250 St. Touren-Räder
- 450 St. City-Räder

5.1 kalkulatorische Abschreibung:
20 % vom Wiederbeschaffungswert
286 250,00 EUR = 57 250,00 EUR
kalkulatorische Zinsen:
(286.250,00 × 0,5) × 8 % = 11 450,00 EUR

zusätzliche anteilige Fixkosten/Jahr = 68 700,00 EUR

zusätzliche anteilige Fixkosten/Monat = 68.700,00 EUR : 12 Mon. = 5.725,00 EUR

5.2 K (alt) = 229 x + 62 000
K (neu) = 206,1 x + 67 725 k_v (neu) = 229,00 EUR – 10 % = 206,10 EUR

229 x + 62.000 = 206,1 x + 67.725
x = 250 Stück –> Ab 251 St. lohnt sich das Verfahren mit neuer Maschine

Lösung zu Aufgabe 1.1 **Monats-Betriebsabrechnungsbogen** (alle Beträge in EUR)

	Zahlen der KLR	Kantine	Material-stelle	Fertigungs-hilfsstelle	Fertigungs-stelle I	Fertigungs-stelle II	Verwaltungs-stelle	Vertriebs-stelle
Summe der Gemein-kosten	223 700	40 000	8 250	10 000	63 250	43 000	34 720	24 480
Umlage 1	--	→	4 000	2 000	12 000	10 000	8 000	4 000
Zwischen-summe	--	--	12 250	12 000	75 250	53 000	42 720	28 480
Umlage 2	--	--	--	→	8 000	4 000	--	--
Summe der Gemein-kosten	223 700	--	12 250	--	83 250	57 000	42 720	28 480

Abituraufgabe 2005: Aufg. 3 (Teile 4 bis 6)

4.1 – Schweißen, Umformung: Maschinenlaufzeit (unter Umständen auch Energieverbrauch) für maschinenabhängige Fertigungsgemeinkosten wegen deren Dominanz; Fertigungslöhne für Restgemeinkosten
– Oberflächenbearbeitung: Fertigungslöhne wegen Dominanz der Handarbeit

4.2 Fertigung ist maschinenintensiv, d. h. es bestehen relativ hohe Fixkosten. Nur durch hohe produzierte Stückzahlen lassen sich die Stückkosten senken (Fixkostendegression gemäß dem „Gesetz der Massenproduktion").

4.3 Außergewöhnliche Wertminderungen gehen nicht in die KLR ein und haben somit keinen Einfluss auf die Selbstkosten. Die kalkulatorischen Abschreibungen werden weiterhin planmäßig auf der Grundlage unveränderter Wiederbeschaffungskosten vorgenommen.

5.1 Ergebnisse für März:

in EUR	Classicsteel	Luxorsteel
Erlöse	192 000,00	240 000,00
– variable Kosten	144 000,00	180 000,00
= DB I	48 000,00	60 000,00
– erzeugnisfixe Kosten	25 000,00	35 000,00
= DB II	23 000,00	25 000,00
– unternehmensfixe Kosten	28 000,00	
Betriebsergebnis	20 000,00	

5.2 Ergebnisse für April:

in EUR	Classicsteel	Luxorsteel
Erlöse (2 000 × 72,00 EUR)	144 000,00	
– variable Kosten	120 000,00	
= DB I	24 000,00	
– erzeugnisfixe Kosten	25 000,00	
= DB II	–1 000,00	
– unternehmensfixe Kosten	25 000,00	
Erforderl. Betriebsergebnis	20 000,00	

Bedingungen: Preis „Luxorsteel" konstant, unternehmensfixe Kosten auf 25.000,00 EUR gesunken.
DB 2 (Classic-) + DB 2 (Luxor-) – unt. fixe Kosten = Betriebsergebnis (März)
– 1 000,00 EUR + DB 2 (L) – 25 000,00 EUR = 20 000,00 EUR
–> DB (2) = 46 000,00 EUR

Ermittlung der Stückzahl von Luxorsteel:
Preis × Stück – variable Stückkosten × Stück – erzeugnisfixe Kosten = DB II
120 × x – 90 × x – 35 000 = 46 000
x = 2 700 Stück

5.3 – Kurzfristige Preisuntergrenze = variable Stückkosten = 60,00 EUR
– maximale Preissenkung in %:
72,00 EUR = 100 %
12,00 EUR = x % –> x = $16\frac{2}{3}$ %

6.1 Kosten des Fremdbezugs = Kosten der Eigenfertigung
48 × x = 24 000 + 40 × x
x = 3 000 Stück –> Fremdbezug bis zu einer Stückzahl von 2 999/Monat günstiger

6.2 – Bei Fremdbezug sind vermehrte Qualitätskontrollen erforderlich
– mögliche Störungen bei der Zulieferung durch Unzuverlässigkeit des Lieferanten, Transportunterbrechungen usw.

Abituraufgabe 2007: Aufg. 3 (Teil 3)

3.1

Erlöse_{neu} = 200 × 2 480	496 000,00 EUR
– $\text{Gesamtgewinn}_{neu}$	41 500,00 EUR
= $\text{Gesamtkosten}_{neu}$	454 500,00 EUR
– Fixkosten	87 000,00 EUR
= variable Kosten_{neu}	367 500,00 EUR
– variable Kosten_{alt} = 150 × 1 800,00	270 000,00 EUR
= zusätzliche variable Kosten für 50 Stück	97 500,00 EUR
davon: sonstige variable Kosten = 50 × 1 050,00	52 500,00 EUR
= Lohnkosten (mit Zuschlag)	45 000,00 EUR
– Lohnkosten (ohne Zuschlag) = 50 × 750,00	37 500,00 EUR
= Überstundenzuschlag insgesamt	7 500,00 EUR

$$\text{Überstundenzuschlag in \%} = \frac{7.500,00 \times 100}{37.500,00} = 20\ \%$$

3.2
- Positiver Deckungsbeitrag je Tisch wird erwirtschaftet, sodass sich die Fertigung wenigstens kurzfristig lohnt.
- Mitarbeiterstamms erhalten, falls sich die Absatzverhältnisse langfristig verbessern
- Marketing-Überlegungen, z. B. Sortimentsabrundung, Unternehmensimage

Abituraufgabe 2008: Aufgabe 3

1.1 Betriebsabrechnungsbogen Dezember 2007 (in EUR)

	Allgemeine Kostenstelle		Materialstelle	Fertigungshilfsstelle Arbeitsvorbereitung	Fertigungshauptstelle I	Fertigungshauptstelle II	Verwaltungsstelle	Vertriebsstelle
	Fuhrpark	Werkstatt						
Summe primäre Gemeinkosten	16 000,00	23 000,00	24 420,00	19 500,00	193 920,00	101 300,00	32 102,00	39 340,00
Umlage Fuhrpark	→	2 000,00	4 000,00	-	-	-	4 000,00	6 000,00
Zwischensumme		25 000,00	28 420,00	19 500,00	193 920,00	101 300,00	36 102,00	45 340,00
Umlage Werkstatt		→	500,00	500,00	10 000,00	7 500,00	-	6 500,00
Zwischensumme			28 920,00	20 000,00	203 920,00	108 800,00	36 102,00	51 840,00
Umlage Arbeitsvorbereitung			-	→	15 000,00	5 000,00	-	-
Summe der Gemeinkosten			28 920,00		218 920,00	113 800,00	36 102,00	51 840,00
Zuschlagsgrundlagen			289 200,00		109 460,00	142 250,00	902 550,00	864 000,00
Zuschlagssätze			10 %		200 %	80 %	4 %	6 %

MEK	289 200,00 EUR
MGK	28 920,00 EUR
FEK	109 460,00 EUR
	142 250,00 EUR
FGK	218 920,00 EUR
	113 800,00 EUR
HKP	902 550,00 EUR
– Best.mehr.	38 550,00 EUR
HKU	864 000,00 EUR

1.2

Fertigungsmaterial	80,00 EUR	
+ MGKZ (10 %)	8,00 EUR	
= Stoffkosten	88,00 EUR	
Fertigungslöhne I	**36,00 EUR**	max. Arbeitslohn/Std. =
+ FGKZ I (200 %)	72,00 EUR	36,00 EUR/2,5 Std. = **14,40 EUR/Std.**
= Fertigungskosten I	108,00 EUR	
Fertigungslöhne II	30,00 EUR	
+ FGKZ II (80 %)	24,00 EUR	
= Fertigungskosten II	54,00 EUR	
= Fertigungskosten	162,00 EUR	
= Herstellkosten	250,00 EUR	
+ VwGK (4 %)	10,00 EUR	
+ VtGK (6 %)	15,00 EUR	
= Selbstkosten	275,00 EUR	

1.3 Auswirkung auf

- MGKZ: Materialgemeinkosten steigen (Anstieg bei Hilfslöhnen, Gehältern und Sozialkosten); bei unveränderter Bezugsgrundlage steigt der MGKZ unterproportional

- FGKZ: Fertigungsgemeinkosten steigen (Anstieg bei Hilfslöhnen, Gehältern und Sozialkosten); Bezugsgrundlage Fertigungslöhne steigt (prozentualer Anstieg größer als bei Fertigungsgemeinkosten)
  –> FGKZ I und II sinken

3.1 - Kurzfristige Preisuntergrenze Typ 1 = variable Kosten pro Stück 13 200/400 = 33,00 EUR/Stück
max. Preissenkung (in %) 55,00 EUR = 100 %
22,00 EUR = 40 %

- allmähliche Aufzehrung des Eigenkapitals durch Verluste in Höhe der fixen Kosten (in voller Höhe ungedeckt) plus der Differenz zwischen den variablen Kosten und den (niedrigeren) Umsatzerlösen

3.2

Variable Stückkosten Typ 1	=	(2 800 + 3 660 + 6 740)/400 = 33,00 EUR
variable Stückkosten Typ 2	=	(6 400 + 4 500 + 6 600)/500 = 35,00 EUR
variable Stückkosten Typ 3	=	(1 800 + 2 350 + 4 650)/200 = 44,00 EUR

	Typ 1	Typ 2	Typ 3
Verkaufserlöse/Stück	55,00 EUR	150,00 EUR	110,00 EUR
– variable Stückkosten	33,00 EUR	35,00 EUR	44,00 EUR
= Deckungsbeitrag/Stück	22,00 EUR	115,00 EUR	66,00 EUR
Fertigungszeit/Stück	2 Stunden	4 Stunden	2 Stunden
rel. Deckungsbeitrag	11,00 EUR/Std.	28,75 EUR/Std.	33,00 EUR/Std.
Produktrangfolge	3	2	1

Hinweis: $\text{Relativer Deckungsbeitrag} = \frac{\text{Absoluter Deckungsbeitrag}}{\text{Fertigungszeit je Stück}}$

Verfügbare Produktionszeit	2 560 Stunden
– Produktionsdauer Typ 3 (280 × 2)	560 Stunden
– Produktionsdauer Typ 2 (500 × 4)	2 000 Stunden
= verfügbare Produktionszeit Typ 1	0 Stunden
DB Typ 3 (66 × 280)	18 480,00 EUR
DB Typ 2 (115 × 500)	57 500,00 EUR
Summe DB	75 980,00 EUR
– Fixkosten (111 400 – 39 500)	71 900,00 EUR
= Betriebsergebnis	**4 080,00 EUR**

5 Kosten- und Leistungsrechnung V: Prozesskostenrechnung

5.1 Probleme der traditionellen Kostenrechnung

1. **Gemeinkostenproblematik** der traditionellen Kostenrechnung:

   - Die Verrechnung der Gemeinkosten mithilfe von Zuschlagsätzen entspricht nicht der tatsächlichen **Kostenverursachung**, weil zwischen Einzel- und Gemeinkosten kein **proportionales Verhältnis** existiert.
   - Die Gemeinkosten wurden im Laufe der Zeit im Verhältnis zu den Einzelkosten immer höher (veränderte Kostentrukturen). Folge: **stark steigende Gemeinkostenzuschlagsätze** (oft über 1000 %). Beispiel: Mechanisierung und Automatisierung führen zu sinkenden Anteilen der Lohneinzelkosten (FEK) und steigenden Fertigungsgemeinkosten (FGK). –> Steigende FGK-Zuschlagsätze –> ungenaue Kalkulation

5.2 Allgemeines zur Prozesskostenrechnung (PKR)

1. Hauptziel der Prozesskostenrechnung: verursachungsgerechte Kostenverrechnung
2. Gemeinkostenproblematik (vgl. Aufgabe 1 Kapitel 5.1)
3. Die PKR als eigenständiges Kostenrechnungssystem hat sich noch nicht in größerem Umfang durchgesetzt. Meist erfolgt ihre Anwendung als Ergänzung, nicht als Ersatz der traditionellen Vollkostenrechnung.

5.3.8 Prozesskostenkalkulation

1. a)

Kostenstelle Material							
Teilprozesse	**Teilprozesskosten**	**Kostentreiber (Maßgrößen)**	**lmi/ lmn**	**Teilprozessmengen**	**Teilprozesskostensatz vor Umlage**	**Umlagesatz**	**Gesamtprozesskostensatz**
Material annehmen	50 000,00	Anzahl Anlieferungen	*lmi*	4000	*12,50*	*2,08*	*14,58*
Material einlagern	70 000,00	Anzahl Einlagerungen	*lmi*	3000	*23,33*	*3,89*	*27,22*
Material ausgeben	120 000,00	Anzahl Ausgaben	*lmi*	6000	*20,00*	*3,33*	*23,33*
Materialstelle leiten	40 000,00	–	*lmn*	–	–	–	–
Summe MGK	**280 000,00**						

$$\text{Teilprozesskostensätze (vor Umlage)} = \frac{\text{Teilprozesskosten}}{\text{Teilprozessmenge}}$$

50 000 : 4000 = **12,50**
70 000 : 3000 = **23,33**
120 000 : 6000 = **20,00**

$$\text{Umlagesätze} = \frac{\text{lmn-Prozesskosten}}{\text{Summe lmi-Prozesskosten}} \times \text{Teilprozesskostensatz (vor Umlage)}$$

$\frac{40\,000}{240\,000} \times 12{,}50 = \mathbf{2{,}08}$ $\frac{40\,000}{240\,000} \times 23{,}33 = \mathbf{3{,}89}$ $\frac{40\,000}{240\,000} \times 20{,}00 = \mathbf{3{,}33}$

b)

Beispiel: Hauptprozess „Kundenauftrag bearbeiten“			
Teilprozesse	**Beteiligte prozessorientierte Kostenstelle**	**Prozesskostensatz je kundenauftrag**	**Prozesskostensatz je Stück**
Bestellung bearbeiten	Verwaltung	10,00 EUR	
Material annehmen	Material		*14,58 EUR*
Material einlagern	Material		*27,22 EUR*
Material ausgeben	Material		*23,33 EUR*
Fertigstellung melden	Vertrieb	9,00 EUR	
Fertigerzeugnis lagern	Vertrieb		4,00 EUR
Lieferschein erstellen	Verwaltung	1,00 EUR	
Fertigerzeugnis versandfertig machen	Vertrieb		8,00 EUR
Spediteur regeln	Vertrieb	2,00 EUR	
Fertigerzeugnis verladen	Vertrieb		7,87 EUR
		22,00 EUR	**85,00 EUR**

c)

Kalkulationsschema	**1 Stück**		**1 000 Stück**	
Materialeinzelkosten MEK		20,00 EUR		20 000,00 EUR
Fertigungseinzelkosten FEK	8,00 EUR		8 000,00 EUR	
Fertigungsgemeinkosten FGK 200 %	16,00 EUR		16 000,00 EUR	
Fertigungskosten	→	24,00 EUR	→	24 000,00 EUR
Hauptprozesskostensatz je Kundenauftrag		22,00 EUR		22,00 EUR
Hauptprozesskostensatz je Stück		85,00 EUR		85 000,00 EUR
Selbstkosten		**151,00 EUR**		**129 022,00 EUR**
Selbstkosten je Stück bei 1000-Stück-Auftrag	→			**129,03 EUR**

2. a)

Kostenstelle Vertrieb (FE = Fertigerzeugnisse; LS = Lieferscheine)							
Teilprozesse	**Teilprozesskosten**	**Kostentreiber (Maßgrößen)**	**lmi/ lmn**	**Teilprozessmengen**	**Teilprozess kostensatz vor Umlage**	**Umlagesatz**	**Gesamtprozesskostensatz**
FE lagern	120 000,00	Anzahl Anlieferungen	lmi	750	160,00	36,92	193,10
LS erstellen	30 000,00	Anzahl Aktivitäten	lmi	400	75,00	17,31	90,52
FE versandfertig machen	90 000,00	Anzahl Paletten	lmi	3000	30,00	6,92	36,21
Spediteur regeln	20 000,00	Anzahl Aktivitäten	lmi	300	66,67	15,39	80,46
Abteilung leiten	60 000,00	–	lmn	–	–	–	–
Summe MGK	**320 000,00**						

b) **Beispiel: Hauptprozess „Kundenauftrag bearbeiten“**			
Teilprozesse	**Beteiligte prozessorientierte Kostenstelle**	**Prozesskostensatz je Kundenauftrag**	**Prozesskostensatz je Stück**
Bestellung bearbeiten	Verwaltung	189,00 EUR	
Material annehmen	Material		74,50 EUR
Material einlagern	Material		61,00 EUR
Material ausgeben	Material		48,50 EUR
Fertigerzeugnis lagern	Vertrieb		196,92 EUR
Lieferschein erstellen	Vertrieb	92,31 EUR	
Fertigerzeugnis versandfertig machen	Vertrieb		36,92 EUR
Spediteur regeln	Vertrieb	82,06 EUR	
		363,37 EUR	417,84 EUR

c) Kalkulationsschema		**1 Stück**		**100 Stück**
Materialeinzelkosten MEK		300,00 EUR		30 000,00 EUR
Fertigungseinzelkosten FEK	120,00 EUR		12 000,00 EUR	
Fertigungsgemeinkosten FGK 200 %	144,00 EUR		14 400,00 EUR	
Fertigungskosten		264,00 EUR		26 400,00 EUR
Hauptprozesskostensatz je Kundenauftrag		363,37 EUR		363,37 EUR
Hauptprozesskostensatz je Stück		417,84 EUR		41 784,00 EUR
Selbstkosten (vor sonst. VwGk)		**1 345,21 EUR**		**98 547,37 EUR**
Verwaltungsgemeinkosten VwGk 15 %		201,78 EUR		14 782,11 EUR
Selbstkosten (nach sonst. VwGk)		**1 546,99 EUR**		**113 329,48 EUR**
Selbstkosten je St. bei 100-Stück-Auftrag	→			**1 133,29 EUR**

6 Rechtsformen I: Grundlagen - Personengesellschaften

6.1 Kaufmann – Handelsregister – Firma

Kaufmann i. S. des HGB

1. Für Kaufleute nach HGB

2. Gewerbetr. mit kfm. Geschäftsbetrieb:
   - Kaufleute nach HGB, Eintragungspflicht
   - HR-Eintrag ist deklaratorisch

   Gewerbetr. ohne kfm. Geschäftsbetrieb:
   - Kannkaufleute, Eintragungswahlrecht
   - Falls HR-Eintrag: Eintrag ist konstitutiv, sie werden Kaufleute nach HGB
   - Falls kein HR-Eintrag: Nichtkaufleute

3. - kein HR-Eintrag
   - keine Firma (bei Tod d. Inhabers bzw. Verpachtung darf Name nicht weitergeführt werden)
   - vereinfachte Aufzeichn.pflichten (keine Inventar-, Bilanzerstellung, keine Handelsbücher)
   - Prokuraerteilung nicht möglich
   - OHG, KG nicht möglich (lediglich BGB-Gesellschaft erlaubt)
   - Bürgschaftserklärungen nur schriftlich
   - Prüfungs- und Rügefrist bei Lieferungen: innerhalb sechs Monaten nach Lieferung

4. - alle Kapitalgesellschaften
   - alle Gewerbetreibende mit kfm. Geschäftsbetrieb

5. - Formkaufl.: Eintrag konstitutiv
   - sonst. Gew.treib. mit kfm. G.:Eintrag deklaratorisch

6. - Mitarbeiterzahl
   - Umsatz
   - Größe der Räume
   - Zahl Zweigniederlassungen
   - Höhe der Forderungen
   - Art der Geschäftsabwicklung
   - Teilnahme Kreditverkehr
   - Vermögen

7. Kannkaufmann:
   - Kann sich ins HR eintragen lassen
   - Bsp.: Gew.treibende ohne kfm. Gesch.betr., Land- u. Forstwirte

   Formkaufmann:
   - Muss sich ins Handelsregister eintragen lassen
   - alle Kapitalgesellschaften (GmbH, AG)

8. Nein. Kaufmann i. S. des HGB ist hier die GmbH (Formkaufmann)

9. Gew.treibende ohne kfm. Gesch.betrieb, die nicht im HR eingetragen sind (Nichtkaufleute)

10. - volle Buchführungspflichten –> höhere Kosten
    - unverzügl. Prüfungs- u. Rügepflichten

11. a) Kaufmann nach HGB
    b) Kaufmann nach HGB
    c) kein Kaufmann i. S. des HGB (kein Gewerbebetrieb sondern freier Beruf)
    d) Kannkaufmann; bei HR-Eintrag Kaufmann nach HGB; kein HR-Eintrag: Nichtkaufmann
    e) Formkaufmann, Kaufmann nach HGB
    f) Kannkaufmann, bei HR-Eintrag Kaufmann nach HGB; kein HR-Eintrag: Nichtkaufmann
    g) Kaufmann nach HGB („e. K."!)
    h) Kaufmann nach HGB („e. K."!)
    i) Formkaufmann, Kaufmann nach HGB
    j) kein Kaufmann i. S. des HGB

Handelsregister – Firma

1. Öffentliches Verzeichnis aller Kaufleute nach HGB des Amtsgerichtsbezirks.

2. Amtsgericht (speziell: Registergericht)

3. Firma, Inhaber, Kapital, Geschäftssitz, Gegenstand des Unternehmens, Geschäftsführer, Vorstände, Prokura

4. Jeder

5. Durch rotes Unterstreichen.

6. Veröffentlichung im Bundesanzeiger und einer örtlichen Tageszeitung

7.
   - Informationsquelle für jeden über wichtige Tatsachen (Gesellschafter, Kapitalverhältnisse ...) von Kaufleuten nach HGB
   - Schaffung klarer Rechtsgrundlagen

8.
   - Banken (Klärung Rechtsverhältnisse vor Kreditvergabe)
   - Lieferanten (Klärung der Vertretungsbefugnisse)
   - Rechtsanwälte (Klärung der Vertretungsbefugnisse)
   - Krankenkassen, Detekteien, Notariate

9. **Abteilung A:** Einzelunternehmen und Personengesellschaften
   Abteilung B: Kapitalgesellschaften

10. Eingetragene u. bekanntgemachte Tatsachen muss jeder gegen sich gelten lassen (§ 15, 2 HGB)

11. **Deklaratorisch (rechtsbezeugend):**
    Die Tatsachen waren schon vor ihrer Eintragung rechtswirksam (z. B. Prokura, Beginn der Einzelunternehmung, OHG, KG)

    Konstitutiv (rechtserzeugend):
    Die Tatsache wird erst durch die Eintragung rechtswirksam (z. B. Gründung Kapitalgesellschaft, Kannkaufleute)

12. Richtig sind: b - e - g - j

13./14. Vgl. Stofftelegramm

15. a) Sachfirma b) Mischfirma c) Personenfirma
    d) Phantasiefirma e) Personenf. f) Mischf.

16.
    - Einwilligung der bisherigen Inhaberin
    - Die Firma muss weiterhin als Modegeschäft betrieben werden

17. Nein. Verstoß gegen Grundsatz der Firmenunterscheidbarkeit (Verwechslungsgefahr). Es muss eine andere Firma gewählt werden, die sich zumindest durch einen Zusatz von der bereits bestehenden Firma unterscheidet.

18. Nein. Verstoß gegen Irreführungsverbot. Die Firma muss geändert werden.

6.4 Einzel- oder Gesellschaftsunternehmung

1. Knut Säusel e. K., Säusel e. K. ...

2. Unbeschränkt (Privat- und Geschäftsvermögen haften) 3. + 4. + 5. Vgl. Stofftelegramm

6.5 OHG

1. Formfrei möglich, meist aus Beweisgründen jedoch schriftlich.

2. e - f. Begründung: Zusatz „OHG" zwingend

3. a) Nein. Der Zusatz muss „OHG" lauten. Firmenkern kann beibehalten werden.

   b) Nein. Dies wäre eine Täuschung Dritter. Die Haftungsverschlechterung muss ersichtlich werden. Firmenwahrheit! Zusatz also z. B. „e. K.", „e. Kfm." ...

   c) Nein (vgl. b). Nur erlaubt, wenn nach Ausscheiden von Schnuff noch mindestens drei Gesellschafter da wären, und Schnuff der Beibehaltung seines Namens zustimmt. § 24 (2) HGB.

   d) Ja, wenn Schnorr einwilligt. § 24 (2) HGB.

4. a) **Unbeschränkt:** Haftung mit Kapitalanteil und Privatvermögen.

   Unmittelbar (direkt): Jeder Gläubiger kann sich direkt an einen Gesellschafter halten. Der Gesellschafter hat keine „Einrede der Vorausklage" gegen die Gesellschaft, jedoch einen Ausgleichsanspruch gegenüber den anderen Gesellschaftern.

   Gesamtschuldnerisch (solidarisch): Alle Gesellschafter haften für die gesamten Schulden der Gesellschaft.

   b) Haftung: Betrifft Außenverhältnis (Haftung gegenüber Dritten)
   Verlustbeteiligung: Betrifft Innenverhältnis (Verringerung des Kapitalanteils)

5. **Gewinnverteilung:** 4 % des Kapitals, Rest nach Köpfen

   Verlustverteilung: nach Köpfen

6. **Gesetzliches Wettbewerbsverbot:** Ohne Zustimmung der anderen Gesellschafter keine eigenen Geschäfte im Handelsgewerbebereich der OHG sowie keine Beteiligung an einem gleichartigen Unternehmen als persönlich haftender Gesellschafter.

   Beispiele:
   - Der OHG-Gesellschafter einer Maschinenfabrik darf nicht auf eigene Rechnung Maschinen verkaufen.
   - Keine Beteiligung als OHG-Gesellschafter oder Komplementär an einer anderen gleichartigen Gesellschaft.

7. **Innenverhältnis (Geschäftsführung):**

   Einzelgeschäftsführungsbefugnis nur für gewöhnliche Geschäfte. Bei außergewöhnlichen Geschäften müssen alle Gesellschafter zustimmen (Gesamtgeschäftsführungsbefugnis). Da hier ein außergewöhnliches Geschäft vorliegt, hat B seine Kompetenzen überschritten und ist ggfs. den anderen Gesellschaftern gegenüber schadenersatzpflichtig.

Außenverhältnis (Vertretung):

Einzelvertretungsbefugnis für alle gewöhnlichen und außergewöhnlichen Geschäfte. Der Kaufvertrag ist also gültig.

8. Ja. Kaufvertrag gültig. Der Umfang der Vertretungsmacht ist unbeschränkbar. Dies gilt auch, wenn ein Dritter von der Beschränkung wusste (§ 126 Abs. 2 HGB). Im Innenverhältnis können jedoch B und C von A ggf. Schadenersatz verlangen.

9. a) Anmeldung dieses Ausschlusses von sämtlichen Gesellschaftern zur Eintragung ins Handelsregister (§ 125 Abs. 4 HGB).

   b) Vereinbarung einer Gesamtvertretung (§ 125 Abs. 2 HGB) oder Vertretung zusammen mit einem Prokuristen (§ 125 Abs. 3 HGB).

   c) Beschränkung des Umfangs der Vertretungsmacht (§ 126 Abs. 2 HGB).

10. a) Ja. Eintritt in bisherige Einzelunternehmung. § 28 HGB.

    b) Gemäß § 28 HGB kann Neu die Haftung für alte Schulden ausschließen durch
    - Handelsregistereintrag nebst Bekanntmachung oder
    - Mitteilung an Dritte durch einen Gesellschafter

    c) Ein Haftungsausschluss für alte Schulden ist im Außenverhältnis bei Eintritt in eine bereits bestehende OHG nicht möglich. Lediglich im Innenverhältnis Vereinbarung möglich.

11 a) Sechs Monate auf Geschäftsjahresende. § 132 HGB.

   b) Haftung weitere fünf Jahre für die beim Austritt existierenden Verbindlichkeiten. § 159 HGB

12. a) 31. Dezember 02. Kündigungsfrist sechs Monate auf Geschäftsjahresende.

    b) Ja. Haftung weitere fünf Jahre für die bei seinem Austritt bestehenden Verbindlichkeiten. Unmittelbare Haftung.

13. Nein. Wegen Haftungsverschlechterung wäre Dritter getäuscht. Zusatz also z. B.: „e. K."

14. Vorschlag A: Rechtsgültig. Gesamtvertretung. Voraussetzung: Von allen Gesellschaftern zur Eintragung ins HR anzumelden.

    Vorschlag B: Im Außenverhältnis nicht gültig, da eine Beschränkung des Umfangs der Vertretungsmacht nicht erlaubt ist.

15. Nein. Mögliche Privatentnahme: 4 % von 300 000,00 EUR (Anfangskapital) = 12 000,00 EUR

16. a) Notarielle Beurkundung, da Gebäude eingebracht werden.

    b) Nein. Zusatz „OHG" erforderlich. Firmenkern kann beibehalten werden.

    c) Ja, da im HGB keine bestimmte Kapitaleinlage gefordert wird.

    d) Innenverhältnis: 1. Januar 02; Außenverhältnis: 10. Januar 02 bzw. bei erstem Geschäft.

    e) Eifer muss zahlen (unmittelbare Haftung). Im Innenverhältnis hat er Ausgleichsanspruch.

17
- Rechte: Geschäftsführung, Vertretung, Gewinnanteil, Privatentnahmen, Kündigung, Kontrolle bei Geschäftsführungsausschluss ...
- Pflichten: Leistung Kapitaleinlage, Geschäftsführung, Wettbewerbsenthaltung, Verlustbeteiligung ...

18. • Einlagepflicht: Laut HGB ist keine bestimmte Höhe der Einlage vorgeschrieben. Somit ist diese Vereinbarung möglich (weitgehende Vertragsfreiheit im Innenverhältnis).

• Bilanztechnisch: Der Name des Gesellschafters erscheint auf der Passivseite. Sein Kapitalanteil in der Gründungsbilanz beträgt 0,00 EUR

• Mitgesellschafter: Entscheidend bei der OHG ist das Vertrauen der Gesellschafter untereinander und nicht die Höhe ihrer Kapitalanteile.

• Gläubigersicht: Jeder Gesellschafter haftet unbeschränkt mit seinem ganzen Vermögen; die Höhe der Kapitaleinlage des einzelnen Gesellschafters spielt daher eine untergeordnete Rolle.

19. Grundsätzlich kein Entnahmerecht bei einem negativen Kapitalanteil. § 122 HGB

6.6 KG

1. Innenverhältnis: Außergewöhnliches Geschäft. Stoll muss folglich zustimmen (§ 116 Abs. 2 HGB). Filz u. Milz können widersprechen (§ 164 HGB).

   Außenverhältnis: Kaufvertrag rechtsgültig, da Komplementär auch bei außergewöhnlichen Rechtsgeschäften Einzelvertretungsmacht hat. (§ 126 HGB)

2. Kommanditist haftet wie Vollhafter bis HR-Eintrag. § 176 (2) HGB.

3. Bei Neubeginn der KG, solange der HR-Eintrag noch nicht erfolgt ist. § 176 Abs.1 HGB.

4. Nein. Kommanditisten haben kein Vertretungsrecht. § 170 HGB.

5. Innenverhältnis: Frei gestaltbar. Somit kann ein Kommanditist durch vertragliche Vereinbarung Geschäftsführungsrechte erhalten.

   Außenverhältnis: Vertretungsrecht für den Kommanditisten nicht möglich (§ 170 HGB). Er könnte jedoch im Rahmen eines Angestelltenverhältnisses zum Prokuristen oder Handlungsbevollmächtigten ernannt werden, wodurch er mehr oder weniger weitgehende Vertretungsmacht erhält.

6. Der Kommanditist haftet in Höhe seiner noch nicht eingezahlten Einlage unmittelbar. K. muss daher 30 000,00 EUR an G. zahlen.

7. Bei voll eingezahlter Kommanditeinlage: Gewinnanteil wird bis zur Auszahlung als Sonst. Verbindlichkeit behandelt. Der Kapitalanteil bleibt somit unverändert.

   Bei noch nicht voll eingezahlter Kommanditeinlage: Gewinnanteil erhöht den Kapitalanteil insofern, als die Position „Nicht eingezahltes Kommanditkapital“ allmählich aufgelöst wird.

8. Ja. Unmittelbare Haftung in Höhe der noch nicht eingezahlten Einlage auch für alte Schulden der KG.

9. • Rechte Komplementäre: Geschäftsführung, Vertretung, Gewinnanteil, Privatentnahmen ...

   • Pflichten Komplementäre: Leistung, Kapitaleinlage, Geschäftsführung, Wettbewerbsenthaltung, Verlustbeteiligung...

   • Rechte Kommanditisten: Widerspruchsrecht bei außergew. Geschäften, Kündigung

   • Pflichten Kommanditisten: Kapitaleinlage, Haftung bis Höhe der Einlage, Verlustbeteilig.

10. **Bedeutung OHG:**
- typische Personengesellschaft
- alle Gesellschafter tragen volles Risiko (Vollhafter), daher haben sie ein hohes Interesse am Wohlergehen der Gesellschaft
- voller persönlicher Einsatz aller Gesellschafter
- enges Vertrauensverhältnis zwischen Gesellschaftern notwendig
- meist Familienunternehmen (klein bis mittelgroß)

Bedeutung KG:
- leichte Kapitalbeschaffung durch Aufnahme neuer Kommanditisten
- Kommanditisten beschränken Geschäftsführungs- und Vertretungsbefugnisse der Komplementäre nur unwesentlich
- Kommanditisten ohne Mitarbeitspflicht und ohne persönliche Haftung
- meist kleine bis mittelgroße Unternehmen

11. a)
- Kommanditisten ohne wesentlichen Einfluss auf Geschäftsführung
- weniger Kontrollrechte der Kommanditisten - weniger Gewinnanteil für Kommanditisten
- jederzeitige Kapitalbeschaffung durch Aufnahme weiterer Kommanditisten möglich

b) Hans Motte KG; Motte & Co. KG

c) Innenverhältnis: 31. Januar (Unterzeichnung des Gesellschaftsvertrags)
Außenverhältnis: Mit Aufnahme des Geschäftsbetriebs. HR-Eintrag deklaratorisch.

d) Vor HR-Eintrag: Rist haftet unbeschränkt
Nach HR-Eintrag: Unmittelbare Haftung bis 50 000,00 EUR (nicht eingezahlte Kapitaleinlage)

e)
1. Rist im Recht (Widerspruchsrecht der Kommanditisten bei außergewöhnl. Geschäften)
2. Rist darf gleichzeitig Vollhafter bei anderer Unternehmung sein. Gesetzliches Wettbewerbsverbot gilt für Kommanditisten nicht.
3. Kündigung unwirksam (Kündigungsfrist 6 Monate auf Geschäftsjahresende).

12. a) OHG: Zwei Vollhafter, also geringeres Risiko für Kreditgeber

b)
- Ein Gesellschafter möchte nicht voll haften.
- Ein Gesellschafter möchte nicht mitarbeiten.

c)
- Die Gesellschafter verlangen vom Partner ebenfalls volle Haftung.
- Die Banken verlangen volle Haftung beider Partner.
- Beide Gesellschafter wollen volle Geschäftsführungs- und Vertretungsbefugnis.
- Für beide Gesellschafter soll das Wettbewerbsverbot gelten. ...

d) Unterschiedlich zu beantworten.
Fremdfinanzierung wäre bei der OHG wegen höherer Kreditwürdigkeit evtl. leichter. Die KG wiederum ermöglicht die (relativ einfache) Aufnahme weiterer Kommanditisten, was erhebliche Eigenfinanzierungsmöglichkeiten verspricht.

13.
- Die weiteren Gesellschafter wollen die Erben nicht als gleichberechtigte Vollhafter mit vollen Geschäftsführungs- und Vertretungsbefugnissen
- Die Erben sind fachlich nicht in der Lage, die Pflichten der Vollhafter zu übernehmen.
- Die Erben wollen nicht voll haften.

14. **Haftsumme:** Haftung des Kommanditisten laut Handelsregistereintrag

Bedungene Einlage: Pflichteinlage laut Gesellschaftsvertrag = Basis für Gewinnverteilung

15. § 167 (3) HGB: Bis zum Betrag seines Kapitalanteils u. seiner noch rückständigen Einlage.

16.
- Kommanditist kann nur bestimmten Betrag einzahlen, ist aber bereit, höher zu haften
- Banken bestehen auf höherer Haftung der Kommanditisten
- Kommanditisten erhalten evtl. höheren Gewinnanteil bei höherer Haftung
- Hohe im Handelsregister eingetragene Haftsummen erhöhen evtl. die Kreditwürdigkeit.

17.1
- Erhaltung seiner Macht
- größere Sachkenntnis Amanns
- keine Meinungsverschiedenheiten in Geschäftsführung
- rasche Entscheidungen

17.2 **Innenverhältnis:** Kauf ist außergewöhnliches Geschäft. Somit ist Folgendes notwendig:
- Komplementär Berger muss zustimmen
- Kommanditisten Kramer und Dreher dürfen nicht widersprechen

Außenverhältnis: Kaufvertrag gültig (Vertretungsmacht auch für außergewöhnliche Geschäfte)

17.3. Die Verbindlichkeit ist vor Eintritt des Kommanditisten Dreher in die KG entstanden. Dreher haftet für Verbindlichkeiten unmittelbar nur bis zur Höhe der noch nicht geleisteten Einlage. Deshalb ist Dreher zur Zahlung von 10 000,00 EUR verpflichtet.

17.4
- Berger ist zur Entnahme von 4 % von 200 000,00 EUR = 8 000,00 EUR berechtigt. § 122 HGB
- Berger würde außerdem das gesetzliche Wettbewerbsverbot verletzen. § 112 (1) HGB

18.1 Es gelten die gleichen Bestimmungen wie für OHG-Gesellschafter:

Geschäftsführung:
- Einzelgeschäftsführungsbefugnis bei gewöhnlichen Geschäften
- Gesamtgeschäftsführung bei außergewöhnlichen Geschäften

Vertretung:
- Einzelvertretung bei gewöhnlichen + außergewöhnl. Geschäften
- Eine Beschränkung des Umfangs der Vertretungsmacht ist Dritten gegenüber unwirksam.

18.2 Solange die Einlage nicht vollständig geleistet ist, haftet der Kommanditist Berner den Gläubigern bis zur Höhe seiner Einlage unmittelbar.

Kommanditeinlage	100 000,00 EUR	
davon eingezahlt:	60 000,00 EUR	Diesen Betrag kann das Finanzamt
ausstehende Einlage	40 000,00 EUR	↗ maximal von Berger verlangen.

18.3.1 Ein Investitionskredit in Höhe von 250 000,00 EUR stellt für die Schober und Schwarz KG ein gewöhnliches Geschäft dar (vgl. Umsatzerlöse in Höhe von 12,3 Mio. EUR). Kommanditist Renner besitzt demnach kein Widerspruchsrecht. § 164 HGB.

Hinweis: Die Abgrenzung zwischen gewöhnlichen und außergewöhnlichen Geschäften ist in der Praxis kompliziert. Somit könnte auch alternativ argumentiert werden.

18.3.2 Es liegt ein außergewöhnliches Geschäft vor, da die Übernahme eines Betriebes weit über den normalen Geschäftsverkehr einer KG hinausgeht.
Kommanditist Renner besitzt demnach ein Widerspruchsrecht. § 164 HGB.

18.3.3 Der Kreditvertrag ist für die Schober und Schwarz KG nicht bindend, da Renner als Kommanditist von der Geschäftsführung und Vertretung ausgeschlossen ist. § 164 HGB.

Abituraufgabe 2003: Aufg. 2 (teilweise)

1.1 Die gewählte Firmenbezeichnung ist zulässig, da

- freie Firmenwahl möglich ist (hier: Phantasiefirma) und sie unterscheidungskräftig und nicht irreführend ist (§ 18 HGB);
- sie die allgemein verständliche Abkürzung „OHG“ enthält (§ 19 Abs. 1 HGB).

1.2
- Verpflichtung der Gesellschafter zur Anmeldung der Änderung zur HR-Eintragung (§ 107 HGB)
- Anmeldung durch alle Gesellschafter zur HR-Eintragung (§ 108 HGB)

2. Gemäß § 6 des Gesellschaftsvertrags besteht gemeinschaftliche Vertretung durch zwei Gesellschafter (Gesamtvertretung). Der Vertrag ist ohne Zustimmung durch Bernd Grauer schwebend unwirksam, d. h. er muss nicht zahlen, sofern die Gesamtvertretung im Handelsregister eingetragen ist.

3. Eintretende Gesellschafter haften gleich den anderen Gesellschaftern als Gesamtschuldner persönlich auch für die vor ihrem Eintritt begründeten Verbindlichkeiten der OHG (§ 130 Abs. 1 HGB). Anderslautende Vereinbarungen im Gesellschaftsvertrag wären Dritten gegenüber unwirksam (§ 130 Abs. 2 HGB). Frau Goldschmidt kann die Zahlung nicht verweigern.

4. Gemäß § 7 des Gesellschaftsvertrags gelten die gesetzlichen Bestimmungen (§ 122 HGB), d. h. Privatentnahmen sind bis zu 4 % des am Jahresanfang bestehenden Kapitalanteils möglich.
Axel Grauer: 4 % / 1,5 Mio. EUR / 12 Mon. = 5 000,00 EUR monatlich
Bernd Grauer: 4 % / 1,2 Mio. EUR / 12 Mon. = 4 000,00 EUR monatlich

Goldschmidt kann bei - Axel Grauer Entnahme von 4 800,00 EUR / Monat nicht verhindern
- Bernd Grauer Entnahme auf 4 000,00 EUR / Monat begrenzen.

5.1 Umstrukturierung des Rechnungswesens durch Einführung der Abgrenzungstabelle gehört zum gewöhnlichen Betrieb eines Handelsgewerbes (§§ 114 ff. HGB), d. h. sie ist im Wege der Einzelgeschäftsführungsbefugnis möglich. Keine Zustimmung durch Gebrüder Grauer erforderlich.

Abituraufgabe 2007: Aufg. 1 (Teil 1 bis 6)

1.
- Firmenzusatz „KG“ ist vorhanden (§ 19 Abs.1 Nr. 3 HGB)
- „EUROPA“ könnte irreführend hinsichtlich der geschäftlichen Verhältnisse und damit unzulässig sein, wenn die KG nur im Raum Stuttgart tätig ist. (§ 18 Abs. 2 HGB).

2. Vor der Eintragung haften alle Gesellschafter als Vollhafter. Die Haftungsbeschränkung des Kommanditisten Rastlos wird erst mit Eintragung in das Handelsregister rechtswirksam (§ 176 Abs. 1 HGB).

3. Innenverhältnis:
Gemäß § 4 des Gesellschaftsvertrages überschreitet Clever seine Befugnisse (betragsmäßige Beschränkung).

Außenverhältnis:
Die Einzelvertretungsbefugnis ist nicht beschränkbar (§ 126 Abs. 2 HGB), sodass dieser Vertrag rechtswirksam ist.

4 Die Kreditaufnahme in dieser Höhe (vgl. Höhe des Eigenkapitals) ist ein außergewöhnliches Geschäft. Der Kommanditist hat dabei grundsätzlich ein Widerspruchsrecht (§ 164 HGB). § 4 des Gesellschaftsvertrags schließt in zulässiger Weise das Widerspruchsrecht auch bei außergewöhnlichen Geschäften aus. Die vertragliche Regelung hat Vorrang.

5.1 Problematisch und evtl. unangemessen sind z. B.:

- die fehlende Berücksichtigung der Höhe der Einlagen
- die unterschiedliche Bewertung der Geschäftsführertätigkeit

Angemessen sind z. B.:

- der geringere Anteil des Kommanditisten am Restgewinn entsprechend seiner beschränkten Haftung
- die fehlende Beteiligung des Kommanditisten am Verlust, da er an der Geschäftsführung nicht beteiligt ist.

5.2

Jahresgewinn	372 000,00 EUR	
– Vergütung Clever	60 000,00 EUR	} für 10 Monate
– Vergütung Singel	60 000,00 EUR	
– Vergütung Schnellmann	50 000,00 EUR	
= Restgewinn	202 000,00 EUR	
Gewinnanteil Rastlos	**20 200,00 EUR**	

5.3 Sein Gewinnanteil kann nach den gesetzlichen Vorschriften seinem Kapitalanteil nur bis zur Höhe seiner bedungenen Einlage zugeschrieben werden (§ 167 HGB). Der übersteigende Betrag in Höhe von 5 200,00 EUR muss grundsätzlich ausbezahlt werden.

5.4 Der Kommanditist kann nur den Jahresabschluss einsehen und dessen Richtigkeit unter Einsicht in die Bücher prüfen (§ 166 Abs. 1 HGB).

6.1 Frau Schnellmann darf nicht gegen den Willen der Mitgesellschafter persönlich haftende Gesellschafterin in einer anderen gleichartigen Handelsgesellschaft (gleiche Branche) werden (§ 112 Abs. 1 HGB).

6.2
- 31.12 2008 (§ 5 Gesellschaftsvertrag)
- 1. Auszahlung am 01.11.2009
  Betrag: (260 000,00 + 20 %)/4 = 78 000,00 EUR (§ 8 Gesellschaftsvertrag)

7 Rechtsformen II: GmbH und GmbH & Co. KG

7.1 GmbH (einschließlich UG)

1. a) Mit Handelsregistereintrag (konstitutiv)

   b) Haftung vor HR-Eintrag: Unbeschränkt, unmittelbar, solidarisch (Vollhafter)
   Haftung nach HR-Eintrag: Nur Gesellschaftsvermögen haftet (Haftung beschränkt)

   c) Geschäftsführer, Aufsichtsrat, Gesellschafterversammlung

2. a) A 20 000, B und C je 15 000 Stimmen (1,00 EUR Geschäftsanteil = 1 Stimme); § 47 GmbHG

b) A: 20 000,00 EUR, B und C je 15 000,00 EUR

c) Ja. Geschäftsführer können Gesellschafter oder andere Personen sein. § 6 GmbHG.

d) Ja. Geschäftsführer hat Vertretungsmacht für alle gewöhnlichen und außergewöhnlichen Rechtsgeschäfte. Innenverhältnis: Geschäftsführungsbefugnis laut Satzung; § 45 GmbHG

e) Gesamtvertretungsbefugnis; A und B müssen also unterzeichnen; § 35 Abs. 2 GmbHG.

f) Nein. Dies ist Aufgabe der Gesellschafter; § 46 (7.) GmbHG

g) Ja. Die Gewinnverteilung obliegt den Gesellschaftern; § 46 (1) GmbHG

h) Nein. Notarielle Form bei der Übertragung notwendig; § 15 (3) GmbHG

3. **Stammkapital (= gezeichnetes Kapital):** Summe aller Geschäftsanteile. Mind. 25 000,00 EUR

   Geschäftsanteil:
   - vom Gesellschafter übernommener Anteil am Stammkapital
   - Nennbetrag des Geschäftsanteils muss auf volle EUR lauten.

4. a) **Gesamtvertretung:** Beide Gesellschafter sind nur gemeinsam zur Vertretung der Gesellschaft ermächtigt.

   Vorteile:
   - gegenseitige Kontrolle der Geschäftsführer
   - Entscheidungen gut durchdacht, da zweiseitige Zustimmung notwendig

   Nachteile:
   - Meinungsverschiedenheiten verhindern evtl. positive Entscheidungen.
   - Flexibilität bei schnell zu treffenden Entscheidungen begrenzt

   b) Argumente **für** eine Umwandlung der GmbH in eine KG:

   - Publizitäts- und Prüfungspflichten entfallen
   - Steigende Kreditwürdigkeit
   - Die Bildung eines Aufsichtsrates entfällt

Argumente **gegen** eine Umwandlung der GmbH in eine KG:

- Mindestens ein Vollhafter notwendig
- Aufwändige Umwandlungsmaßnahmen notwendig (neuer Gesellschaftsvertrag; Handelsregistereintrag, Umstellungen in der Buchhaltung ...)

5. a) • Anlage des GmbH-Gesetzes (MoMiG)

   • Zusammenfassung von Gesellschaftsvertrag, Geschäftsführerbestellung und Gesellschafterliste in einem Dokument

   b) • maximal 3 Gesellschafter
   • 1 Geschäftsführer
   • Musterprotokoll darf nicht verändert werden.

   c) Vorteil: kostengünstiger (Vereinfachung)

   Nachteil: weniger Gestaltungsfreiheit

6. a) Sach-, Personen-, Misch- bzw. Fantasiefirma mit Zusatz mbH

   b) Wie a, jedoch Zusatz Unternehmergesellschaft [UG] (haftungsbeschränkt)

7. Die UG muss jährlich 25 % des Jahresüberschusses in gesetzliche Rücklage einstellen, bis 25 000,00 EUR Stammkapital durch Kapitalerhöhung aus Gesellschaftsmitteln erreicht sind.

8. Vorteil: Gründung ist einfacher (schneller, kostengünstiger)

   Nachteil: geringere Kreditwürdigkeit –> schwierigere Fremdfinanzierung

7.2 GmbH & Co. KG

1. An KG sind beteiligt: Komplementär (hier = GmbH) und Kommanditisten (natürliche Personen. Keinerlei Privathaftung, da die GmbH als Vollhafter lediglich mit ihrem Stammkapital haftet.

2. bis 4. Vgl. Stofftelegramm

5. a) Ja

   b) Schmiedel = Geschäftsführer der GmbH und Kommanditist der KG

   c) Z. B. Sportartikel GmbH & Co. KG

Abituraufgabe 2003: Aufg. 1 (teilweise)

1.1 Die Anmeldung zur HR-Eintragung darf erst erfolgen, wenn auf jeden Geschäftsanteil ein Viertel eingezahlt ist (§ 7 Abs. 2 GmbHG). Gesellschafter Rehmer hat zum fraglichen Zeitpunkt statt der notwendigen 7 500,00 EUR (25 % v. 30 000,00 EUR) nur 5 000,00 EUR eingezahlt, d. h. die Anmeldung kann noch nicht erfolgen.

1.2 Nach § 8 des Gesellschaftsvertrags ist Rehmer nur bis 50 000,00 EUR alleinvertretungsberechtigt. Gemäß § 37 Abs. 2 GmbHG hat eine Beschränkung der Vertretungsbefugnis gegenüber Dritten keine Wirkung und kann auch nicht in das Handelsregister eingetragen werden. Die GmbH ist durch den Kaufvertrag gebunden.

1.4 Es entscheidet die Mehrheit der Stimmen, die sich aus der Kapitalmehrheit ergibt (§ 47 Abs. 1 GmbHG).

Je 1,00 EUR Geschäftsanteil wird 1 Stimme gewährt. Wahl kann sich demnach mit 160 000 Stimmen gegen die beiden anderen Gesellschafter mit 140 000 Stimmen durchsetzen und damit die Rücklagenbildung ablehnen.

Abituraufgabe 2005: Aufg. 2 (teilweise)

1.1
- Risikominderung: Vollhafter Egon Klein haftet nicht mehr unbeschränkt und direkt.
- Möglichkeit der Drittorganschaft: Egon Klein muss nicht mehr zwingend die Geschäfte der Gesellschaft führen, da die GmbH auch durch angestellte Geschäftsführer geleitet werden kann. Er kann sich früher aus der Geschäftsführung zurückziehen.

1.2
- **Einschränkung der Mitentscheidungsmöglichkeiten:**

  Als Kommanditist ist Müller von der Geschäftsführung ausgeschlossen (§ 164 HGB). Ihm steht aber bei außergewöhnlichen Geschäften ein Widerspruchsrecht zu.

  Als Gesellschafter einer GmbH kann er nur auf der Gesellschafterversammlung bei Beschlüssen mitwirken. Hier entscheidet die Mehrheit der abgegebenen Stimmen (§ 47 GmbHG). Nach einer Umwandlung in eine GmbH hätte Vollhafter Egon Klein außer im Falle einer Satzungsänderung (§ 53 GmbHG) immer die Mehrheit.

- **Verminderung der Kontrollmöglichkeiten:**

  Müller ist als Kommanditist hierbei schlechter gestellt als ein GmbH-Gesellschafter. Ihm steht nach § 166 HGB nur eine Kontrolle des Jahresabschlusses zu. Ein GmbH-Gesellschafter hat nach § 51a GmbHG jederzeit ein Einsichts- und Kontrollrecht.

- **Aufsichtsrat:**

  Bei einer GmbH muss erst bei mehr als 500 Arbeitnehmern ein Aufsichtsrat bestellt werden (§§ 76 f. BetrVerfG 1952; ab 01.07.04: § 1 Drittelbeteiligungsgesetz). Fremdeinflüsse im Rahmen der Mitbestimmung im Unternehmen sind daher ausgeschlossen.

1.31 Der Gesellschaftsvertrag (Satzung) bedarf notarieller Beurkundung (§ 2 GmbHG). Wegen der beschränkten Haftung der Gesellschafter stellt der Gesetzgeber hohe Anforderungen an den Wahrheitsgehalt der Angaben im Gesellschaftsvertrag. Dies dient in erster Linie dem Gläubigerschutz.

1.32. Der Kaufvertrag vom 10.07.2003 verpflichtet die GmbH nicht zur Zahlung, da diese vor der Eintragung am 19.09.2003 noch nicht entstanden war (§ 11 Abs. 1 GmbHG). Da vor der Eintragung im Namen der GmbH gehandelt wurde, haftet Peter Klein als Handelnder persönlich (§ 11 Abs. GmbHG).

(Daneben haftet aber auch die Vorgesellschaft mit ihrem gesamten Vermögen, da diese mit Abschluss des Gesellschaftsvertrages als rechtsfähig gilt.)

Abituraufgabe 2005: Aufg. 3 (teilweise)

1 Firma muss den Zusatz „GmbH“ enthalten (§ 4 GmbHG), d. h. die gewählte Firma ist nicht zulässig. Ergänzungsvorschlag: „Wasser, Hahn & Brause GmbH“

2

Bedingungen gemäß GmbHG	**Ergebnis**
- Stammkapital mindestens 25 000,00 EUR (§ 5 Abs. 1)	mit 250 000,00 EUR erfüllt
- Geschäftsanteil mindestens 1,00 EUR (§ 5 Abs. 2)	erfüllt
- Summe der Einzahlungen mindestens 50 % vom Mindestkapital (§ 5 Abs. 1), also 12 500,00 EUR (§ 7 Abs. 2)	erfüllt
- Einzahlung von 25 % auf jeden Geschäftsanteil	- Brause erfüllt - Hahn nicht erfüllt; 2 500,00 EUR fehlen - Wasser nicht erfüllt; es fehlen noch 20 000,00 EUR in Geld, da bedungene Einlage nicht in voller Höhe erbracht wurde. (§ 9 Abs. 1)

Fazit: Anmeldung zur HR-Eintragung kann am 29.01.2004 noch nicht erfolgen.

3 Die GmbH wird durch sämtliche Geschäftsführer gemeinsam vertreten, wenn keine abweichende vertragliche Regelung besteht (§ 35 Abs. 2 GmbHG). Die GmbH ist durch den Wartungsvertrag nicht gebunden.

Abituraufgabe 2006: Aufg. 3 (teilweise)

1.1 – Reich tritt in eine bestehende OHG ein. Er haftet unabhängig von der vereinbarten Höhe seiner Einlage und der Einzahlung mit seinem gesamten Vermögen unmittelbar und solidarisch (§ 130 Abs. 1 HGB i. V. m. §§ 105, 128 Abs. 1 HGB).

– Da Reich als Kommanditist seine Einlage nach der Eintragung ins HR noch nicht voll geleistet hat, haftet er mit der noch ausstehenden Einlage in Höhe von 40.000,00 EUR unmittelbar den Gesellschaftsgläubigern (§ 171 Abs. 1 HGB), auch für die vor seinem Eintritt begründeten Verbindlichkeiten (§ 173 Abs. 1 HGB).

– Als Gesellschafter einer GmbH besteht für ihn keine persönliche Haftung für die Verbindlichkeiten der GmbH. Die GmbH haftet als juristische Person mit ihrem Gesellschaftsvermögen (§ 13 Abs. 2 GmbHG).

1.2 Meister ist Komplementär. Er haftet unbeschränkt, d. h. mit seiner Einlage und seinem Privatvermögen. Die Höhe seiner Kapitaleinlage hat somit keinen Einfluss auf die Höhe der Haftung. Aus diesem Grund ist die Eintragung seines Kapitalanteils im HR nicht notwendig.

1.3.1 Reich ist als Kommanditist von der Geschäftsführung ausgeschlossen. Er hat nur bei außergewöhnlichen Rechtsgeschäften ein Widerspruchsrecht. Das Vorhaben des Komplementärs, elektronische Bauteile zu kaufen, gehört zu den gewöhnlichen Rechtsgeschäften dieser KG. Der Widerspruch von Reich hat keine rechtliche Wirkung (§ 164 HGB).

1.3.2 – Die Gesellschafter der OHG haben für gewöhnliche Rechtsgeschäfte Einzelgeschäftsführungsbefugnis (§§ 114 Abs. 1, 116 Abs. 1 HGB). Wenn Reich als OHG-Gesellschafter widerspräche, so müsste das Vorhaben unterbleiben (§ 115 Abs. 1 HGB).

– Als Gesellschafter in einer GmbH hätte sein Widerspruch keine rechtliche Wirkung, da er nicht Geschäftsführer wäre. Ein Widerspruchsrecht für nicht geschäftsführende Gesellschafter ist gesetzlich nicht vorgesehen.

1.4.1 Die Kündigung muss mindestens 6 Monate vor Ende des Geschäftsjahres erfolgen. Da dies für das Jahresende 2005 nicht mehr möglich ist, kann er erst zum 31.12.2006 als Kommanditist aus der KG ausscheiden (§ 132 HGB i. V. m. § 161 Abs. 2 HGB).

1.4.2 - Eventuell Liquiditätsproblem für die KG bei Auszahlung der Einlage

- Kreditwürdigkeit der KG kann sich verringern, wenn die Einlage als Haftungsgrundlage entzogen wird.

Abituraufgabe 2007: Aufg. 1 (Teil 7)

7.1

Kriterium	Komplementär	Kommanditist
Haftung	Nur noch mittelbar mit der Einlage	Keine Änderung
Vertretung	Gesetzlich: Gesamtvertretung, sofern sie Geschäftsführer werden	
Einflussnahme auf unternehmerische Entscheidungen	Abhängig von der Höhe des Geschäftsanteils, eventuell Minderung des Einflusses	Zuwachs an Einfluss, abhängig von der Höhe des Geschäftsanteils

7.2 – Die GmbH ist Komplementärin; Kommanditisten können Gesellschafter der GmbH und/oder weitere Personen sein.

– zusätzliche Kapitalbeschaffung durch einfachere Aufnahme neuer Gesellschafter als Kommanditisten (Wegfall der notariellen Beurkundung)

Abituraufgabe 2007: Aufg. 3 (Teil 1)

1.1 Gewinnverteilung gemäß § 29 Abs. 3 GmbHG:

	Geschäftsanteil	Prozentanteil	Gewinnanteil
Hagenbach	75 000,00 EUR	25 %	45 000,00 EUR
Mommsen	120 000,00 EUR	40 %	72 000,00 EUR
Veit	105 000,00 EUR	35 %	63 000,00 EUR
	300 000,00 EUR	100 %	180 000,00 EUR

1.2 Da im Gesellschaftsvertrag nichts anderes vereinbart ist, besteht gemäß § 35 Abs. 2 GmbHG Gesamtvertretung. Mommsen hat als Vertreter ohne ausreichende Vertretungsmacht gehandelt. Der Kaufvertrag ist daher schwebend unwirksam (§ 177 BGB).

1.3
- Bestellung: Beschluss der Gesellschafterversammlung, dass eine bestimmte Person Geschäftsführer der GmbH sein soll
- Entlastung: Vertrauensbekundung für Tätigkeit im abgelaufenen Geschäftsjahr, d. h. dass die Geschäftsführung zu keinen Beanstandungen Anlass gibt; gegebenenfalls ist damit auch ein Verzicht auf Ansprüche gegen den/die Geschäftsführer aus bekannten Handlungen verbunden
- Für die Änderung der Satzung wäre eine 3/4 Mehrheit in der Gesellschafterversammlung erforderlich (§ 53 Abs. 2 GmbHG). Veit besitzt 35 % der Geschäftsanteile der GmbH. Somit kann er die Satzungsänderung verhindern.

Abituraufgabe 2008: Aufg. 1 (Teil 1)

1
- Entscheidung gegen KG:
  - Mindestens eine natürliche Person würde bei der KG als Komplementär auch mit dem Privatvermögen haften (§ 161 HGB).
  - Drittorganschaft (Fremdgeschäftsführung) ist nicht möglich.
- Entscheidung gegen GmbH:
  - Gesetzliches Mitspracherecht der anderen GmbH-Gesellschafter ist erheblich größer als das der Kommanditisten (§§ 45 f. GmbHG).
  - Aufnahme neuer GmbH-Gesellschafter bedarf einer notariell beurkundeten Änderung des Gesellschaftsvertrages (§ 2 GmbHG). Eigenkapitalbeschaffung über neue Kommanditeinlagen ist einfacher.

8 Rechtsformen III: Die Aktiengesellschaft

8.1 Grundlagen

1. Ja. Sachfirma bei Kapitalgesellschaften erlaubt.

2. Nur Gesellschaftsvermögen haftet. Keine persönliche Haftung der Aktionäre.

3. a) Mit Handelsregistereintrag (konstitutiv)
   b) Unbeschränkte, unmittelbare, solidarische Haftung

4. Vgl. Stofftelegramm

5. Rechte Aktionär:
   - Stimmrecht in Hauptvers.
   - Auskunftsrecht in Hauptvers.
   - Gewinnbeteiligung (Dividende)
   - Bezugsrecht bei Kapitalerhöhungen...

6. **Gezeichnetes Kapital:** Grundkapital bei der AG; Nennwerte bzw. Anteile sämtlicher Aktien

7. a) b) Der Gläubiger muss sich an die AG (juristische Person) wenden, da es bei der AG keine unmittelbare Haftung gibt.

8. **Vorteile der AG im Vergleich zur OHG:**

   - Beschränkte Haftung
   - Kapitalstückelung in viele kleine Teile möglich
   - große Kapitalbeschaffungsmöglichkeiten (Kapitalerhöhungen: Ausgabe junger Aktien)

9. Nein. Unter-pari-Ausgabe von Aktien verboten.

10. **Depotstimmrecht:** Das den Banken von Aktionären eingeräumte Recht, an der Hauptversammlung vertretungsweise abzustimmen. Die Bank erhält ggfs. eine große Machtfülle. Ein <u>Machtmissbrauch</u> ist jedoch durch folgende Vorschriften weitgehend <u>eingeschränkt:</u>

    - schriftliche Ermächtigung durch Aktionär notwendig
    - Erteilung für maximal 15 Monate
    - jederzeitiger Widerruf möglich
    - Bank muss dem Aktionär ihre eigenen Vorschläge zur Ausübung des Stimmrechts vorher bekanntgeben
    - der Aktionär kann der Bank bestimmte Weisungen erteilen

    <u>Vorteile:</u> Die Bank kann die Lage der AG evtl. besser beurteilen und Aktienkäufer besser beraten. Ohne Depotstimmrecht würden viele Stimmrechte nicht ausgeübt werden.

11. Hauptversammlung mit 75 %iger Mehrheit.

12. a, d, h, k: Hauptversammlung; b, c, g, j: Aufsichtsrat; e, f, i: Vorstand

13.

	KG	AG
Gesch.-führung	Gesch.führung durch Komplementäre. Gewöhnl. Geschäfte: Einzelgesch.führ.befugnis. A. g. Geschäfte: Gesamtgeschäftsführungsbefugnis aller Komplementäre. Widerspr.recht K´ditisten.	Die Geschäftsführ. obliegt dem Vorstand. -Gesamtgeschäftsführungsbefugnis aller Vorstandsmitglieder
Vertret.	Vertretung durch Komplementäre. Einzelvertret.befugnis für gew. + a. g. Geschäfte	Gesamtvertretungsbefugnis aller Vorstandsmitglieder

14. Hauptaufgabe des Aufsichtsrats: Überwachung des Vorstands. Diese Funktion wäre u. a. nicht mehr gewährleistet.

15. **Publizität:** Unterrichtung der Öffentlichkeit über die Lage des Unternehmens (Offenlegungspflicht). Veröffentlichung des Jahrsabschlusses (Bilanz, GuV, Anhang) + Lageberichts in Geschäftsblättern sowie dem Bundesanzeiger nebst Einreichung beim Handelsregister.

    Begründung der Publizitätspflicht: Öffentlichkeit, Aktionäre, Gläubiger und Arbeitnehmer haben ein berechtigtes Interesse an den wesentlichen Daten der AG. Aufgrund der Unternehmensgröße und zahlreichen Verflechtungen der Gesamtwirtschaft würde bei einem Unternehmenszusammenbruch ein erheblicher wirtschaftlicher Schaden entstehen. Dies bedingt entsprechende Schutzmaßnahmen, u. a. die Publizitätspflicht.

16. 25 % der Nennwerte der Aktien + volles Agio. § 36 a AktG.

17. a) Ja. Eine Kapitalerhöhung bedarf einer 75 % igen Mehrheit, die bei 28 % in jedem Fall verhindert werden kann.

    b) 25 % (Sperrminorität) notwendig. Da i. d. R. in Hauptversammlungen nur 40 bis 80 % des gezeichneten Kapitals vertreten sind, könnten 20 % genügen, um die Kapitalerhöhung zu verhindern.

    Beispiel: 70 % in Hauptversammlung anwesend. 25 % von 70 % = 17,5 %.
    17,5 % + 1 Aktie würden also genügen, um die Kapitalerhöhung zu verhindern.

18. Das gezeichnete Kapital bei der AG ist eine feste Größe. Einbehaltene Gewinne müssen somit auf einem separaten Eigenkapitalkonto (Rücklagen) gebucht werden.

    Bei der OHG werden einbehaltene Gewinne den (variablen) Kapitalkonten gutgeschrieben.

19. Nein. Vertretungsrecht obliegt dem Vorstand.

20. a) Erlaubte Verflechtung
    b) Verboten. Überkreuzverflechtung. § 100 Abs. 2 (3.) AktG. Zweck der Vorschrift: Verhinderung von Abhängigkeiten zwischen den Organen beider Gesellschaften. Wirksame Kontrolle des Vorstands durch den Aufsichtsrat wird ermöglicht.
    c) Nicht erlaubt. Obergrenze = 10 Aufsichtsratssitze. § 100 Abs. 2 (1.) AktG.
    d) Erlaubt. Widerspricht nicht § 100 AktG.
    e) Nicht erlaubt. § 100 Abs. 2 (2.) AktG.

21. Einzelunternehmung, GmbH, GmbH & Co. KG, (kleine) AG.

22. Ja. Der Vorstand besitzt Geschäftsführungs- und Vertretungsbefugnis für alle gewöhnlichen und außergewöhnlichen Rechtsgeschäfte.

23. Präsenz in der HV: 80 % von 6 Mio. Stück Aktien = 4,8 Mio. Stück –> 50 % = 2,4 Mio. Stück –> Aktionär kann Entlastung nicht verhindern, weil er weniger als 2,4 Mio. Stück besitzt.

8.2 Mitbestimmung im Aufsichtsrat (AR)

1. **Argumente für Mitbestimmung allgemein:**
   - Interesse + Motivation der Arbeitnehmer (AN) am Betrieb steigen
   - Demokratisierung der Wirtschaft durch Mitbestimmung
   - Humanisierung des Arbeitslebens u. a. durch Mitbestimmung
   - Gegenseitige Abhängigkeit von Arbeit und Kapital erfordert Mitbestimmung

   Argumente gegen Mitbestimmung allgemein:
   - Erschwerung betrieblicher Entscheidungsprozesse
   - Mitbestimmung ohne gleichwertige Mitverantwortung und Risikoübernahme
   - Evtl. fehlende notwendige Sachkenntnisse der Arbeitnehmer
   - Evtl. verstärkte Kapitalflucht des in- und ausländischen Kapitals

2. Betriebsrat, Aufsichtsrat, Vorstand (Arbeitsdirektor)

3. a) AktG, Drittelbeteiligungsgesetz (DrittelbG), MitbestG, MontanMG

   b) **Drittelbeteiligungsgesetz** (AG bis 2 000 Arbeitnehmer): Anteilseigner (2/3-Mehrheit)
   Mitbestimmungsgesetz (AG > 2 000 Arbeitnehmer): Anteilseigner (50 % Stimmenanteil + doppelte Stimme des Aufsichtsratsvorsitzenden, der üblicherweise von den Anteilseignern gewählt ist).

4. a) Dem Vorstand gehört ein Arbeitsdirektor als gleichberechtigtes Mitglied an. § 33 MitbestG.

   b) Er bearbeitet insbesondere arbeitsrechtliche, soziale und personelle Angelegenheiten.

5. **a/c/d:** MitbestG; **b/e/g:** BVG;
   f: Personengesellschaft, somit keine Mitbestimmung in den Organen

6. a) Beide mit 2/3-Mehrheit. Wird diese nicht erreicht: Aktionärsvertreter wählen Vorsitzenden, Arbeitnehmervertreter den Stellvertreter.

   b) Aufsichtsratsvorsitzender (Aktionärsvertreter) hat zwei Stimmen.

7. a) § 7 MitbestG: 8 AR-Mitglieder der Anteilseigner (Aktionäre), 8 AR-Mitglieder der Arbeitnehmer (6 Arbeitnehmer des Unternehmens + 2 Gewerkschaftsvertreter)

   b) 10 AR-Mitglieder der Anteilseigner, 10 AR-Mitglieder der AN (7 AN des Unternehmens + 3 Gewerkschaftsvertreter)

8. Arbeitnehmer- und Aktionärsvertreter sind <u>zahlenmäßig</u> gleich im Aufsichtsrat vertreten. Die paritätische Mitbestimmung gibt es bei AGs und GmbHs mit mehr als 2 000 Arbeitnehmern (MitbestG) sowie bei Kapitalgesellschaften des Montanbereichs (MontanMG).

9. Vgl. Aufgabe 6.!

10. Je nachdem, welche Mitbestimmungsregelung für die AG gilt:
    MitbestG: Arbeitnehmerzahl;
    DrittelbG: Satzung (Höchstzahl nach Höhe des gezeichneten Kapitals)

8.3 Die Aktie als Beteiligungs- u. Finanzierungsinstrument

1./2. Vgl. Stofftelegramm 3. 4 Mio. : 800 000 = 5,00 EUR

Abituraufgabe 2004: Aufg. 1 (teilweise)

1. - 120 Mio. GK / 6 EUR Mio. Aktien = 20,00 EUR pro Aktie
   - 4 Mio. EUR GK / 20,00 EUR pro Aktie = 200 000 Aktien
   - 180 Mio. EUR Kapitalbedarf / 6 Mio. Aktien = 30,00 EUR pro Aktie

2. - Börsengang ist bei der GmbH nicht möglich (keine Ausgabe von Aktien)
   - Übertragbarkeit von GmbH-Anteilen ist erschwert (notarielle Beurkundung erforderlich)
   - Bei einer GmbH hat die Gesellschafterversammlung die Möglichkeit, die Geschäftsführung direkt zu beeinflussen. Gegenläufige Interessen würden die Geschäftsführung lähmen (§§ 46 ff. GmbHG).

3. - Die Aufnahme des Familiennamens Schwarzwälder wäre dann sinnvoll, wenn mit dieser Firma eine bessere Startposition bezüglich Bekanntheit, Vertrauenswürdigkeit, persönliche Zuverlässigkeit usw. am Markt einherginge.
   - Die Firma ist zur Kennzeichnung des Kaufmanns geeignet (§ 18 Abs. 1 HGB) und ermöglicht die Unterscheidbarkeit der Firma von allen am selben Ort bereits bestehenden Firmen (§ 30 HGB).
   Außerdem enthält die Firma keine über die geschäftlichen Verhältnisse irreführenden Angaben (§ 18 Abs. 2 HGB). Damit sind mit der hier vorliegenden Firmenbezeichnung beide Bedingungen erfüllt.

4. Der Vertrag ist für die AG bindend, wenn die Satzung für den Vorstand Einzelvertretung vorsieht und dies im Handelsregister eingetragen ist (§ 78 Abs. 2 AktG i. V. m. § 15 Abs. 2 HGB).

5.1. Der AR ist zu bilden nach den Vorschriften des Betriebsverfassungsgesetzes. Ein Drittel der Mitglieder müssen Arbeitnehmervertreter sein (§§ 95 f. AktG i. V. m. § 76 BetrVG von 1952).

Bei dem hier vorliegenden kleinen Aktionärskreis empfiehlt sich ein möglichst kleiner AR. Würde man einen AR aus nur drei Personen bilden (Mindestzahl), könnte nur ein Arbeitnehmervertreter dabei sein. Soll die Personalstruktur berücksichtigt werden, so wäre ein AR von sechs Personen zu empfehlen: vier Vertreter der Anteilseigner und zwei Arbeitnehmervertreter, darunter eine Frau.

5.2. Zinser will die Möglichkeit nutzen, die Geschäftspolitik des Vorstandes der Baden-Technologiepark AG zu überwachen und bei finanzieller Gefahr bzw. zukünftigen Liquiditätsengpässen rechtzeitig das Kreditrisiko und das Kreditengagement für seine Bank abschätzen zu können.

Die Wahl ist möglich. Es liegt kein Verstoß gegen die persönlichen Voraussetzungen für AR-Mitglieder vor (§ 100 Abs. 2 Ziff. 2 AktG).

6. - Imagezuwachs für das Unternehmen bei positiver Kursentwicklung
   - zukünftige Kapitalerhöhungen werden damit erleichtert
   - Zulassungskosten, z. B. Börsenprospekt
   - verschärfte Publizitätsanforderungen, z. B. Veröffentlichung in einem Börsenpflichtblatt

9 Kooperation und Konzentration

9.3 Konzern

1. **Kooperation:** Vertragliche Verpflichtung zur Zusammenarbeit zwischen Unternehmen. Die wirtschaftliche Selbständigkeit der einzelnen Unternehmen bleibt weitgehend erhalten. Beispiel: Kartelle oder sonstige Zusammenarbeit

   Konzentration: Vertragliche Zusammenarbeit von Unternehmen, die unter einheitlicher Leitung stehen, wobei die wirtschaftliche Selbständigkeit der einzelnen Unternehmen aufgegeben wird. Beispiel: Konzern

2./3. Vgl. Stofftelegramm

4. **Horizontaler Zusammenschluss:** Zusammenschluss von Unternehmen der gleichen Produktionsstufe. Beispiele: Kaufhaus/Kaufhaus; Möbelfabrik/Möbelfabrik

   Vertikaler Zusammenschluss: Zusammenschluss von Unternehmen verschiedener Produktionsstufen derselben Branche. Beisp.: Möbelfabrik/Möbelhandel; Textilfabrik/Kaufhaus

   Anorganischer Zusammenschluss: Zusammenschluss von Unternehmen verschiedener Branchen. Beispiele: Sägewerk/Kaufhaus; Autofabrik/Möbelfabrik

5. **Aufgaben des Bundeskartellamtes:**

   - Marktbeobachtung hinsichtlich Wettbewerbsbeschränkungen
   - Anträge auf Negativtest entgegennehmen und prüfen
   - Missbrauchsaufsicht: Verhinderung des Missbrauchs einer marktbeherrschenden Stellung
   - Fusionskontrolle: Zusammenschlusskontrolle gemäß §§ 35 ff. GWB

6. a) **Konzern:** Zusammenschluss von Unternehmen, die rechtlich selbständig bleiben, wirtschaftlich jedoch unselbständig sind durch einheitliche Leitung

   b) Einheitliche Leitung

7.1
- Ausdehnung des Filialnetzes im südwestdeutschen Raum
- Gewinnsteigerung
- Erringung wirtschaftlicher Macht, d. h. stärkere Marktstellung auf örtlichen Teilmärkten

7.2
- Übernahme von qualifizierten Mitarbeitern
- Übernahme eines Kundenstammes
- geringere Anlaufkosten
- geringere Werbung notwendig

7.3 Sinnvoll wäre eine Beteiligung von über 50 %, da bei einer GmbH die Beschlussfassung mit einfacher Mehrheit erfolgt.

7.4 Nachteile ergeben sich aus der Entstehung einer marktbeherrschenden Stellung der Tengelmann-Gruppe.

Vorteile sind denkbar, wenn die günstigeren Beschaffungsmöglichkeiten an die Verbraucher über die Preise weitergegeben werden.

8.1 Das herrschende und abhängige Unternehmen sind unter einheitlicher Leitung, meist auf der Grundlage einer Mehrheitsbeteiligung, zusammengefasst.

8.2 Konzerne sind im Gegensatz zu den Kartellen nicht grundsätzlich verboten. Sie unterliegen aber wie diese dem GWB im Rahmen der Missbrauchsaufsicht. Zusammenschlüsse von Unternehmen sind grundsätzlich anzeigepflichtig (Fusionskontrolle) und können vom Kartellamt gemäß § 23 bei entsprechender Wettbewerbsbeeinträchtigung untersagt werden (Fusionsverbot).

9.1.1 Anorganischer Konzern. Gründe:
- Schnelle Anpassung an Markänderungen
- günstigerer Einkauf bei größeren Mengen (z. B. im Verpackungsbereich, z. T. gleiche Grundstoffe, im Bürobereich...)
- Risikoausgleich (Produktdiversifikation)
- Umsatzausdehnung
- Verlustminimierung bei Krisen
- Nutzung des Firmenimages
- Einstieg in gewinnträchtige Branchen

9.1.2
- Einfacher Erwerb von Aktien an der Börse
- Ankauf wird bis 5 % Anteil für Konkurrenten nicht sichtbar
- Durch Mehrheitsbeteiligung starker Einfluss in Hauptversamml., Aufsichtsrat, Vorstand
- Völlige Verschmelzung (Fusion) durch Aktientausch möglich...

9.1.3 – **Holding-Gesellschaft** erwirbt Kapital- und Stimmenmehrheit. Sie kann dafür eigene Wertpapiere hergeben bzw. Aktien der Holding am Kapitalmarkt unterbringen. Bei anorganischen Konzernen ist sie i. d. R. eine reine Finanzierungs- und Verwaltungsgesellschaft ohne eigenen Produktions- oder Dienstleistungsbetrieb. Die Holding führt die abhängigen Unternehmen entweder durch Kapital- bzw. Stimmenmehrheit oder durch Beherrschungsvertrag. § 18 AktG.

– Bilanz: Nahezu gesamtes Vermögen besteht aus Beteiligungen.

Erfolgsrechnung: keine Umsatzerlöse, hauptsächlich Beteiligungserträge, sehr geringe Aufwendungen.

9.2 100 %ige Beteiligung: Die Brauerei besteht noch als rechtlich selbständige Firma.

Fusion: Die Brauerei hat ihre rechtliche Selbständigkeit verloren.

9.3 Oetker hat noch keine Mehrheit an der Brauerei. Da aber auf Hauptversammlungen selten alle Aktionäre vertreten sind, kann Oetker schon die einfache Mehrheit erreichen, wenn mehr als 10 % des gezeichneten Kapitals nicht vertreten ist. Somit ist der Einfluss auf die AG beträchtlich.

10 Finanzierung und Investition: Offene Selbstfinanzierung

10.2 Offene Selbstfinanzierung, v. a. Gewinnverwendung bei einer KG

1. a) Offene Selbstfinanzierung = Nichtausschüttung von Gewinnen (Gutschrift der nicht ausgeschütteten Gewinne auf Kapitalkonten)

   b) Eigenkapital c) Vgl. Stofftelegramm

2. Vgl. Stofftelegramm

3.

Gesell - schafter	Anfangskapital	9 %	Teile Restgewinn	Restgewinn	Gewinnanteile ins- gesamt
A	61 500,00	5 535,00	7 T.	23 310,00	28 845,00
B	78 400,00	7 056,00	8 T.	26 640,00	33 696,00
C	28 000,00	2 520,00	1 T.	3 330,00	5 850,00
	167 900,00	15 111,00	16 T.	53 280,00	68 391,00

Der Gewinnanteil des Kommanditisten C stellt eine Verbindlichkeit dar und ist auszuzahlen. Somit liegt diesbezüglich keine Selbstfinanzierung vor.

Selbstfinanzierung = 28 845 + 33 696 = 62 541,00 EUR (Unterstellung: keine Privatentnahmen)

10.3 Offene Selbstfinanzierung: Gewinnverwendung bei der AG

1./2. Vgl. Stofftelegramm

3.

Gewinnverwendungsschema:	EUR
Jahresüberschuss	300 000,00
- Einstellung in gesetzliche Rücklage:	15 000,00
Rest	285 000,00
- Einstellung in andere Gewinnrücklagen:	142 500,00
Bilanzgewinn	142 500,00
- Dividende	140 000,00
Gewinnvortrag	2 500,00

S	Bilanz 31. Dezember		H
Vermögen	1 300 000,00	Gezeichnetes Kapital	1 000 000,00
		Gesetzl. Rücklage	15 000,00
		And. Gewinnrücklagen	142 500,00
		Bilanzgewinn	142 500,00
	1 300 000,00		1 300 000,00

4.

Gewinnverwendungsschema:	**Fall 1**	**Fall 2**	**Fall 3**
Jahresüberschuss	700 000	700 000	8 300 000
– Verlustvortrag	100 000	---	---
+ Gewinnvortrag	---	56 500	210 000
– Einstell. in gesetzl. Rückl.	30 000 [1]	35 000 [4]	50 000 [6]
Rest	570 000	715 000	8 460 000
– Einstell. in and. Gewinnrückl.	285 000 [2]	332 500 [5]	4 125 000 [7]
Bilanzgewinn	285 000	382 500	4 335 000
– weitere Einst. in a.G.rü. (HV)	28 500	38 250	---
Rest	256 500	344 250	4 335 000
– Dividende	200 000 [3]	200 000	4 250 000 [8]
Gewinnvortrag	56 500	144 250	85 000

Nebenrechnungen:

[1] Gesetzliche Rücklage + Kapitalrücklage betragen noch nicht 10 % des gezeichneten Kapitals!
–> 5 % aus (JÜ - Verlustvortrag) 600 000,00 EUR = 30 000,00 EUR

[2] 50-%-Einstellung

[3] 256 500 : 200 000 = 1,.. EUR je Aktie –> Dividende: 1,00 EUR/Aktie × 200 000 Aktien = 200 000,00 EUR

[4] 5 % aus 700 000,00 = 35 000,00 EUR

[5] 50-%-Einstellung aus 665 000 = 332 500,00 EUR

[6] 5 % aus 8 300 000 = 415 000,00

Gesetzliche Rücklage bisher:	2 450 000,00 EUR
Soll (10 % des gez. Kap.)	2 500 000,00 EUR
Noch aufzufüllen max.	50 000,00 EUR

[7] 50 % aus [8,3 Mio. – 50 000] 8 250 000,00 = 4 125 000,00 EUR

[8] 25 000 000 = 100 %
4 335 000 = 17,34 % –> 17 % aus 25 Mio. = 4 250 000,00 EUR

5.a)

Jahresüberschuss	460 000,00 EUR
– Verlustvortrag	60 000,00 EUR
	400 000,00 EUR
– Einstellung in gesetzl. Rücklage 5 %	20 000,00 EUR
	380 000,00 EUR
– Einstell. in and. Gewinnrückl. 50 %	190 000,00 EUR
Minimaler Bilanzgewinn	190 000,00 EUR
Maximaler Bilanzgewinn	380 000,00 EUR

b) Minimaler Dividendensatz:
2,00 Mio. = 100,0 %
0,19 Mio. = **9,5** %

Maximaler Dividendensatz:
2,00 Mio. = 100,0 %
0,38 Mio. = **19,0** %

c) **Eigenkapital bei minimaler Ausschüttung:**

Gezeichnetes Kapital	2 000 000,00 EUR	
gesetzliche Rücklage bisher	140 000,00 EUR	GK 2,00 Mio. = 100,0 %
Zuführung in gesetzl. Rücklage	20 000,00 EUR	EK 3,15 Mio. = **157,5 %**
andere Gewinnrücklagen bisher	800 000,00 EUR	
Zuführung in andere Gewinnrücklagen	190 000,00 EUR	
Eigenkapital	**3 150 000,00** EUR	

Bilanzkurs: (rechte Spalte)

Eigenkapital bei Ausschüttung:

Gezeichnetes Kapital	2 000 000,00 EUR	
gesetzliche Rücklage bisher	140 000,00 EUR	GK 2,00 Mio. = 100,0 %
Zuführung in gesetzliche Rücklage	20 000,00 EUR	EK 2,96 Mio. = **148 %**
andere Gewinnrücklagen bisher	800 000,00 EUR	
Eigenkapital	**2 960 000,00** EUR	

Bilanzkurs: (rechte Spalte)

d) Vgl. Stofftelegramm

6. Die aus gesetzlichen Vorschriften resultierende Rücklagenbildung (gesetzliche Rücklage, Recht von Vorstand und Aufsichtsrat zur Bildung von Gewinnrücklagen) bedingt bei der AG im Vergleich zur KG eine höhere „erzwungene" Selbstfinanzierung, sofern die Gesellschafter der KG ihr gesetzliches Entnahmerecht voll in Anspruch nehmen.

   Da jedoch insbesondere Komplementäre an kostengünstigem Wachstum der Unternehmung interessiert sind, werden sie freiwillig hohe Gewinnanteile im Unternehmen belassen.

7.1

Gewinnverwendungsschema:	
Jahresüberschuss	1 200 000,00
+ Gewinnvortrag	20 000,00
– Einstellung in gesetzliche Rücklage	60 000,00
Rest	1 160 000,00
– Einstell. in and. Gewinnrückl. 50 %	570 000,00
Bilanzgewinn	590 000,00
– Dividende (4,00 EUR je Aktie)	560 000,00
Gewinnvortrag	30 000,00

7.2

Gezeichnetes Kapital	7 000 000 EUR
gesetzliche Rücklage (600 000 + 60 000)	660 000 EUR
andere Gewinnrücklagen (2,8 Mio. + 0,7 Mio.)	3 500 000 EUR
Gewinnvortrag	30 000 EUR
neues Eigenkapital	11 190 000 EUR

7.3
- Vorstand u. Aufsichtsrat können beschließen, die Feststellung des Jahresabschlusses der HV zu überlassen. § 172 AktG.
- Billigt Aufsichtsrat den Jahresabschluss nicht: HV stellt Jahresabschluss fest. § 173 AktG

8. Lösung: (jede korrekt begründete Lösungsalternative ist ebenso möglich)

Entscheidungskriterien	Gewichtung %	Keine Rück - lagenbildung		50 % in Rücklagen		75 % in Rücklagen	
		P.	gew. P.	P.	gew. P.	P.	gew. P.
Wachstumsförderung	20	0	0	3	60	4	80
Liquidität	10	0	0	3	30	5	50
Rentabilität	20	0	0	3	60	5	100
Aktionärsstimmung	40	4	160	4	160	2	80
Kreditwürdigkeit	5	0	0	3	15	5	25
Unabhängigkeit	5	0	0	3	15	5	25
Summe	100	-	160	-	340	-	360

Entscheidung: Einstellung von 75 %

Entscheidungsbegründung: Höchste Punktesumme. Die aus dieser hohen Rücklagenbildung resultierende schlechte Aktionärsstimmung könnte in der Hauptversammlung durch zugkräftige Argumentation gemildert werden. Alle anderen Entscheidungskriterien erreichen die Optimalwerte.

Abituraufgabe 2005: Aufg. 1 (Teil 1.1)

1.1

Jahresüberschuss	120,0 Mio. EUR	
– Verlustvortrag	3,0 Mio. EUR	
= bereinigter Jahresüberschuss	117,0 Mio. EUR	
– Einstellung in gesetzl. Rücklage	2,0 Mio. EUR	(§ 150 Abs. 2 AktG)
=	115,0 Mio. EUR	
– 50 % Einstellung in andere Gewinnrücklagen	57,5 Mio. EUR	(§ 58 Abs. 2 AktG)
= Bilanzgewinn	57,5 Mio. EUR	
– Dividende (0,30 EUR/Aktie × 80 Mio. Aktien)	24,0 Mio. EUR	
= Einst. in and. Gewinnrückl. bzw. Gewinnvortrag	33,5 Mio. EUR	(§ 58 Abs. 3 AktG)

Der Vorstand legt den Vorschlag für die Gewinnverwendung vor, der Aufsichtsrat prüft den Vorschlag. Billigt der Aufsichtsrat den Vorschlag, so ist der Jahresabschluss festgestellt. Die Hauptversammlung beschließt über die Verwendung des Bilanzgewinns (§§ 170 ff. AktG).

Jahresüberschuss	120,0 Mio. EUR
– ausgeschüttete Dividende	24,0 Mio. EUR
= offene Selbstfinanzierung	96,0 Mio. EUR

Abituraufgabe 2006: Aufg. 1 (Teil 2.1)

2.1

Gezeichnetes Kapital:	10 Mio. EUR: 5,00 EUR/Aktie = 2 Mio. Aktien
Bilanzgewinn:	2,3 Mio. EUR: 2 Mio. Aktien = 1,15 EUR/Aktie Dividende
Ausschüttung/Aktie:	1,10 EUR
Dividende insgesamt:	1,10 EUR x 2 Mio. Aktien = 2,2 Mio. EUR
Gewinnvortrag:	2,3 Mio. EUR – 2,2 Mio. EUR = 0,1 Mio. EUR

Abituraufgabe 2008: Aufg. 1 (Teil 3)

3.1 510 Mio. EUR/12,00 EUR Kurs je Aktie = 42,5 Mio. Stückaktien zum Mindestanteil (fiktiver Nennwert 1,00 EUR), Agio je Aktie 11,00 EUR (12 –1);
15 Mio. Aktien zum Mindestanteil × 10,00 EUR Kurs = 150 Mio. EUR,
Agio 9,00 EUR je Aktie (10 –1);

42,5	Mio. +15,0 Mio.	= 57,5 Mio. EUR	gezeichnetes Kapital (EK-Position)
510,0	Mio. +150,0 Mio.	= 660,0 Mio. EUR	gesamtes Eigenkapital
660,0	Mio. –57,5 Mio.	= 602,5 Mio. EUR	Kapitalrücklage (EK-Position)

3.2 Die bisherigen Gesellschafter wollen die Möglichkeit erhalten, Satzungsänderungen gegen ihren Willen zu verhindern.
Sperrminorität (mind. 25 % + 1 Aktie; § 179 AktG) 57,5 Mio. = 100,00 %
15,0 Mio. = 26,09 %

3.3.1
- Kein Liquiditätsentzug, da die Mittel im Unternehmen bleiben und damit für Investitionen zur Verfügung stehen
- Zusätzliches Eigenkapital steht unbefristet zur Verfügung, deshalb werden Sicherheit und Kreditwürdigkeit erhöht.
- Substanzwert der Gesellschaft steigt und damit i. d. R. der Börsenkurs.

3.3.2

	(Mio. EUR)	
Jahresüberschuss	25,30	
– Einstellung in gesetzl. Rücklage	0,00	(Kapitalrückl. > 10 % des GK)
– Einst. in andere GewRL d. Vorstand u. AR	12,65	(maximal 50 %)
Bilanzgewinn (minimal)	12,65	
– Dividende (10 % von 57,5 Mio. EUR)	5,75	
= Einst. in andere GewRL durch HV	6,90	

Erhöhung der anderen Gewinnrücklagen um 12,65 + 6,90 = 19,55 Mio. EUR
Erhöhung der kurzfristigen Verbindlichkeiten (gg. Aktionäre) um 5,75 Mio. EUR

11 Finanzierung und Investition: Finanzierung aus Abschreibungsgegenwerten (= Form der Innenfinanzierung)

1. Vgl. Stofftelegramm (Funktionsweise).

2. Vgl. Stofftelegramm (Kapitalfreisetzungseffekt)

3. Vgl. Stofftelegramm

4. Anlagevermögen sinkt (Abschreibungen!), Umlaufvermögen steigt (Forderungen, liquide Mittel) durch Abschreibungsrückflüsse.

5. Eine stille Selbstfinanzierung liegt vor, wenn die kalkulatorischen Abschreibungen kleiner als die bilanziellen Abschreibungen sind. Differenzbetrag = stille Selbstfinanzierung, weil die überhöhten bilanziellen Abschreibungen den GuV-Gewinn verstärkt verringern.

   Die Aussage ist insofern nicht korrekt, als eine Finanzierung aus Abschreibungen nur in Höhe der kalkulatorischen Abschreibung vorliegt (= Umfinanzierung), die stille Selbstfinanzierung folglich eine Art Zusatzfinanzierung darstellt.

6. Vorteile:
   - Kapital steht zinsfrei zur Verfügung
   - Keine Mitspracherechte von Kapitalgebern

   Probleme:
   - unsichere zukünftige Absatzlage –> kalkulatorische Abschreibungen evtl. nicht in Preise kalkulierbar
   - Investitionen auf Basis der Abschreibungsrückflüsse bedeuten Unstetigkeit im betrieblichen Wachstum. Bei plötzlichem Investitionsbedarf ist diese Finanzierungsart untauglich.

7. Werden bei Preissteigerungen die kalkulatorischen Abschreibungen auf Basis der Anschaffungskosten (Geschäftsbuchführung!) angesetzt, ist eine Wiederbeschaffung aus Abschreibungsrückflüssen allein nicht möglich (gestiegene Wiederbeschaffungskosten). Die Restfinanzierung muss durch Gewinnverwendung erfolgen. Diese Gewinnanteile sind **Scheingewinne** (= Substanzverlust).

   Daher: kalkulatorische Abschreibungen auf Basis der Wiederbeschaffungskosten!

8. Finanzierung aus Abschreibungsgegenwerten = **vorherrschende Finanzierungsform für Investitionen** der Unternehmen (Ersatzinvestitionen machen i. d. R. den größten Teil der Investitionen aus.).

12 Finanzierung und Investition: Finanzierung aus Rückstellungsgegenwerten (= Form der Innenfinanzierung)

1. Bildung einer Rückstellung = Aufwand (keine Ausgabe) –> Kalulation in den Preisen –> erhöhte Umsatzerlöse (= Erträge und Einnahmen) –> stehen bis zur tatsächlichen Auszahlung als Finanzmittel zur Verfügung

2. Vgl. Stofftelegramm (Kapitalfreisetzungseffekt)

3. Vgl. Stofftelegramm

4. Aufwand an Rückstellungen

5. Die Höhe der Rückstellungen muss geschätzt werden –> Bei zu hoher Schätzung (zu hohem Ansatz der Rückstellungen) entstehen stille Rücklagen = stille Selbstfinanzierung.

6. Vorteile:
   - Kapital steht zinsfrei zur Verfügung
   - Keine Mitspracherechte von Kapitalgebern

7. Finanzwirtschaftliche Bedeutung haben insbesondere Pensionsrückstellungen (langfristig).

   Bei deutschen Kapitalgesellschaften machen Rückstellungen ca. 22 % der Bilanzsumme aus –> relativ hohe Bedeutung

13 Finanzierung und Investition: Stille (verdeckte) Selbstfinanzierung (= Form der Innenfinanzierung)

1. Stille Rücklagen können entstehen:

   - durch Nichtaktivierung von Aktiva: beispielsweise darf der originäre (mangels Verkauf des Unternehmens nicht bezahlte) Firmenwert nicht aktiviert werden;
   - durch Unterbewertung von Aktiva: beispielsweise verlangt das Niederstwertprinzip vorsichtige Bewertung der Vermögensgegenstände; Obergrenze für die Bewertung bilden stets die Anschaffungs- oder Herstellungskosten (Grundstücke!)
   - durch Überbewertung von Passiva: z. B. überhöhte Rückstellungen aus Gründen des Gläubigerschutzes und der kaufmännischen Vorsicht.

2. **Vorteile der stillen im Vergleich zur offenen Selbstfinanzierung:**

   - Bei AG kein Hauptversammlungsbeschluss über die Bildung stiller Rücklagen notwendig (die Gewinneinbehaltung geschieht „still").
   - Dividendenstabilisierung wird möglich (in guten Zeiten Bildung, in Verlustzeiten Auflösung stiller Rücklagen)
   - Verbergen von hohen Gewinnen z. B. gegenüber der Konkurrenz oder den Aktionären wird ermöglicht durch Bildung stiller Rücklagen.
   - Steuerverschiebung (im Gegensatz zur offenen Selbstfinanzierung werden die nicht ausgewiesenen Gewinne im Jahr der Bildung der stillen Rücklagen nicht versteuert; Versteuerung erst bei Auflösung der stillen Rücklagen in späteren Jahren) = Zinsgewinn.

   Nachteile der stillen im Vergleich zur offenen Selbstfinanzierung:

   - Bilanzverfälschung (Verlust der Aussagekraft der Bilanz)
   - Vertuschung von Verlusten durch Auflösung stiller Rücklagen
   - evtl. Fehldispositionen, sofern stille Rücklagen nicht „im Auge behalten werden".

3. Bildung stiller Rücklagen: Gewinnverringerung = Steuerminderung.
   Auflösung stiller Rücklagen in späteren Jahren: Gewinnerhöhung = Steuermehrbelastung (somit „zweischneidiges Schwert").
   Per Saldo: I. d. R. kein Steuergewinn, nur Steuerverschiebung (Zinsgewinn).
   Ausnahme: Ein echter Steuergewinn kann eintreten, wenn die Bildung stiller Rücklagen in Zeiten hoher Gewinne (hohe Einkommensteuerprogression) und die Auflösung in Verlustzeiten oder Zeiten geringer Gewinne (niedrige Einkommensteuerprogression) erfolgt.

4. a) Ausgewiesenes Eigenkapital der Unternehmung:

gezeichnetes Kapital	1 200 Mio. EUR
offene Rücklagen	2 611 Mio. EUR
Gewinnvortrag	3 Mio. EUR
	3 814 Mio. EUR

(theoretisches) Eigenkapital aufgrund des Börsenkurses:
159 × 2 = 318 % von 1 200 Mio. EUR = 3 816 Mio. EUR

→ stille Rücklagen = 2 Mio. EUR

b) Auf den Börsenkurs wirken sehr viele Faktoren, die mit der Bewertung des Unternehmens direkt nichts zu tun haben: Spekulationen, politische Situation, allgemeine Konjunkturlage usw.

5.

Alternative 1:		**Alternative 2:**					
Jahr	Abschreibung	Abschreibung	Bildung stiller Rückl.	Summe stiller Rückl.	Auflösung stiller Rückl.	Steuerersparnis (+) Steuermehrbelastung (–)	Zinsgewinn pro Jahr
1	10 000	20 000	10 000	10 000		+ 5 000	500
2	10 000	20 000	10 000	20 000		+ 5 000	1 000
3	10 000	20 000	10 000	30 000		+ 5 000	1 500
4	10 000	20 000	10 000	40 000		+ 5 000	2 000
5	10 000	20 000	10 000	50 000		+ 5 000	2 500
6	10 000			40 000	10 000	– 5 000	2 000
7	10 000			30 000	10 000	– 5 000	1 500
8	10 000			20 000	10 000	– 5 000	1 000
9	10 000			10 000	10 000	– 5 000	500
10	10 000			0	10 000	– 5 000	–
Su.	100 000	100 000	50 000		50 000	0	12 500

Bemerkungen:

1. Jahr: Bei Alternative 2 wird der Gewinn um 10 000,00 EUR mehr als bei der Alternative 1 reduziert -> Steuerersparnis 50 % von 10 000,00 EUR = 5 000,00 EUR
Diese 5 000,00 EUR könnten angelegt werden zu 10 % (bzw. Verringerung eines etwaigen Sollbestandes auf dem Kontokorrentkonto um 5 000,00 EUR) = 500,00 EUR Zinsgewinn.

2. Jahr Bei Alternative 2 wird der Gewinn wiederum um 10 000,00 EUR reduziert, sodass erneut 5 000,00 EUR Zinsgewinn entstehen. Hinzu kommen die aus dem ersten Jahr gesparten Steuern in Höhe von 5 000,00 EUR, die erneut einen Zinsgewinn von 5 000,00 EUR „produzieren".

Abituraufgabe 1998: Aufg. 3 (teilweise)

1.1 **Umfinanzierung** bewirkt einen Mittelzufluss durch Liquidierung von Aktiva z. B. durch:

- Veräußerung nicht betriebsnotwendigen Vermögens
- Herabsetzung der Bestände
- Verkürzung des Zahlungszieles

offene Selbstfinanzierung: Gewinnthesaurierung, d. h. Teile des Jahresüberschusses werden nicht ausgeschüttet. Sie müssen zum Zeitpunkt der Investition in Form von flüssigen Mitteln vorliegen.

1.2 gesetzlich erzwungene stille Rücklagen:

z. B.
- Anschaffungswertprinzip bei Grundstücken: Bilanzierung zu Anschaffungskosten, auch wenn Marktwert am Bilanzstichtag höher
- Nichtaktivierung originärer immaterieller Vermögenswerte

freiwillig veranlasste stille Rücklagen:

z. B.
- tatsächlicher Werteverzehr ist geringer als die bilanzielle Abschreibung
- Möglichkeit der Beibehaltung niedrigerer Wertansätze gegenüber höherem Tageswert

1.3 Vorteile aus Unternehmenssicht:
- Steuerstundungseffekt durch Gewinnverlagerung
- Gewinnteile werden dem Mitspracherecht und dem Ausschüttungsbegehren der Aktionäre entzogen.

Abituraufgabe 2005: Aufg. 1 (teilweise)

1.2.1 Stille Rücklagen entstehen durch Unterbewertung des Vermögens (der Aktiva), z. B. Bilanzansatz von Grundstücken zu Anschaffungskosten trotz gestiegener Grundstückspreise, bzw. Überbewertung von Schulden (Passiva), z. B. überhöhte Rückstellungen für laufende Prozesse oder Gewährleistungen.

1.2.2 Vergleich von (höherem) Börsenkurs und Bilanzkurs: Stille Rücklagen sind zu vermuten, wenn der Börsenkurs nachhaltig höher ist als der Bilanzkurs.

1.2.3 Ein Finanzierungseffekt durch Auflösung stiller Rücklagen kann sich ergeben, wenn unterbewertete Vermögensgegenstände verkauft werden.

Bei der Zahlung von Schulden, die in der Bilanz überhöht ausgewiesen waren, ergibt sich kein unmittelbarer Finanzierungseffekt, d. h. es erfolgt nur eine Minderauszahlung.

14 Finanzierung und Investition: Beteiligungs- (Eigen-)finanzierung

14.1 Beteiligungsfinanzierung bei Personengesellschaften, v. a. der KG

– Vgl. Stofftelegramm –

14.2 Beteiligungsfinanzierung bei der AG: Kapitalerhöhung gegen Einlagen

1./2. Vgl. Stofftelegramm

3. a) **Bezugsrecht:** Recht der Altaktionäre, bei Kapitalerhöhungen soviel junge Aktien erwerben zu können, dass ihr Anteil am gezeichneten Kapital erhalten bleibt.

   b) • Erhaltung der prozentualen Stimmrechtsanteile der Altaktionäre
   • Ausgleich von Kursverlusten

4. a) 20 : 12 = **5 : 3**

   b) $\text{Bezugsrecht} = \dfrac{200 - 150}{5/3 + 1} = \mathbf{18{,}75\ EUR}$

   c) 5 : 3 = 20 : 12; er hat 19 alte Aktien; er benötigt 20 alte Aktien –> Zukauf 1 Bezugsrecht

12 junge Aktien je 150,00 EUR =	1 800,00 EUR
+ Kauf 1 Bezugsrecht zu 16,75 EUR =	16,75 EUR
	1 816,75 EUR

   d)

12 junge Aktien je 150,00 EUR =	1 800,00 EUR
– Verkauf 30 Bezugsrechte × 16,75 EUR =	502,50 EUR
	1 297,50 EUR

5. a) Nennwert der Aktie (Unter-pari-Ausgabe von Aktien verboten)
   b) Alter Börsenkurs (kein Käufer wäre bereit, mehr zu zahlen!)

6. a) $\text{Bezugsrecht} = \dfrac{Ka - Kn}{a/n + 1}$ –> $5 = \dfrac{150 - 120}{a/n + 1}$ –> a/n = 5 –> **5 : 1**

   Ka = Kurs alte Aktien
   Kn = Kurs junge Aktien
   a/n = Bezugsverhältnis

   b) a : n = 5 : 1 –> a : 250 000 = 5 –> a = **1 250 000,00 EUR**

   c) Kurs ex Bezugsrecht = Kurs der alten Aktien – Bezugsrecht = 150 – 8 = **142,00 EUR**

7. Geplante Investitionssumme 398 Mio. EUR
Emissionskosten 2 Mio. EUR
Notwendige Mittel 400 Mio. EUR

Anzahl der auszugebenden Aktien:
400 Mio. : 80 = 5 Mio. Stück Aktien
5 Mio. St. × 5,00 EUR = **25 Mio. EUR** Kap.erhöh.

8. a) Geplante Investit.summe 35 Mio. EUR
Emissionskosten 1 Mio. EUR
Notwendige Mittel 36 Mio. EUR

Erhöhung GK um 24 Mio. = 100 %
36 Mio. = 150 %
150 % von 50,00 EUR = **75,00 EUR**

b) Bezugsrecht = $\frac{106 - 75}{10/3 + 1}$ = **7,15 EUR** (80 : 24 = 10 : 3)

9. a) Geplante Investit.summe 190 Mio. EUR
Emissionskosten 2 Mio. EUR
Notwendige Mittel 192 Mio. EUR

Anzahl der auszugebenden Aktien:
192 Mio. : 60 = 3,2 Mio. Stück Aktien
3,2 Mio. × 50,00 EUR = **160 Mio. EUR** Kap. erhöhung

b) Bezugsverhältnis = 800 : 160 = **5 : 1**

Bezugsrecht = $\frac{102 - 60}{5/1 + 1}$ = **7,00 EUR** Neuer Aktienkurs = 102 – 7 = **95,00 EUR**

10. a) 9,78 Mio = 100 %
7,45 Mio = 76,18 %; Kapitalerhöhung möglich, da 75 % genügen.

b) Bezugsrecht $\frac{82 - 55}{5/1 + 1}$ = **4,50 EUR**

c) Ausgabekurs 55,00 EUR
+ 5 Bezugsrechte je 4,50 EUR = 22,50 EUR
77,50 EUR

d) 5 : 1 = 10 000 : x –> x = 2 Mio. EUR Grundkapitalerhöhung
–> hiervon 110 % = 2,2 Mio. EUR Zugang flüssiger Mittel

11. a) Benötigtes Kapital = 18,5 Mio. EUR + 0,7 Mio. EUR = 19,2 Mio. EUR
Erhöhung Grundkapital um 12 000 000 EUR = 100 %
19 200 000 EUR = 160 % von 50,00 EUR = **80,00 EUR**

b) Bezugsrecht = $\frac{106 - 80}{10/3 + 1}$ = **6,00 EUR**

c) 10 : 3 = 40 : 12 –> Ohne Kauf von Bezugsrechten : 12 j. Aktien je 80,00 EUR = 960,00 EUR
Anlagebetrag 1 900,00 EUR
Überschüss. Betrag 940,00 EUR

Kaufpreis 1 junge Aktie 80,00 EUR
+ Bezugsrecht für 1 j. Aktie: Für 3 j. A.benötigt er 10 Bezugsrechte
Für 1 j. A. benötigt er 10/3 Bezugsrechte:
10/3 × 7,20 EUR = 24,00 EUR
Kosten für 1 junge Aktie 104,00 EUR

940 EUR : 104 EUR = 9,... junge Aktien –> Kaufpreis 9 j. Aktien = 9 × 80 = 720,00 EUR
+ Bezugsrechte : 30 × 7,20 EUR = 216,00 EUR
936,00 EUR

940,00 EUR – 936,00 EUR = **4,00 EUR Rest**

Abituraufgabe 2004: Aufg. 1 (Teil 7)

7.1 - Kapitalbedarf: 19,2 Mio. EUR + 0,6 Mio. EUR = 19,8 Mio. EUR
Bei Kapitalerhöhung 10 : 1 -> 600 000 junge Aktien
19,8 Mio. EUR / 600 000 Aktien = 33,00 EUR pro Aktie

- 10 alte Aktien zu je 40,15 EUR	=	401,50 EUR
1 junge Aktie zu 33,00 EUR	=	33,00 EUR
11 Aktien	=	434,50 EUR
1 Aktie (rechnerischer Mittelkurs)	=	39,50 EUR

7.2 - Eine Kapitalerhöhung ist eine Satzungsänderung und bedarf einer 3/4-Mehrheit des bei der HV anwesenden Grundkapitals (§ 182 Abs. 1 S.1 AktG). Dies gilt auch, wenn das Bezugsrecht für junge Aktien ausgeschlossen wird (§ 186 Abs. 3 AktG). Zur Verhinderung des Beschlusses wäre also die Sperrminorität (25 %) nötig gewesen; diese hatte neben der Baden-Bank AG (65/120 = 54,2 %) auch die Schwaba mit 47/120 = 39,2 %. Die beiden Brüder Schwarzwälder hatten – selbst wenn sie sich einig gewesen wären – mit 8/120 = 6,67 % keine Sperrminorität.

- Der vom Bezugsrecht ausgeschlossene Aktionär muss eine rechnerische Verwässerung des Kurses der Altaktien hinnehmen. Der hauptsächliche Nachteil ist die Verminderung seines Stimmrechtsanteils und damit seines Einflusses in der HV.

Abituraufgabe 2005: Aufg. 1 (Teil 3)

3.1 Bezugsverhältnis 5:1; 80 Mio. Aktien/5 = 16 Mio. junge Aktien
gewünschter Mittelzufluss = 188 Mio. EUR/16 Mio. Aktien = 11,75 EUR Kurs je Aktie

3.2 Bezugsrecht = $\frac{15{,}95 - 11{,}75}{5/1 + 1}$ = 0,70 EUR/Stück

Mittelkurs = 15,95 – 0,70 = 15,25 EUR/Aktie

Abituraufgabe 2006: Aufg. 3 (Teil 2 z. T.)

2.2.1 Ausgabekurs der alten Aktien

gezeichnetes Kapital alt	= 10 Mio. EUR	
+ Kapitalrücklage alt	= 6 Mio. EUR	
	= 16 Mio. EUR	: 2 Mio. Altaktien = 8,00 EUR / Aktie
Gezeichnetes Kapital	= 10 Mio. EUR	
+ Kapitalerhöhung	= 4 Mio. EUR	
	= 14 Mio. EUR	: 5,00 EUR/Aktie = 2,8 Mio. neue Aktienzahl

2.2.2 Bilanzkurs vor der Kapitalerhöhung:

Eigenkapital:	19,1 Mio. EUR	: 2 Mio. Stück = 9,55 EUR/Aktie

Bilanzkurs nach der Kapitalerhöhung:

altes Eigenkapital:	19,1 Mio. EUR	
+ 800 000 × 10,25 =	8,2 Mio. EUR	
neues Eigenkapital:	27.3 Mio. EUR	: 2,8 Mio. Stück = 9,75 EUR/Aktie

2.2.3 Bezugsrechtswert $= \dfrac{Ka - Kj}{BZV + 1}$ Bezugsverhältnis (BZV) = 10 Mio. : 4 Mio. = 5 : 2

$$= \frac{12 - 10{,}25}{2{,}5 + 1} = 0{,}50 \text{ EUR / Stück}$$

2.3 80 % von 2 Mio. Aktien = 1,60 Mio. Aktien = 100 %
Aktien im NW von 2,1 Mio. EUR = 0,42 Mio. Aktien = x % – > 26,25 %
Reich besitzt 26,25 % der Aktien, d. h. er hat die Sperrminorität.

Wenn er diese Sperrminorität erhalten will, braucht er
560 001 – 420 000 = 140 001 junge Aktien (× 5 / 2 = 350 003 Bezugsrechte)
(Neue Aktienanzahl: 2,8 Mio. × 80 % = 2,24 Mio. × 25 % —> 560 000 + 1 Aktie)

Kaufpreis: 140 001 x 10,25 EUR	1 435.010,25 EUR
– Verkauf von 69 997 Bezugsrechten × 0,50 EUR	34 998,50 EUR
erforderlicher Kapitaleinsatz	1 400 011,75 EUR

(420 000 – 350 003 = 69 997 Bezugsrechte)

15 Finanzierung und Investition: Darlehen (= Außen-, Fremdfinanzierung)

1. Vgl. Stofftelegramm

2. a) Vgl. Stofftelegramm
   b) Tilgung des Gesamtbetrages auf einmal.
   c) Nicht kündbar durch den Kreditgeber vor Vertragsablauf.
   d) Vorteile:
      - nur laufende Zinsbelastung (keine laufende Tilgung)
      - während der Laufzeit ist Gesamtbetrag verfügbar

      Nachteile:
      - hohe Liquiditätsbelastung bei Gesamttilgung
      - höhere Zinsbelastung insgesamt

3.

Alternative 1: Fälligkeitsdarlehen					
Jahr	Anfangsschuld	Zinsen	Tilgung	Zins+Tilgung	Restschuld
01	120 000	12 000	---	12 000	120 000
02	120 000	12 000	---	12 000	120 000
03	120 000	12 000	---	12 000	120 000
...					
10	120 000	12 000	120 000	132 000	---
Summen	---	120 000	120 000	240 000	---

Alt. 2: (Kündigungsdarlehen) Unterschiede zu Alt. 1: Laufzeit unbestimmt; andere Summen

Alternative 3: Abzahlungsdarlehen (Ratendarlehen)					
Jahr	Anfangsschuld	Zinsen	Tilgung	Zins+Tilgung	Restschuld
01	120 000	12 000	12 000	24 000	108 000
02	108 000	10 800	12 000	22 800	96 000
03	96 000	9 600	12 000	21 600	84 000
04	84 000	8 400	12 000	20 400	72 000
05	72 000	7 200	12 000	19 200	60 000
06	60 000	6 000	12 000	18 000	48 000
07	48 000	4 800	12 000	16 800	36 000
08	36 000	3 600	12 000	15 600	24 000
09	24 000	2 400	12 000	14 400	12 000
10	12 000	1 200	12 000	13 200	---
Summen	---	66 000	120 000	186 000	---

Alternative 4: Annuitätendarlehen					
Jahr	Anfangsschuld	Zinsen	Tilgung	Zins+Tilgung	Restschuld
01	120 000	12 000	8 000	20 000	112 000
02	112 000	11 200	8 800	20 000	103 200
03	103 200	10 320	9 680	20 000	93 520
04	93 520	9 350	10 650	20 000	82 870
05	82 870	8 290	11 710	20 000	71 160
06	71 160	7 120	12 880	20 000	58 280
07	58 280	5 830	14 170	20 000	44 110
08	44 110	4 410	15 590	20 000	28 520
09	28 520	2 850	17 150	20 000	11 370
10	11 370	1 140	11 370	12 510	---
Summen	---	72 510	120 000	192 510	---

Kostenvergleich: Summe der Zinsen insgesamt beim

- Fälligkeitsdarlehen (Alt. 1): 120 000,00 EUR
- Kündigungsdarlehen (Unterstellung: Kündigung nach 10 Jahren): 120 000,00 EUR
- Abzahlungsdarlehen: 66 000,00 EUR
- Annuitätendarlehen: 72 510,00 EUR

4. **Kreditvertrag** zwischen Schuldner und Gläubiger (formfrei, i. d. R. schriftlich).
Bürgschaftsvertrag zwischen Bürge und Gläubiger (Schriftform; formfrei, wenn Kaufmann i. S. des HGB die Bürgschaft im Rahmen seines Handelsgeschäfts abgibt).

5. **Selbstschuldnerische Bürgschaft:** Verzicht auf Einrede der Vorausklage.
Ausfallbürgschaft: Bürge hat Recht zur Einrede der Vorausklage.

6. Bank kann sich bei Fälligkeit sofort an den Bürgen wenden (Bürge verzichtet auf die Einrede der Vorausklage).

7. Vorteil für Bürgen: Bei Inanspruchnahme hat der einzelne Bürge einen Ausgleichsanspruch gegenüber den anderen Bürgen.

Vorteil für Gläubiger: Bei Ausfall eines Bürgen sind weitere Bürgen vorhanden (größere Sicherheit).

8. 1. Bürgschaft kann auch mündlich abgeschlossen werden.
2. Stets selbstschuldnerische Bürgschaften.

9./10. Vgl. Stofftelegramm

Abituraufgabe 2003: BWL Aufg. 3 (teilweise)

3.3 **Darlehen 1:**
Effektivzinssatz $p = \frac{z \times 100}{k}$

Zinsen (z):	6 % aus 50 000 000,00 EUR =	3 000 000,00 EUR
	2 % Bearbeitungsgebühr = 1 000 000,00 : 12 =	83 333,33 EUR
	Zinsen pro Jahr	3 083 333,33 EUR

Kapital (k): 50 000 000,00 EUR – 2 % Bearbeitungsgebühr = 49 000 000,00 EUR

$$p = \frac{3\,083\,333{,}33 \times 100}{49\,000\,000} = 6{,}29\ \%$$

Darlehen 2:

Zinsen (z):	6,25 % aus 50 000 000,00 EUR =	3 125 000,00 EUR
	1 % Bearbeitungsgebühr = 500 000,00 : 10 =	50 000,00 EUR
	2 % Damnum = 1 000 000,00 : 10 =	100 000,00 EUR
	Zinsen pro Jahr	3 275 000,00 EUR

Kapital (k): 50 000 000,00 EUR – 3 % (Bearbeitungsgebühr, Damnum) = 48 500 000,00 EUR

$$p = \frac{3\,275\,000 \times 100}{48\,500\,000} = 6{,}75\ \%$$

3.4 Nachteile der Fremdfinanzierung:
- fest vereinbarte Zins- und Tilgungszahlungen unabhängig von der Liquiditätslage
- Abhängigkeit von den Kreditgebern

Abituraufgabe 2005: Aufg. 1 (teilweise)

4.1 Ratendarlehen (in EUR)

Jahr	Zinsen	Tilgung	Mittelabfluss	Erfolgsauswirkung
1	14 000 000	40 000 000	54 000 000	– 14 000 000
2	11 200 000	40 000 000	51 200 000	– 11 200 000
Summe	25 200 000	80 000 000	105 200 000	– 25 200 000

Annuitätendarlehen (in EUR)

Jahr	Annuität	Zinsen	Tilgung	Mittelabfluss	Erfolgsauswirkung
1	48 778 000	14 000 000	34 778 000	48 778 000	– 14 000 000
2	48 778 000	11 565 540	37 212 460	48 778 000	– 11 565 540
Summe	97 556 000	25 565 540	71 990 460	97 556 000	– 25 565 540

Beim Annuitätendarlehen ist der Mittelabfluss geringer. Der höhere Aufwand führt beim Annuitätendarlehen zu einem geringeren Jahresüberschuss. Niedrigere Ertragsteuern und geringere Dividendenzahlungen mindern zusätzlich den Mittelabfluss. Deshalb sollte – bezogen auf den Zeitraum von zwei Jahren – das Annuitätendarlehen gewählt werden.

4.2

Wirkung auf	Kreditfinanzierung	Beteiligungsfinanzierung
Liquidität	regelmäßige Zahlung von Zinsen und Tilgung	Gewinnausschüttung und Kapitalrückführung nach Entscheidung der Eigner
Aufwand	Zinsen = Aufwand	keine Auswirkung (Ausnahme: Emissionskosten)

16 Finanzierung und Investition: Leasing (= Sonderform der Fremdfinanzierung)

1. bis 4. Vgl. Stofftelegramm

5. a) Financial Leasing

5. b)

Ende des Jahres	Kreditkauf			Leasing	Differenz Kredit – Leasing
	Tilgung	Zinsen von der Restschuld	Summe		
1	40 000	20 000	60 000	50 000	10 000
2	40 000	16 000	56 000	50 000	6 000
3	40 000	12 000	52 000	50 000	2 000
insgesamt	120 000	48 000	168 000	150 000	+ 18 000

Liquiditätsvorteil bei Leasing in den ersten drei Jahren: 18 000,00 EUR –> Entscheidung: Leasing

5. c)

Ende des Jahres	Aufwand Kreditkauf			Aufwand Leasing	50 % Steuerminderung	
	Abschreib.	Zinsen	Summe	Leasingrate	Kreditkauf	Leasing
1	40 000	20 000	60 000	50 000	30 000	25 000
2	32 000	16 000	48 000	50 000	24 000	25 000
3	25 600	12 000	37 600	50 000	18 800	25 000
					72 800	75 000

–> Steuerminderungsvorteil bei Leasing in den ersten drei Jahren: 2 200,00 EUR.

6.1 Vorteile Darl. geg. Leasing:
- Problematik einer unkündbaren Grundmietzeit entfällt
- freie Verfügbarkeit der finanzierten Anlagen

6.2 Vgl. Stofftelegramm

6.3.1

Kreditfinanzierung						Mietfinanzierung	
Jahr	Zins	Tilgung	Geldabfluss	Abschreibungen	Aufwand	%-Satz	Mietzahlung
1	13 000	40 000	53 000	25 000	38 000	46	92 000
2	10 400	40 000	50 400	25 000	35 400	36	72 000
3	7 800	40 000	47 800	25 000	32 800	36	72 000
4	5 200	40 000	45 200	25 000	30 200	4	8 000
5	2 600	40 000	42 600	25 000	27 600	4	8 000
6	---	---	---	25 000	25 000	4	8 000
7	---	---	---	25 000	25 000	4	8 000
8	---	---	---	25 000	25 000	4	8 000
	39 000	200 000	239 000	200 000	239 000		276 000

6.3.2 Aufwandsverteilung: bei Kredit gleichmäßiger, was steuerlich evtl. vorteilhaft ist
Gesamtbelastung: bei Kredit geringer
Investitionsrisiko: bei Leasing nach drei Jahren gering, davor hoch

7.2 Entscheidungsbewertungstabelle

Kriterium	Leasing			Kreditkauf	
	Gewichtung W	Nutzen B	Gewichteter Nutzen (W x B)	Nutzen B	Gewichteter Nutzen (W x B)
Liquiditätsbelastung	10	1	10	3	30
Freihaltung des Kreditspielraums	8	3	24	0	0
Inanspruchnahme von techn. Serviceleistungen	3	3	9	0	0
Summe			43		30

Lös.hinweis: Kriterien 2, 3 müssen zwingend mit 0 Nutzen beim Kreditkauf angegeben werden.

Abituraufgabe 1998: Aufg. 3 (2.2 und 2.3)

2.2

TEUR	Kreditkauf					Leasing	
Jahr	Tilg.	Zins	Geldabfluss	Abschr.	Aufw.	Rate*	Unterschied
1	125	90	215	125	215	360	+ 145
2	125	78,75	203,75	125	203,75	360	+ 156,25
3	125	67,5	192,5	125	192,5	360	+ 167,5
4	125	56,25	181,25	125	181,25	360	+ 178,75
5	125	45	170	125	170	72	– 98
6	125	33,75	158,75	125	158,75	72	– 86,75
7	125	22,5	145,5	125	147,5	72	– 75,5
8	125	11,25	136,25	125	136,25	72	– 64,25
Summe	1 000	405	1 405	1 000	1405	1 728	+ 323

*Rate = Geldabfluss = Aufwand

2.3 Während der **Grundmietzeit** führt Leasing sowohl zu einer höheren liquiditätsmäßigen Belastung als auch zu einem höheren Aufwand.
Für die **restlichen vier Jahre** bringt Leasing Vorteile bei Aufwand und Liquidität.
Insgesamt ist die Kreditfinanzierung liquiditäts- und aufwandsmäßig günstiger.

Abituraufgabe 2008: Aufg. 1 (2.1 bis 2.3)

2.1 Vergleich Kreditfinanzierung und Leasing: (Angaben in Mio. EUR)

Jahr	Kredit-summe	Zinsauf-wand	Abschreibungen		sonst. Aufw.	Umsatz	Gewinn
			Disagio	Flugzeuge			
1	400	28,0	2	38,4	30	120	21,6
2	350	24,5	2	38,4	30	120	25,1
3	300	21,0	2	38,4	30	120	28,6
insgesamt							75,3

Jahr	Leasingrate	sonst. Aufw.	Umsatz	Gewinn
1	69,12	30	120	20,88
2	69,12	30	120	20,88
3	69,12	30	120	20,88
insgesamt				62,64

2.2 Wahl der Finanzierungsalternative Leasing, da

- Kreditwürdigkeit eher erhalten bleibt (keine unmittelbare Auswirkung auf den Verschuldungsgrad)
- nach Ablauf der Grundmietzeit Möglichkeit der Anpassung an neuesten technischen Stand, keine Probleme mit der Verwertung des Leasinggegenstandes

2.3 Sicherungsübereignung:

Das Eigentum an beweglichen Gegenständen des Anlagevermögens wird auf den Kreditgeber übertragen; der Kreditnehmer bleibt Besitzer (Besitzkonstitut).

Gefahren für den Kreditgeber:
Gegenstand ist schon sicherungsübereignet bzw. wird an gutgläubigen Dritten veräußert.

17 Finanzierung und Investition: Finanzierungsarten (Überblick)

1. a) Vgl. Stofftelegramm

b) • **Außenfinanzierung:** Finanzierungsmittel fließen dem Unternehmen von außen zu.

– Fremdfinanzierung: Aufnahme von Fremdkapital. Der Kapitalgeber erlangt die Rechtsstellung des Gläubigers (Recht auf Zins und Tilgung).

- Darlehen: Auszahlung einer bestimmten Kreditsumme, i. d. R. befristeter Kredit, Tilgung laut Kreditvertrag

- Kontokorrentkredit: Kredit kann bis zu bestimmter Höhe beansprucht werden; i. d. R. unbefristet; schwankender Kreditbetrag

- Leasing: Vermietung oder Verpachtung von Anlagegütern durch Hersteller oder Leasinggesellschaft

– Eigenfinanzierung: Einbringung von Eigenkapital durch bisherige oder neue Gesellschafter (Recht auf Gewinnanteil, evtl. Geschäftsführung und Vertretung, Beteiligung am Betriebsvermögen).

• **Innenfinanzierung:** Finanzierungsmittel werden von innen vom Unternehmen selbst aufgebracht.

– Selbstfinanzierung: Nichtausschüttung von Gewinnen

- offene SF: offen ausgewiesene Gewinne werden auf Kapitalkonten (EU, OHG, KG) bzw. Rücklagekonten (GmbH, AG) gutgeschrieben.

- stille SF: erzielte, jedoch in der Bilanz nicht ersichtliche Gewinne (Bildung stiller Rücklagen)

– Umfinanzierung: Vermögens- bzw. Kapitalumschichtungen (Änderung der Vermögens- bzw. Kapitalstruktur)

– Finanzierung aus Abschreibungen: Finanzierung von Nettoinvestitionen durch Abschreibungsrückflüsse (spezielle Art der Umfinanzierung)

2. • **Stabilität:** Bei Finanzierungsentscheidungen ist die Sicherheit, die Krisenfestigkeit und das finanzielle Gleichgewicht zu beachten. Insbesondere ist auf eine ausreichende Ausstattung mit Eigenkapital zu achten. Langfristiges Vermögen sollte langfristig finanziert werden. Überhöhte Privatentnahmen wirken negativ auf die Stabilität.

• **Liquidität:** Die laufende Zahlungsfähigkeit muss gesichert sein. (Zahlungsunfähigkeit zwingt zur Konkursanmeldung!)

• **Rentabilität:** Bei Kapitalbeschaffungen ist das ökonomische Prinzip zu beachten. Finanzierungsarten müssen daher kostenmäßig exakt geplant sein.

3. Vgl. Stofftelegramm

4. a) 2 %

   b) 5 %

5. 20 000,00 EUR

6. 800 000,00 EUR

7. $10 = \frac{(100\,000 + x) \times 100}{300\,000 + 800\,000}$ –> x = 10 000,00 EUR

8. $10 = \frac{850\,000 \times 100}{900\,000 + x}$ –> x = 7,6 Mio. EUR

9. $5 = \frac{(x + 300\,000) \times 100}{8\,000\,000}$ –> x = 100 000,00 EUR

10. $2 = \frac{130\,000 \times 100}{800\,000 + x}$ –> x = 5,7 Mio. EUR

11. a) b)

• **Unterfinanzierung:**	zu knapp bemessene Liquidität; zu geringe Kapitalausstattung
Nachteil:	Zahlungsschwierigkeiten –> Konkursgefahr!
• **Überfinanzierung:**	Teile des Kapitals liegen brach, somit nicht bedarfsgerechte Kapital- und Liquiditätsausstattung;
Nachteil:	Kosten für brachliegendes Kapital schmälern den Gewinn.

Abituraufgabe 1997: Aufg. 4 (5.5)

5.5 EK-Rentabilität vorher:

EK	28 000 000,00 EUR	= 100 %	
Gewinn	2 500 000,00 EUR	= x % = 8,9 %	

EK-Rentabilität nachher:

EK	28 000 000,00 EUR	= 100 %
zusätzlicher Gewinn (2,5 Mio. + 1,2 Mio. – 0,56 Mio.)		= x % = 11,21 %

Die Eigenkapitalrentabilität nimmt bei Fremdfinanzierung so lange zu, wie die Rentabilität der Investition über dem FK-Zinssatz liegt.

Abituraufgabe 2008: Aufg. 1 (2.4)

2.4 Ein zunehmender Verschuldungsgrad führt zu einer ansteigenden Eigenkapitalrentabilität unter der Voraussetzung, dass die Gesamtkapitalrentabilität der Investition höher ist als der Fremdkapitalzinssatz.

18 Finanzierung und Investition: Investitionsrechnung

18.2 Statische Investitionsrechnung

1. Kostenvergleichsrechnung und Amortisationsrechnung: Vgl. Stofftelegramm

2. a) Kosten Verfahren I = Kosten Verfahren II
200 x + 10 000 = 300 x + 8 000
kritische Menge x = 20

b) Bis zur Produktionsmenge von 20 Stück ist Verfahren II günstiger, danach Verfahren I.

3.	Anlage A	Anlage B
Abschreibungen	100 000 EUR	150 000 EUR
Kapitalrückfluss	150 000 + 100 000 = 250 000 EUR	170 000 + 150 000 = 320 000 EUR
Kapitalrückfl.zeit (Amortisationszeit) = Kapitaleinsatz/ Kapitalrückfluss	$\frac{1\,000\,000}{250\,000}$ = 4 Jahre	$\frac{1\,200\,000}{320\,000}$ = 3,75 Jahre

18.3 Dynamische Investitionsrechnung

1. Barwert: Der Barwert ist der Wert, den zukünftige Zahlungen in der Gegenwart besitzen. Er wird durch Abzinsung der zukünftigen Zahlungen ermittelt.
Kapitalwert: Der Kapitalwert einer Investition ist die Summe der Barwerte aller durch diese Investition verursachten Zahlungen (Ein- und Auszahlungen) abzüglich der Anschaffungskosten.
Diskontierung: Abzinsung zukünftiger Zahlungen auf einen Zeitpunkt 0 (t_0)

2.

	Überschüsse	Kalkulationsfaktor bei 6 %	Barwert
1. Jahr	40 000 EUR	0,943396	37 735,85 EUR
2. Jahr	45 000 EUR	0,889996	40 049,84 EUR
3. Jahr	45 000 EUR	0,839619	37 782,87 EUR
4. Jahr	50 000 EUR	0,792094	39 604,68 EUR
summe Barwerte			155 173,24 EUR
- Anschaffungskosten			150 000,00 EUR
Kapitalwert			5 173,24 EUR

Der Kapitalwert ist > 0, d. h. das Unternehmen erhält in den vier Jahren die investierten 150 000 EUR zurück, das eingesetzte Kapital wird mit 6 % verzinst und darüber hinaus ein Überschuss mit einem Barwert von 5 173,24 EUR erzielt.

3.

		Investition 1		Investition 2	
	Kalkulations-faktor bei 12 %	**Überschüsse**	**Barwert**	**Überschüsse**	**Barwert**
1. Jahr	0,892857	27 000,00 EUR	24 107,14 EUR	28 000,00 EUR	25 000,00 EUR
2. Jahr	0,797194	29 000,00 EUR	23 118,62 EUR	35 000,00 EUR	27 901,79 EUR
3. Jahr	0,711780	32 000,00 EUR	22 776,97 EUR	39 000,00 EUR	27 759,43 EUR
4. Jahr	0,635518	34 000,00 EUR	21 607,61 EUR	30 000,00 EUR	19 065,54 EUR
5. Jahr	0,567427	38 000,00 EUR	21 562,22 EUR	28 000,00 EUR	15 887,95 EUR
Liquidationserlös		11 000,00 EUR	6 241,70 EUR	12 500,00 EUR	7 092,84 EUR
Summe Barwerte			119 414,26 EUR		122 707,55 EUR
- Anschaffungskosten			120 000,00 EUR		120 000,00 EUR
Kapitalwert			- 585,74 EUR		2 707,55 EUR

Entscheidung für Investition 2, da der Kapitalwert größer als bei Investition 1 und größer 0 ist. Bei dieser Investition erhält das Unternehmen in den fünf Jahren die investierten 120 000 EUR zurück, das eingesetzte Kapital wird mit 12 % verzinst und darüber hinaus ein Überschuss mit einem Barwert von 2 707,55 EUR erzielt.

4.

		TeMA		NuMA	
	Kalkulations-faktor bei 15 %	**Überschüsse**	**Barwert**	**Überschüsse**	**Barwert**
1. Jahr	0,869565	120 000,00 EUR	104 347,83 EUR	115 000,00 EUR	100 000,00 EUR
2. Jahr	0,756144	120 000,00 EUR	90 737,24 EUR	115 000,00 EUR	86 956,52 EUR
3. Jahr	0,657516	120 000,00 EUR	78 901,95 EUR		
4. Jahr	0,571753	120 000,00 EUR	68 610,39 EUR		
Summe Barwerte			342 597,40 EUR		186 956,52 EUR
- Anschaffungskosten			300 000,00 EUR		150 000,00 EUR
Kapitalwert			42 597,40 EUR		36 956,52 EUR

Entscheidung für TeMA, da Kapitalwert größer ist; aber unterschiedliche Anschaffungskosten sind noch zu berücksichtigen (Differenzinvestition 150 000 EUR).

19 Der Jahresabschluss (HGB)

Kapitel 19.1: 1. bis 4. vgl. Stofftelegramm

19.2 Bewertung nach Handelsrecht

1./2. Vgl. Stofftelegramm

3. **Teilhaberschutz:** Die Teilhaber (Eigentümer) haben ein berechtigtes Interesse an stabilen Gewinnausschüttungen. Somit müssen sie geschützt werden vor Unterbewertung des Vermögens bw. Überbewertung der Schulden (= Gewinnverringerung).

   Gläubigerschutz: Die Gläubiger haben ein Interesse daran, dass die Tilgungen problemlos erfolgen können. Notwendig daher: Schutz vor zu hohen Gewinnausschüttungen. Bewertung nach dem Vorsichtsprinzip!

4. a) Gewinnverringerung b) Gewinnerhöhung c) Gewinnerhöhung d) Gewinnverringerung

5. a) **Vorsichtsprinzip:** Oberster Grundsatz der Bewertung. Bei mehreren möglichen Wertansätzen soll beim Vermögen der niedrigere (Niederstwertprinzip), bei den Schulden der höhere Wert (Höchstwertprinzip) angesetzt werden. So wird der Gewinn relativ niedrig (vorsichtig) ausgewiesen - die Gefahr zu hoher Ausschüttungen mit entsprechend hohem Liquiditätsentzug entfällt.

   b) **Imparitätsprinzip:** Nicht realisierte Gewinne dürfen nicht ausgewiesen werden (Realisationsprinzip). Nicht realisierte Verluste müssen demgegenüber ausgewiesen werden.

   Anschaffungswertprinzip: Die Anschaffungskosten eines Vermögensgegenstandes dürfen nie überschritten werden.

   Höchstwertprinzip: Gilt bei den Schulden. Von zwei möglichen Wertansätzen muss jeweils der höhere angesetzt werden.

   Gemildertes Niederstwertprinzip: Gilt beim Anlagevermögen. Bei vorübergehender Wertminderung darf der niedrigere Wert angesetzt werden (Wahlrecht).

   Strenges Niederstwertprinzip: Gilt beim Umlaufvermögen. Beim Anlagevermögen nur, wenn die Wertminderung voraussichtlicher dauerhaft ist. Der niedrigere Wert muss angesetzt werden (Pflicht).

6. a) Gemildertes Niederstwertprinzip b) Strenges Niederstwertprinzip c) Höchstwertprinzip

7. a) **Stille Rücklagen:** Vorhandene, aber in der Bilanz nicht ausgewiesene Teile des Eigenkapitals. Entstehung durch Unterbewertung des Vermögens bzw. Überbewertung der Schulden, wodurch Teile des Gewinns nicht ausgewiesen werden = verdeckte (stille) Selbstfinanzierung.

b) Grundstücke, Gebäude: wegen des Anschaffungswertprinzips sind die Anschaffungskosten stets die Obergrenze. Die Grundstückswerte steigen oft erheblich darüber hinaus.

Maschinen: degressive Abschreibung bewirkt in den ersten Jahren erhebliche Unterbewertungen; abgeschriebene Maschinen werden oft noch genutzt.

Rückstellungen: oft zu hohe Schätzung.

c) • Vermögen zu niedrig, Schulden zu hoch ausgewiesen: fehlende Aussagekraft der Bilanz (Verschleierung der wirklichen Lage des Unternehmens möglich).

- Den Eigentümern werden Gewinne vorenthalten
- Hohe Gewinne bei Auflösung der stillen Rücklagen (Verschleierung der Erfolgslage)
- Vorteil: Die Bildung stiller Rücklagen entspricht dem Vorsichtsprinzip; Finanzierung ohne Finanzierungskosten; kein HV-Beschluss nötig; Steuerverschiebung...

8. a) • Abschreibungen berücksichtigen die Wertminderungen bei Anlagegütern. Das Anlagevermögen wird somit richtig ausgewiesen. Gleichzeitig wird der Wertverlust durch eine Aufwandsbuchung berücksichtigt.

- Abschreibungen werden in die Verkaufspreise einkalkuliert und fließen somit in Form von liquiden Mitteln in das Unternehmen zurück. Mit diesen Abschreibungsrückflüssen können nun die Neuanschaffungen finanziert werden.

  Vgl.: Finanzierungen aus Abschreibung

b) Abschreibungen sind Aufwendungen und verringern somit den Gewinn.

c) **Lineare Abschreibung:** Abschreibung vom Anschaffungswert – gleichbleibende Abschreibungsbeträge.

Degressive Abschreibung: Abschreibung vom Buchwert – fallende Abschreibungsbeträge – führt nicht zum Nullwert, daher Übergang zur linearen Methode notwendig.

d) Degressve Methode. Hoher Wertverlust im ersten Jahr am besten berücksichtigt.

e)

	lineare Abschreibung	**degressive Abschreibung**
a) erste Nutzungsjahre	Abschreibung niedriger, daher höherer Gewinn.	Abschreibung höher, daher niedrigerer Gewinn.
b) spätere Nutzungsjahre	Abschreibung höher, daher niedrigerer Gewinn	Abschreibung niedriger, daher höherer Gewinn

9. Lineare Methode. Begründung: Abschreibungsbeträge im Vergleich zur degressiven Abschreibung in ersten Nutzungsjahren geringer, somit Gewinne und Vermögensausweis höher. Kreditwürdigkeit wirkt höher.

10. a) 311 000,00 EUR

b) 40 000,00 EUR (bei voraussichtlich dauernder Wertminderung muss der niedrigere

Wert angesetzt werden beim Anlagevermögen; Vornahme einer außerplanmäßigen Abschreibung in Höhe von 271 000,00 EUR)

c) 311 000,00 EUR (Anschaffungswertprinzip: keine Überschreitung der Anschaffungskosten!)

11. • Anschaffungskosten maximal 1 000,00 EUR bzw. 410,00 EUR (vgl. 12.)
    • bewegliches, abnutzbares Anlagegut
    • selbständig bewertbar und nutzbar

12. **GWG bis 150,00 EUR** Anschaffungskosten: Sofortaufwand bei Kauf (Verbrauchsfiktion)

    GWG mit Anschaffungskosten zwischen 151,00 EUR und 1 000,00 EUR: Aktivierung bei Kauf auf Sammelkonto GWG; pauschale lineare Abschreibung in 5 Jahren

    GWG mit Anschaffungskosten zwischen 150,00 EUR und 410,00 EUR: Sofortabschreibung im Anschaffungsjahr möglich. (Alternative: Aktivierung und planmäßige Abschreibung)

13. Aktivierung = Sollbuchung auf einem Aktivkonto

14. Anschaffungspreis + Anschaffungsnebenkosten – Anschaffungskostenminderungen = Aktivierungsbetrag (Anschaffungskosten)

15. Anschaffungsnebenkosten:
    • Teil der Anschaffungskosten, daher aktivierungspflichtig.
    • Alle Ausgaben und Aufwendungen, die im Rahmen der Anschaffung zusätzlich zum Kaufpreis einmalig auftreten.
    • Bsp.: Transport-, Montage-, Zulassungs-, Notariatskosten, Grunderwerbsteuer, Zölle

16. Anschaffungskostenminderungen: Rabatte, Skonti, Boni

17. Nicht aktivierungsfähig: a - b - d - h - j

    Begründung für a, b, d, h: keine einmalig auftretenden Kosten, daher nicht aktivierungsfähig. Begründung für j: nicht aktivierungsfähig, da durchlaufender Posten.

18. Beide Begriffe betreffen spätere Aufwendungen für Anlagen:

    Werterhaltende Aufwendungen (Erhaltungsaufwand): Nicht aktivierungspflichtig, also Aufwand. Es handelt sich um Reparaturen, die den Wert z. B. eines Gebäudes erhalten sollen. Bsp.: Neuanstrich, neuer Hausverputz, neue Reifen, Reparatur eines Motorschadens...

    Werterhöhende Aufwendungen (Herstellungsaufwand): Aktivierungspflicht + Abschreibung. Aufwendungen, die den Wert des Anlagegutes erhöhen.
    Bsp.: Umbau, Anbau, Einbau (Heizungsanlage, Fahrstuhl...), Generalüberholung bei Maschinen, Austauschmotor.

19. Bodenwert: nicht abschreibungsfähig.

    Gebäudewert: wird abgeschrieben. Die Anschaffungskosten des reinen Gebäudes (ohne Grund und Boden) müssen daher als Abschreibungsbasis ermittelt werden.

20. 400 000 + 8 000 + 9 000 + 600 + 5 000 = **422 600,00 EUR**

21.		Gesamt	Grundstück	Gebäude
Kaufpreis		216 000,00 EUR	50 000,00 EUR	166 000,00 EUR
Notar-, Maklerkosten	12 000,00 EUR			
		16 000,00 EUR	3 704,00 EUR	12 296,00 EUR
Grunderwerbsteuer	4 000,00 EUR			
Anschaffungskosten		232 000,00 EUR	53 704,00 EUR	178 296,00 EUR
– Abschreibung 2 %/4 Monate				1 189,00 EUR
Gebäudewert				177 107,00 EUR
+ Grundstückswert				53 704,00 EUR
Bilanzansatz bebautes Grundstück				230 811,00 EUR

22. • Selbsterstellte Anlagen (aktivierte Eigenleistungen)
    • Fertige und unfertige Erzeugnisse

23. **Obergrenze Handelsbilanz:**

MEK	20 000,00
MGK 50 %	10 000,00
FEK	10 000,00
FGK 80 %	8 000,00
SEKF	2 000,00
VwGK	1 000,00
	51 000,00
– Zusatzkosten	2 000,00
Herstellungskosten	**49 000,00**

Untergrenze Handelsbilanz:

48 000,00 EUR (ohne VwGK)

24. 60 Paar × 62,00 EUR = 3 720,00 EUR

Begründung: Laut Anschaffungswertprinzip dürfen die Anschaffungs- oder Herstellungskosten niemals überschritten werden.

25. a) 25,00 EUR. Begründung: siehe 45.

b) 24,00 EUR; Begründung: strenges Niederstwertprinzip beim Umlaufvermögen

26. a) Es handelt sich um Umlaufvermögen (kurzfristige Anlage), somit gilt das strenge Niederstwertprinzip: 400,00 EUR.

b) Anlagevermögen (langfristig), somit gilt das gemilderte Niederstwertprinzip:
Wahlrecht zwischen 400,00 EUR und 450,00 EUR
(Ausnahme: voraussichtlich dauernde Wertminderung –> dann 400,00 EUR)

27. Anwendung des Devisenkassamittelkurses am 31.12. (Restlaufzeit < 1 Jahr):
1,50 sfr = 1,00 EUR –> 200 000,00 sfr = **133 333,32 EUR**

28. Höchstwertprinzip gilt bei Währungsverbindlichkeiten mit einer Restlaufzeit > 1 Jahr.
1,25 $ = 1,00 EUR –> 120 000,00 $ = **96 000,00 EUR**

29. Nicht realisierte Gewinne dürfen nicht, nicht realisierte Verluste müssen ausgewiesen werden = Imparitätsprinzip.

Skonto darf hier nicht ausgewiesen werden, da es sonst zum Ausweis eines noch nicht realisierten Gewinns kommt.

Richtiger Wertansatz: 416 500,00 EUR (Höchstwertprinzip)

Abituraufgabe 2004: Aufg. 3 (teilweise)

1 - Der Jahresabschluss einer börsennotierten AG besteht aus: Bilanz, GuV-Rechnung und Anhang. Er wird erweitert um den Lagebericht (§ 264 Abs. 1/§ 267 Abs. 3 S. 1 HGB).

- Der Jahresabschluss wird vom Vorstand aufgestellt. Billigt der Aufsichtsrat den Jahresabschluss, so ist dieser festgestellt und damit rechtsverbindlich (§ 172 AktG). Dadurch ist die Höhe des Bilanzgewinns festgestellt, der der Hauptversammlung zur Beschlussfassung über die Verwendung vorgelegt wird (§ 174 AktG).

- Anhang:
  - soll sicherstellen, dass der Jahresabschluss einen Einblick in die Vermögens-, Finanz- und Ertragslage vermittelt
  - erläutert die gewählten Bilanzierungs- und Bewertungsmethoden

  Lagebericht:
  verdeutlicht das Gesamtbild der wirtschaftlichen Lage des Unternehmens mithilfe eines Wirtschafts-, Prognose-, Forschungs- und Entwicklungsberichts

- Gläubiger: Auskunft über die Vermögenslage und die Schulden der Unternehmung

- Aktionäre: Auskunft über die Sicherheit ihrer Kapitalanlage und die Ertragsentwicklung

2.1.1 Anschaffungskosten i. S. des § 255 (1) HGB:

Kaufpreis	1 274 000,00 EUR
+ 3,5 % Grunderwerbsteuer	44 590,00 EUR
+ Notargebühren KV	5 000,00 EUR
+ Wertgutachten	2 000,00 EUR
+ Eigentumsübertragung	4 410,00 EUR
AK bebautes Grundstück	1 330 000,00 EUR
– 20 % Grund und Boden	266 000,00 EUR
AK Lagerhalle	1 064 000,00 EUR
– Abschreibung 3 % für 3 Monate	7 980,00 EUR
Restbuchwert Lagerhalle 31.12.2003	1 056 020,00 EUR
+ Grund und Boden	266 000,00 EUR
Bilanzansatz 31.12.2003	1 322 020,00 EUR

Abituraufgabe 2004: Aufg. 3 (teilweise)

2.1.2 Aufwand in 2003:

Grundsteuer	800,00 EUR
Zinsen: 24.000,00/9 × 3	8 000,00 EUR
planmäßige Abschreibung	7 980,00 EUR
Übertragung Grundschuld	1 000,00 EUR
Gesamtaufwand 2003	17 780,00 EUR

2.4 Ermittlung der Zuschlagsätze für die Kalkulation:

Fertigungsmaterial	6 000 000,00 EUR	
Materialgemeinkosten	1 800 000,00 EUR	30 %
Fertigungslöhne	2 000 000,00 EUR	
Fertigungsgemeinkosten	1 500 000,00 EUR	75 %
Herstellkosten	11 300 000,00 EUR	
Verwaltungsgemeinkosten	2 825 000,00 EUR	25 %
Vertriebsgemeinkosten	1 695 000,00 EUR	15 %

Kalkulation und Bewertung der Fräsmaschine:

	Kalkulation	handelsrechtliche Wertuntergrenze
FM	100 000,00 EUR	100 000,00 EUR
MGK 30 %	30 000,00 EUR	30 000,00 EUR
FL	150 000,00 EUR	150 000,00 EUR
FGK 75 %	112 500,00 EUR	112 500,00 EUR
SEK Fertigung	7 500,00 EUR	7 500,00 EUR
Herstell-/Herstellungskosten	400 000,00 EUR	400 000,00 EUR
VwGK 25 %	100 000,00 EUR	
VtGK 15 %	60 000,00 EUR	
Selbstkosten	560 000,00 EUR	

AK (andere aktivierte Eigenleistungen)	400 000,00 EUR
– Abschr. degressiv (handelsrechtlich z. B. 20 % für 1 Monat)	6 667,00 EUR
Bilanzansatz zum 31.12.2003	393 333,00 EUR

2.5

	Wert (USD)	Anschaffungswert	Kurswert 31.12.	Bilanzansatz
Rechnung	100 000,00	98 039,22 EUR	101 010,10 EUR	101 010,10 EUR

Restlaufzeit < 1 Jahr –> Ansatz zum Devisenkassamittelkurs am 31.12.

3.1 - Stille Rücklagen entstehen durch Unterbewertung von Aktiva (z. B. durch höhere Ab-schreibungen) und/oder Überbewertung der Passiva (z. B. überhöhte Rückstellungen).

Auswirkungen auf die EK-Rentabilität:
- im Jahr der Bildung sinkt der JÜ und somit fällt die EK-Rentabilität
- im Jahr der Auflösung steigt der JÜ und somit steigt die EK-Rentabilität

- Sofern die Gesamtkapital-Rentabilität in % höher ist als der Zinssatz für das eingesetzte FK, steigt bei zunehmender Fremdfinanzierung die Eigenkapitalrentabilität.

- Eigenkapitalquote sinkt, da bei stärkerer Fremdfinanzierung das Gesamtkapital mehr zunimmt als das Eigenkapital.

Liquidität 1. Grades bleibt unverändert, da sich die liquiden Mittel und die kurzfristigen Verbindlichkeiten nicht verändern.

3.2

Börsenkurs je Aktie am 30.12.2003	33,00 EUR
Bilanzkurs je Aktie am 31.12.2003 (22 Mio.EUR : 1 Mio. St.)	22,00 EUR
Wertdifferenz	11,00 EUR

Ursachen sind z. B.: günstige Gewinnentwicklung bzw. Gewinnerwartungen, positive Zukunftsperspektiven (Branche/Konjunktur), Unterbewertung von Aktiva

Abituraufgabe 2005: Aufg. 2 (2 bis 4)

2.1

in EUR	bebautes Grundstück	Grundstück	Gebäude
Kaufpreis	600 000,00	360 000,00	240 000,00
Notarkosten	2 000,00	1 200,00	800,00
Grundbuchkosten	1 000,00	600,00	400,00
Grunderwerbsteuer 3,5 %	21 000,00	12 600,00	8 400,00
Zwischensumme	624 000,00	374 400,00	249 600,00
Kosten Umbauarbeiten netto			+ 200 000,00
			449 600,00
– Abschreibungen (3 %/3 Mon.)			– 3 372,00
			446 228,00
Grundstück			+ 374 400,00
Bilanzansatz			820 628,00

2.2 Der Bilanzansatz des Grundstücks bleibt gleich. Es entstehen gesetzlich erzwungene stille Reserven. Nicht realisierte Gewinne dürfen nicht ausgewiesen werden (§ 252 Abs. 1 Nr. 4 HGB). Anschaffungskosten sind die absolute Wertobergrenze (§ 253 Abs. 1, S. 1 HGB).

2.3

Grundsteuer	800,00 EUR
Grundschuldeintragung	1 500,00 EUR
Zinsen	12 000,00 EUR
Abschreibung	3 372,00 EUR
Gesamtaufwand	17 672,00 EUR

3.1

in EUR	niedrigster Wertansatz	höchster Wertansatz
Fertigungsmaterial	80 000,00	80 000,00
MGKZ 20 %		16 000,00
Fertigungslöhne	100 000,00	100 000,00
FGKZ 60 %		60 000,00
SEKF	14 000,00	14 000,00
		270 000,00
VwGKZ 40 %		108 000,00
Bilanzansatz	**194 000,00**	**378 000,00**

3.2 Gewinnauswirkung 2004: Hohe Aufwendungen für die Herstellung, geringerer Wert der Bestandserhöhung als Ertrag –> Gewinnminderung

Gewinnauswirkung 2005: Niedriger Wert der Bestandsminderung als Aufwand, aber höhere Erlöse aus dem Verkauf der Erzeugnisse –> Gewinnerhöhung

Ergebnis: Gewinnverlagerung vom Jahr 2004 auf das Jahr 2005

4.1 Restlaufzeit der Verbindlichkeit < 1 Jahr

05.11.2004: Devisenkassamittelkurs = (8,1200 + 8,1280) : 2 = 8,1240

8,1240 NKR = 1,00 EUR
487 440,0000 NKR = x = 60 000,00 EUR

31.12.2004: Devisenkassamittelkurs = (7,9960 + 8,0040) : 2 = 8,0000
8,0000 NKR = 1,00 EUR
487 440,0000 NKR = x = 60 930,00 EUR = Bilanzansatz

4.2 Der Kursverlust des Euro mindert als Aufwand den Gewinn um 930,00 EUR.

Abituraufgabe 2006: Aufg. 2 (3.1)

3.1

in EUR	Gesamtbetrag 100 %	Gebäude 90 %	Grundstück 10 %
Kaufpreis	320 000,00	288 000,00	32 000,00
Maklergebühr (ohne USt.)	9 600,00	8 640,00	960,00
Notar- u. Grundbuchgebühren	4 200,00	3 780,00	420,00
Grunderwerbsteuer	11 200,00	10 080,00	1 120,00
Anschaffungskosten	345 000,00	310 500,00	34 500,00

Gebäudeabschreibung (3 %/1 Mon.)	776,25 EUR
Grundsteuer	250,00 EUR
Eintragung Grundschuld	1 000,00 EUR
Zinsaufwand (100 000,00 EUR/4,5 %/1 Mon.)	375,00 EUR
Gesamtaufwand 2005	2 401,25 EUR

Abituraufgabe 2007: Aufg. 2 (ab Teil 2)

2.1 – Argument für einen hohen Gewinnausweis:
Die wirtschaftliche Situation der Felgenhersteller zwingt zu Kooperationen. Mit einem hohen Gewinnausweis wäre die Südmetall AG ein attraktiver Kooperationspartner.

– Argument gegen einen hohen Gewinnausweis:
Ein hoher Gewinnausweis könnte bewirken, dass Großabnehmer mit entsprechender Marktmacht weitere Preissenkungen verlangen. Die Verhandlungsposition der Südmetall AG wäre eher geschwächt.

2.2 – Hoher Gewinnausweis –> Obergrenze der Bewertung in der Handelsbilanz

FM	200 000,00 EUR
FL	180 000,00 EUR
SEKF	5 000,00 EUR
Einzelkosten	385 000,00 EUR
MGK	20 000,00 EUR
FGK	180 000,00 EUR
VwGK (30 % von 585 000,00 EUR)	175 500,00 EUR
Bilanzansatz FE (31.12.2006)	760 500,00 EUR

– niedriger Gewinnausweis –> Untergrenze der Bewertung in der Handelsbilanz
Bilanzansatz: 760 500,00 – 175 500,00 = 585 000,00 EUR –> Gewinnminderung: 175 500,00 EUR

2.4 – Arbeiten im Februar n. J.:
Pflicht zur Bildung einer Rückstellung (§ 249 Abs. 1 Satz 2 Nr. 1 HGB).
Der Jahresüberschuss sinkt um den Betrag der Rückstellung.

– Arbeiten im Mai n. J.:
Passivierungswahlrecht für unterlassene Instandhaltungsmaßnahmen, die mehr als drei Monate nach dem Bilanzstichtag nachgeholt werden (§ 249 Abs. 1 Satz 3 HGB). Wegen der Zielsetzung der Bewertung wird keine Rückstellung gebildet. Der Jahresüberschuss bleibt unverändert.

3.1 Die Verwendung des Jahresüberschusses ist durch die Feststellung bis zur Position Bilanzgewinn festgelegt. Sofern sich Vorstand und Aufsichtsrat nicht einigen können, wird der Jahresabschluss und damit der Bilanzgewinn von der Hauptversammlung festgestellt (§ 172 f. AktG).

3.2.1 Der Bilanzkurs misst den Anteil je Aktie am ausgewiesenen Eigenkapital. Er gilt in der Regel als Untergrenze des Börsenkurses. Stille Reserven erhöhen den Kaufpreis über den Bilanzkurs hinaus.

3.2.2 Ein höherer Bilanzkurs bedeutet mehr Eigenkapital pro Aktie.
–> AR und Vorstand wollen möglichst hohe Rücklagen bilden.

Berechnung des Bilanzgewinns:

Jahresüberschuss	20 000 000,00 EUR
+ Gewinnvortrag	400 000,00 EUR
– max. Einstellung in andere Gewinnrücklagen	10 000 000,00 EUR
..(50 % von 20 Millionen EUR gem. § 58 Abs. 2 AktG)	
= Bilanzgewinn	10 400 000,00 EUR

Keine Einstellung in die gesetzliche Rücklage, da die Summe aus gesetzl. Rücklage und Kapitalrücklage > 10 % des gez. Kapitals ist (§ 150 Abs. 2 AktG).
Eigenkapitalausweis nach teilweiser Gewinnverwendung:

Gez. Kapital	40 000 000,00 EUR
Kapitalrücklage	50 000 000,00 EUR
ges. Rücklage	0,00 EUR
andere Gewinnrücklagen	90 000 000,00 EUR
Bilanzgewinn	10 400 000,00 EUR

Gewinnverwendungsvorschlag: Vorstand und Aufsichtsrat schlagen der Hauptversammlung vor, den Bilanzgewinn in Höhe von 10,4 Mio. EUR in die anderen Gewinnrücklagen einzustellen.

20 Grundzüge der internationalen Rechnungslegung

20.2 Gründe und Ziele internationaler Rechnungslegungsnormen

1.
- Zunehmende **Globalisierung; globalisierte Standards** notwendig (–> internationale Vergleichbarkeit)
- Kritik am deutschen Jahresabschluss (Bildung stiller Rücklagen –> große bilanzpolitische Spielräume

20.4 Ziele des IFRS-Abschlusses

1.
- Information v. a. der **Anteilseigner** (Investoren, Shareholder)
- Entscheidungsnützliche Informationen über Vermögenslage, Ertragslage, Finanzlage, Änderung der Finanzlage (Kapitalflussrechnung), Eigenkapitalveränderungen, Bilanzierungsansätze

2. **„True and fair view/presentation“** (= wahre und angemessene Darstellung):
- Vermittlung eines den tatsächlichen Verhältnissen entsprechenden Bildes der Vermögens-, Finanz- und Ertragslage des Unternehmens
- Bilanzklarheit und Bilanzwahrheit haben Vorrang vor dem Vorsichtsprinzip.
- Abweichung nur in Ausnahmefällen (dann: umfangreiche Angaben im Anhang)

20.10 Bewertung des Anlagevermögens nach IFRS

20.10.1 Bewertungsgrundlagen

1.

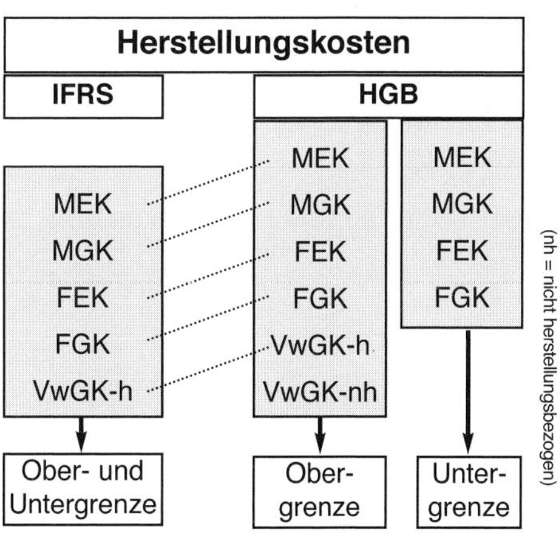

2. **IFRS:** Wechsel möglich

   HGB: Wechsel nicht möglich

3. Wahl der Abschreibungsmethode; Schätzung des „fair value“

4. Bewertung zum beizulegenden Zeitwert = „fair value“

5. Anschaffungswertprinzip (Wertobergrenze = Anschaffungs- oder Herstellungskosten) gilt nicht.

6. a) • Bilanzansatz: 500 000,00 EUR
   • Buchungssatz: Abschreibungen an Grundstücke 300 000,00 EUR
   • Gewinnminderung: 300 000,00 EUR

   b) • Bilanzansatz: 900 000,00 EUR
   • Buchungssatz: Grundstücke 400 000,00 an NB-Rücklage 100 000,00 EUR
   an Sonst. Erträge 300 000,00 EUR
   • Gewinnerhöhung: 300 000,00 EUR

7. a) • Bilanzansatz: 1 000 000,00 EUR
   • Buchungssatz: Grundstücke an NB-Rücklage 200 000,00 EUR
   • Gewinnänderung: 0,00 EUR

   b) • Bilanzansatz: 700 000,00 EUR
   • Buchungssatz: NB-Rücklage 200 000,00 an Grundstücke 300 000,00 EUR
   außerpl. Ab. 100 000,00 EUR
   • Gewinnminderung: 100 000,00 EUR

   c) • Bank an Grundstücke 1 000 000,00 EUR
   • NB-Rücklage an Gewinnrücklagen 200 000,00 EUR

20.10.3 Bewertung unfertiger + fertiger Erzeugnisse

1. **IFRS:** MEK (1 000) + MGK (300) + FEK (5 000) + FGK (4 000) + VwGk-h (2 000)
   = 12 300,00 EUR (Ober- und Untergrenze)

   HGB: **Untergrenze** = 12 300,00 (IFRS) – 2 000,00 = **10 300,00 EUR**
   Obergrenze = 12 300,00 (IFRS) + VwGk-nh (500) = **12 800,00 EUR**

20.10.4 Bilanzierung langfristiger Auftragsbearbeitung

1. a) Gesamtgewinn = 3 100 000,00 EUR – 2 800 000,00 EUR = 300 000,00 EUR

   Jahr **01:** gesamte Selbstkosten 2 800 000,00 = 100 %
   Selbstkosten 01 700 000,00 = x % –> x = 25 %

   Periodengewinn 01: 25 % von 300 000,00 EUR = **75 000,00 EUR**

   Bilanzansatz 01: 700 000,00 + 75 000,00 = **775 000,00 EUR**

   Jahr **02:** gesamte Selbstkosten 2 800 000,00 = 100 %
   Selbstkosten 02 1 200 000,00 = x % –> x = 42,86 %

   Periodengewinn 02: 42,86 % von 300 000,00 EUR = **128 580,00 EUR**

   Bilanzansatz 02: 1 200 000 + 128 580 + 775 000 = 2 103 580,00 EUR

   Jahr **03:** gesamte Selbstkosten 2 800 000,00 = 100 %
   Selbstkosten 03 900 000,00 = x % –> x = 32,14 %

   Periodengewinn 03: 32,14 % von 300 000,00 EUR = **96 420,00 EUR**

   b) HGB: Periodengewinne 01/02 = 0,00; 03 = 300 000,00 EUR
   Bilanzansätze: Herstellungskosten

21 Auswertung des Jahresabschlusses

1.1/1.2 **Hinweise** zur folgenden Kennzahlenermittlung:

- Bilanzgewinn (8,65 Mio. EUR) – Dividende (8,5 Mio. EUR) = **Gewinnvortrag (0,15 Mio. EUR)**
- **Eigenkapital** = 122 400 – 8 500 (= Vebindlichkeit gegenüber den Aktionären) = **113 900 TEUR**
- **Fremdkapital** = 111 800 + 130 640 + 8 500 = **250 949 TEUR**
- Rücklagen **(Selbstfinanzierungsgrad):** Nur Gewinnrücklagen sind anzusetzen.
- **Umlaufvermögen:** einschließlich Rechnungsabgrenzungsposten

Grad der finanzielten Unabhängigkeit (Eigenkap.quote)	$= \frac{113\,900 \times 100}{364\,840} = 31{,}22\%$	Übliche Eigenkapitalausstattung deutscher Aktiengesellschaften
Fremdkapitalquote	$= \frac{250\,940 \times 100}{364\,840} = 68{,}78\%$	Übliche Fremdkapitalquote deutscher Aktiengesellschaften
Verschuldungsgrad (Verschuldungskoeffizient)	$= \frac{250\,940}{113\,900} = 2{,}2$	Üblicher Verschuldungsgrad deutscher Aktiengesellschaften
Selbstfinanzierungsgrad (-quote)	$= \frac{39\,320 \times 100}{50\,100} = 78{,}64\%$	Guter Selbstfinanzierungsgrad, somit gutes „Polster“ für Krisenzeiten
Deckungsgrad I	$= \frac{113\,900 \times 100}{310\,400} = 36{,}7\%$	Sehr bedenkliche Zahlen! Deckungsgrad II muss mind. 100 % sein, besser mehr, um auch den Eisernen Bestand zu decken. Finanzierungsprobleme!
Deckungsgrad II	$= \frac{219\,250 \times 100}{310\,400} = 70{,}6\%$	
Liquidität 2. Grades	$= \frac{(17\,800 + 11\,170) \times 100}{137\,090} = 21{,}13\%$	Die prekäre Situation der AG bestätigt sich. Die Unternehmung dürfte in Kürze zahlungsunfähig sein. Geforderter Mindeswert: 100 % Insolvenzgefahr! Vgl. Gesamturteil

Gesamtbeurteilung hinsichtlich obiger Bilanzkennzahlen:

- Trotz normaler Eigenkapitalausstattung und gutem Selbstfinanzierungsgrad steuert die AG aufgrund der äußerst schlechten Liquiditätskennzahl möglicherweise der Insolvenz entgegen.
- Bei der Liquidität wirken sich insbesondere die kurzfristigen Rückstellungen negativ aus: Möglicherweise enthalten sie stille Reserven; die Gefahr der Inanspruchnahme ist unbekannt. Selbst wenn man sie lediglich mit 50 000 TEUR (statt 96 050 TEUR) ansetzen würde, ergäbe sich immer noch eine untragbare Liquidität 2. Grades von 31,8 %!
- Vgl. auch Gesamtbetrachtung

1.3.1/2 **Hinweise** zur folgenden Kennzahlenermittlung:
Bereinigter Jahresabschluss = 17 000 + 500 (a. o. A.) – 1 500 (a. o. E.) = 16 000 TEUR

Eigenkapitalrentabilität $= \frac{16\,000 \times 100}{113\,900} = 14{,}0\%$	Die **EK-Rent.** liegt über dem marktüblichen Zinssatz (z. B. 8 %). Das Unternehmerrisiko wird (angemessen) verzinst.
Ges.kapitalrentabil. $= \frac{(16\,000 + 6\,600) \times 100}{364\,840} = 6{,}2\%$	Die **Gesamtkapitalrentabilität** liegt unter dem Marktzinssatz. Finanzierung von Investitionen mit Fremdkapital würden die Eigenkapitalrentabilität nicht erhöhen. Kennzahl somit nicht optimal.
Umsatzrentabiität. $= \frac{16\,000 \times 100}{420\,000} = 3{,}8\%$	Die **Umsatzrentabilität** hängt von der branchenüblichen Kennzahl ab. Üblicher Satz.
Cash flow = 17 000 + 30 000 + 2 000 = 49 000 TEUR	Der **cash flow** beträgt fast das 3fache des JÜ; positiv zu bewerten.

Gesamtbeurteilung der Erfolgslage:

- Abgesehen von der Ges.kapitalrentabilität deuten die Kennzahlen auf eine gute Ertragslage hin.
- Der relativ hohe cash flow deutet auf positive Ertragskraft, Selbstfinanzierungskraft und Expansionsfähifkeit hin. Vgl. Jedoch Gesamtbetrachtung!

Gesamtbetrachtung:

- Die AG befindet sich in einer äußerst **ungünstigen Liquiditätslage**. Es besteht die Gefahr, dass in Kürze Zahlungsunfähigkeit eintritt, die zur Insolvenzanmeldung zwingen würde. Auch der relativ hohe cash flow (u. a. Abschreibungsrückflüsse in Höhe von 30 000 TEUR) und möglicherweise zu hoch angesetzte kurzfristige Rückstellungen bewirken keine “durchbrechende“ Verbesserung der Liquiditätslage
- Angesichts dieser krassen Situation hätte die AG **keine Dividende** zahlen dürfen
- Intensive **Umfinanzierungsmaßnahmen** (die möglicherweise schon im Gange sind) sind kurzfristig zu treffen, z. B.: Kapitalerhöhung gegen Einlagen in Höhe von mindestens 80 bis 100 Mio EUR um die Deckungs- und Liquiditatgräde auf ein erträgliches Maß zu verbessern.
- Die **Kreditwürdigkeit** der Unternehmung ist außerordentlich schlecht.
- Das obige Beispiel stellt den Fall dar, dass eine an sich erfolgsmäßig gut arbeitende Unternehmeng drug Liquiditätsprobleme in eine **Unternehmenskrise** geraten kann.

2. **Fristenparallelität**: Die Fristigkeiten des Kapitals sollen den Fristigkeiten des Vermögens entsprechen (langfristiges Vermögen soll langfristig finanziert sein: das Anlagevermögen und der Eiserne Bestand des Umlaufvermögens müssen mit Eigenkapital und langfristigem Fremdkapital finanziert sein).
Begründung: Die Tilgung der Finanziertungsmittel sollte aus dem Rückfluss des Vermögens (Abschreibungsrückflüsse beim Anlagevermögen) möglich sein.

3. a) **Optimaler Verschuldungsgrad:**
   - Traditionelle Formulierung: FK: EK =1 :1 (= überholt; typisches Verhältnis: 0,3 : 1)
   - Moderne Formulierung: Eine Fremdkapitalaufnahme für Investitionszwecke ist so lange sinnvoll, wie der Fremdkapitalzins niedriger als die Gesamtkapitalrentabilität ist (= Leverage-Effekt)

   b) Der optimale Verschuldungsgrad hängt von vielen Faktoren ab: Branche, Betriebsgröße, Risikograd der Investitionen …

4. Je höher der Eigenkapitalanteil, umso krisensicherer ist die Unternehmung (hohe Haftsumme, Unabhängigkeit von Gläubigern, hohe Kreditwürdigkeit, geringe Zins- und Tilgungsbelastung, Sicherheit in Krisenzeiten).

5. • Es liegt Überliquidität vor, da 100 % genügen würden.
   • Überliquidität führt zu Zinsverlusten; mit den überschüssigen Mitteln könnten z. B. Fremdkapitalien abgebaut werden –> Reduzierung von Fremdkapitalzinsen.

6. Vgl. Stofftelegramm

7. a) Mögliche Ursachen:
   • Kapitalerhöhung wurde durchgeführt (EK steigt)
   • Umwandlung von Fremdkapital in Eigenkapital (Umfinanzierung)
   • Hohe Fremdkapitaltilgung aus Selbstfinanzierungsmitteln.

   b) • Relativ hohe Verschuldung im ersten Jahr (90 %) – Verbesserung im zweiten Jahr
   • 70 % Verschuldung ist in deutschen Unternehmen üblich
   • Probleme hohen Fremdkapitals: Abhängigkeit von Banken; Tilgung + Zinsen!

8. Deckungsgrade = Formeln der horizontalen Bilanzstruktur.

9. Unternehmen A:
   • Deckungsgrad II problematisch (Anlagevermögen ist gerade noch langfristig finanziert, sodass eine Tilgung aus Abschreibungsrückflüssen knapp möglich ist)
   • Der Eiserne Bestand des Umlaufvermögens ist nicht langfristig finanziert; dies könnte zu Problemen führen.

   Unternehmen B:
   • Günstiger Deckungsgrad. Das Anlagevermögen und der Eiserne Bestand sind langfristig finanziert.
   • Finanziell stabile Unternehmung.

10. Vgl. Stofftelegramm

11. – Finanzierung: Die Beurteilung der Finanzierung wäre unter Einbeziehung der stillen Rücklagen günstiger (Eigenkapital steigt).

   – Eigenkapitalrentabilität = $\frac{\text{Gewinn} \times 100}{\text{Eigenkapital}}$

   –> Die Beurteilung der EK-Rentabilität wäre unter Einbeziehung der stillen Rücklagen ungünstiger, weil die Eigenkapitalgröße steigt.

12. a) EBIT = Jahresüberschuss + Steueraufwand – Steuererträge
   + a. o. Aufwand – a. o. Erträge + Zinsaufwand – Zinserträge

   b) Gewinne verschiedener Geschäftsjahre oder Unternehmensbereiche sind besser vergleichbar, weil schwankende Steuersätze, Zinsaufwendungen und -erträge oder sonstige außerordentliche Faktoren keine Auswirkung haben.

Abituraufgabe 2008: Aufg. 2

AG: Rechtsfragen, Rechnungslegung, Auswertung des Jahresabschlusses

1 - Bestandsminderung UE = – 2 Mio. EUR
Bestandsmehrung FE = + 1 Mio. EUR
Nettobestandsminderung = – 1 Mio. EUR

- Ergebnis der gewöhnlichen Geschäftstätigkeit = 6,2 Mio. EUR

- Im Ergebnis der gewöhnlichen Geschäftstätigkeit können auch neutrale (z. B. periodenfremde) Aufwendungen und Erträge enthalten sein, wogegen kostenrechnerische Korrekturen (z. B. kalkulatorische Abschreibungen statt bilanzieller Abschreibung) nur die Betriebsergebnisrechnung der KLR betreffen.

2 - Der Anhang ist vergangenheitsorientiert und erläutert grundsätzlich nur Höhe und Entwicklungen der Zahlenwerte des vorgelegten Jahresabschlusses.

Der Lagebericht ist sowohl vergangenheits- als auch zukunftsorientiert. Sein Inhalt erstreckt sich nicht nur auf quantitative Angaben zum Jahresabschluss, sondern liefert darüber hinaus auch Informationen über Entwicklungen nach dem Stichtag des Jahresabschlusses und geplante Maßnahmen des Unternehmens. Er informiert unter anderem über Risiken für das Gesamtunternehmen. (Vgl. Stofftelegramm)

- Im Anhang muss gemäß § 284 HGB u. a. die Entwicklung des Anlagevermögens dargestellt werden, z. B. Angabe des Betrages der vorgenommenen Abschreibungen, Änderungen der Bilanzierungs- und Bewertungsmethoden. (Vgl. Stofftelegramm)

Abituraufgabe 2008: Aufg. 2

3.1 Argument der Schutzgemeinschaft der Kleinaktionäre:

- Geldbedarf der Aktionäre (vgl. Anlagemotive der Kleinaktionäre)

Argumentation des Vorstands: Stärkung der Eigenkapitalbasis, wodurch

- der Kapitalbedarf für bevorstehenden Unternehmenskauf teilweise gedeckt werden könnte
- die Kreditwürdigkeit der AG steigt

3.2 Berechnung der Stimmen erfolgt bei Stückaktien nach der Anzahl der Stücke (§ 134 Abs. 1 AktG)

Insgesamt ausgegebene Aktien = 4 Mio. Stück, davon

- Altaktionäre 24,5 %	980 000 Stück
- Investmentfonds 15 %	600 000 Stück
- Kleinaktionäre 60,5 %	(2 420 000 Stück)
davon anwesend max. 25 %	605 000 Stück

Von den vertretenen Stücken (2 185 000) verfügen die Großaktionäre über einen Anteil in der Hauptversammlung von 72,31 %. Für die erforderliche Satzungsänderung (§ 182 Abs. 1 AktG) ist eine 3/4-Mehrheit des vertretenen Grundkapitals erforderlich, die somit voraussichtlich nicht erreicht wird.
–> Scheitern der Kapitalerhöhung gegen Einlagen

3.3 Gemäß § 95 AktG besteht ein Aufsichtsrat aus mindestens drei Mitgliedern. Eine höhere Mitgliederzahl muss durch drei teilbar sein (vgl. Drittelparität der Arbeitnehmer im Aufsichtsrat). Acht Aufsichtsratsmitglieder wären somit nicht möglich.

4.1

$$\text{EK-Rentabilität} = \frac{3\text{ Mio.} \times 100}{24\text{ Mio.}} = 12{,}5\ \%$$

Diese Kennzahl liegt deutlich über der derzeit bei Banken realisierbaren Rendite von 4-5 % p. a.

4.2

$$\text{Liquiditätsgrad II} = \frac{(4 + 5) \times 100}{(1 + 3 + 4)} = 112{,}5\ \%$$

Die übliche Faustregel von 100 % wurde überschritten, d. h. gute Liquidität 2. Grades.

$$\text{Anlagendeckungsgrad II} = \frac{(27 + 3 + 22) \times 100}{(38 + 2)} = 130\ \%$$

Die Mindesthöhe für den ADG II (100 %) wird erfüllt, d. h. langfristiges Vermögen wird durch langfristiges Kapital vollständig gedeckt (= fristenkongruente Finanzierung des Anlagevermögens).

4.3 Kritik:

- Der Jahresabschluss zeigt lediglich Vergangenheitswerte, d. h. unter Umständen wenig Aussagekraft für die Zukunft.

- Kennzahlen sind manipulierbar, z. B. durch entsprechende Bewertungsentscheidungen bei der Aufstellung des Jahresabschlusses.

Zusatzangaben:

- Angaben über neue Kreditzusagen der Banken bzw. Verlängerungsmöglichkeiten der Kredite, die die Liquiditätslage verbessern können

- genaue Termine von Zahlungseingängen bzw. -ausgängen.

4.4

Jahresüberschuss	3 Mio. EUR
+ Abschreibungen	3 Mio. EUR
+ Zuführungen zu Pensionsrückstellungen	1 Mio. EUR
= Cashflow 2007	7 Mio. EUR

Bei erforderlichen Investitionsmitteln von 12 Mio. EUR ergibt sich nach Verwendung des Cashflows eine Unterdeckung von 5 Mio. EUR.

23 Preisbildung

23.1 Nachfrage und Angebot

1. **Individuelle Nachfrage:** Nachfrage eines einzelnen Haushaltes nach einem bestimmten Gut bei verschiedenen Preisen

   Marktnachfrage: Summe aller individuellen Nachfragen nach einem Gut (Addition = Aggregation aller individuellen Nachfragekurven zur Gesamtnachfragekurve = Marktnachfragekurve)

2. **Bestimmungsgründe Nachfrage:** Preis, Bedürfnisstruktur, Einkommen, Vermögen, Preise anderer Güter (Substitutions-, Komplementärgüter), Zukunftserwartungen, Nachfragerzahl

3. Unterstellung: Die Nachfragemenge ist lediglich vom Preis abhängig. Die anderen Bestimmungsfaktoren (Einkommen usw.) werden konstant gesetzt, verändern sich also nicht.

4. Wie ändert sich die Nachfragemenge, wenn sich der Preis ändert? Ursache also: Preisänderung. Wirkung: Nachfragemengenänderung.

5. a) **Gesetz der Nachfrage:** Steigender Preis bewirkt sinkende Nachfrage und umgekehrt. Es handelt sich um Bewegungen auf der Kurve.

   b) 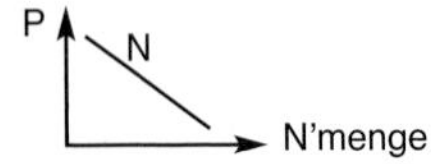

6. a) Durch Marktforschung

   b) Nein. Es sind Schätzungen, die auf mehr oder weniger exakten Marktanalysen bzw. Marktbeobachtungen basieren.

7. Wenn sich mindestens einer der konstant gesetzten Bestimmungsfaktoren der Nachfrage ändert (z. B. Einkommen).

8. • Nachfragerzahl steigt
   • steigende Einkommen
   • steigende Bedürfnisse
   • Nachfrager erwarten Preisssteigerungen
   • sinkende Preise bei Komplementärgütern
   • steigende Preise bei Substitutionsgütern

9. • Nachfragerzahl sinkt
   • sinkende Einkommen
   • sinkende Bedürfnisse
   • Nachfrager erwarten Preissenkungen
   • steigende Preise bei Komplementärgütern
   • sinkende Preise bei Substitutionsgütern

10. a) Komplementärgüter: Sich ergänzende Güter. Güter, die nur gemeinsam genutzt werden können. Bsp.: Lampe/Birne, Auto/Reifen.

    b) Substitutionsgüter: Austauschbare Güter. Bsp.: Holz/Kunststoff, Margarine/Butter

11. a) Nachfrage steigt. b) Nachfrage steigt.

12. Die Nachfrage nach Autos wird sinken, somit sinkt auch die Nachfrage nach dem Komplementärgut Autoreifen.

13. Die Nachfrage nach Gut A a) sinkt b) steigt

14. Die Nachfrage nach Gut A a) steigt b) sinkt

15. a) Nachfrage sinkt, weil Haushalte aus Risikovorsorge größere Teile ihres Einkommens sparen.

    b)

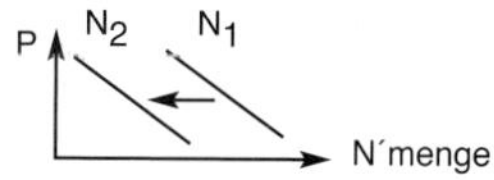

16. a) Steigende Nachfrage, um den Preissteigerungen zuvorzukommen.

    b)

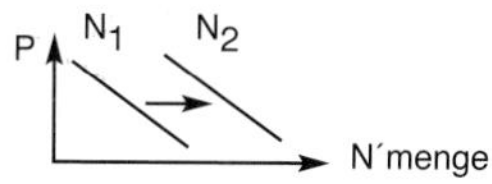

17. Keine Nachfrageänderung, da Insulin für den Käufer lebensnotwendig ist. Vollkommen unelastische Nachfrage.

18. Es handelt sich um die sog. **anomale Nachfrage**. Ein hoher Preis erweckt beim Nachfrager den Eindruck hoher Qualität. Das Produkt wird also bevorzugt gekauft, weil es teurer ist **(Preis als Qualitätsmaßstab)**.

    Alternativerklärung: Man kauft bevorzugt teurere Güter, um sich aus der Gemeinschaft herauszuheben und Güter zu besitzen, die sich andere nicht leisten können **(Snob-Effekt)**.

19.
    - Private Haushalte: privater Konsum (Verbrauch)
    - Unternehmen: Investitionsgüternachfrage
    - Ausland: Export
    - Staat: Staatskonsum

20. Die Höhe der Gesamtnachfrage bestimmt den Konjunkturverlauf. Steigende Nachfrage nach Konsumgütern bzw. steigende Auslandsnachfrage (Exporte) bewirken steigende Beschäftigung, steigende Investitionen u. somit steigendes Inlandsprodukt (Konjunkturaufschwung, Wachstum).

21. Aufgrund der zusätzlichen Nachfrage aus den neuen Bundesländern wird mit einem weiteren Konjunkturaufschwung sowie steigendem Wirtschaftswachstum bei entsprechender Investitionsbereitschaft der Unternehmen gerechnet.

22. **Elastische Nachfrage:** Eine relativ (prozentual) kleine Preisänderung bewirkt eine relativ (prozentual) große Nachfragemengenänderung.

    Unelastische Nachfrage: Eine relativ (prozentual) große Preisänderung bewirkt eine relativ (prozentual) kleine Nachfragemengenänderung.

23. a,b) 1. elastisch 2. unelastisch 3. unelastisch (relativ große Preisänderung bewirkt relativ kleine Preisänderung)

    c) Umsatz sinkt, Nachfragemenge sinkt

    d) $\text{Elastizität} = \dfrac{dx \times p}{dp \times x} = \dfrac{-60 \times 70}{+20 \times 140} = \mathbf{-1{,}5}$

24. a) $\text{Elastizität} = \dfrac{dx \times p}{dp \times x} = \dfrac{-4 \times 8}{-2 \times 60} = +\,\mathbf{0{,}267;}$ unelastisch, da < 1; anomal, da positiv

    b) $\text{Elastizität} = \dfrac{dx \times p}{dp \times x} = \dfrac{+2 \times 2}{+2 \times 6} = +\,\mathbf{0{,}33;}$ unelastisch, da < 1; anomal, da positiv

    c) $\text{Elastizität} = \dfrac{dx \times p}{dp \times x} = \dfrac{-30 \times 12}{+2 \times 60} = -\,\mathbf{3;}$ elastisch, da > 1;

25. Bei anomaler Nachfrage (Snob-Effekt...): vgl. 18.

26. P × x = U bzw. x = U/P; mengenmäßige Nachfrage somit: 10 – 9 – 8 – 7 – 6

$$\text{Elastizität} = \frac{dx \times p}{dp \times x} = \frac{-1 \times 8}{+2 \times 7} = -\mathbf{0{,}57;}$$ unelastisch, da < 1;

27. a) Elastischer Bereich; eine Preiserhöhung würde eine Umsatzsenkung, eine Preissenkung eine Umsatzerhöhung bewirken.

    b) Unelastische Nachfrage: Eine Preiserhöhung würde eine Umsatzerhöhung, eine Preissenkung eine Umsatzsenkung bewirken.

28. **Vollkommen elastische Nachfrage:** Nachfragekurve verläuft parallel zur x-Achse; zu dem betreffenden Preis würde jede Menge gekauft werden;

    Vollkommen unelastische Nachfrage: Nachfragekurve verläuft parallel zur y-Achse; eine Preisänderung bewirkt keine Nachfragemengenänderung.

29. $$\text{Kreuzpreiselastizität} = \frac{dx_B \times p_A}{dp_A \times x_B} = \frac{-2 \times 12}{-3 \times 10} = +\mathbf{0{,}8;}$$ Substitutionsgüter, da positiv

30. a) b) Komplementärelastizität,x da negativ

$$\text{Kreuzpreiselastizität} = \frac{dx_B \times p_A}{dp_A \times x_B} = \frac{-500 \times 210}{15 \times 3\,500} = -\mathbf{2;}$$

31. Zu ergänzen: „Nachfragemenge nach Gut B“

$$\text{Kreuzpreiselastizität} = \frac{dx_B \times p_A}{dp_A \times x_B} = \frac{4 \times 4}{3 \times 2} = +\mathbf{2{,}66;}$$ Substitutionselastizität, da positiv.

32. a) Komplementärgüter, da die Kreuzpreiselastizität negativ ist.

    b) $$\text{Kreuzpreiselastizität} = \frac{dx_A \times p_B}{dp_B \times x_A} = -0{,}625 = \frac{dx_A \times 100}{20 \times 800} \longrightarrow dx_A = -100$$

    Nachfragezeitpunkt 2 : 800 – 100 = **700 Stück**

33. **Individuelles Angebot:** Angebot eines bestimmten Gutes durch einen einzelnen Anbieter bei verschiedenen Preisen.

    Marktangebot: Summe aller individuellen Angebote eines bestimmten Gutes (Addition = Aggregation aller individuellen Angebotskurven zur Gesamtangebotskurve = Marktangebotskurve)

34. **Bestimmungsgründe Angebot:** Preis, Kosten u. Kapazitäten des Anbieters, Zukunftserwartungen, Konkurrenzlage (Marktstellung d. Anbieters, Zahl der Anbieter), Konjunkturlage.

35. Unterstellung: Die Angebotsmenge ist lediglich vom Preis abhängig. Die anderen Bestimmungsfaktoren (Kosten, Konjunktur ...) werden konstant gesetzt, verändern sich also nicht.

36. Wie ändert sich die Angebotsmenge, wenn sich der Preis ändert?
    Ursache also: Preisänderung. Wirkung: Angebotsmengenänderung.

37. a) **Gesetz des Angebots:** Steigender Preis bewirkt steigendes Angebot und umgekehrt. Es handelt sich um Bewegungen auf der Kurve.

b) 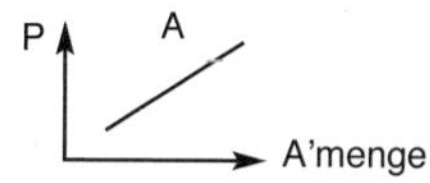

38. Wenn sich mindestens einer der konstant gesetzten Bestimmungsfaktoren des Angebots ändert (z. B. Kostensituation, Konjunkturlage)

39. • Anbieterzahl steigt • steigende Kapazitäten
• Kosten der Anbieter sinken • optimistische Zukunftserwartungen

40. • Anbieterzahl sinkt • sinkende Kapazitäten
• Kosten der Anbieter steigen • pessimistische Zukunftserwartungen

41. a) Verschiebung der Angebotskurve nach links, weil jede Menge zu einem höheren Preis angeboten werden muss.

b) 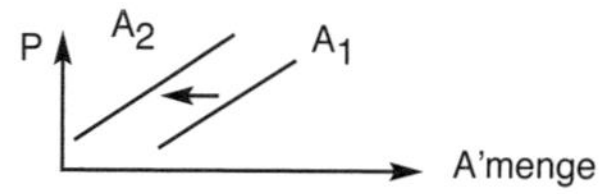

42. Rationalisierung bedeutet Kapazitätsausweitung und Kostensenkung. Somit steigt das Angebot. Verschiebung der Angebotsfunktion nach rechts.

43. Güter, die einen hohen Preis erzielen und relativ geringe Kosten verursachen, die also hohe Gewinnchancen versprechen.

44. **Konsumentensouveränität:** In marktwirtschaftlich orientierten Wirtschaftssystemen entscheidet letztlich der Konsument (Nachfrager) darüber, welche Güter produziert werden. Wenn Bedarf nach einem Gut vorhanden ist, wird es Unternehmer geben, die diese Marktlücke schließen wollen, da sich entsprechende neue Verdienstquellen öffnen. Das Angebot richtet sich also letztlich nach der Nachfrage – der Konsument (Nachfrager) ist „souverän".

45. a) 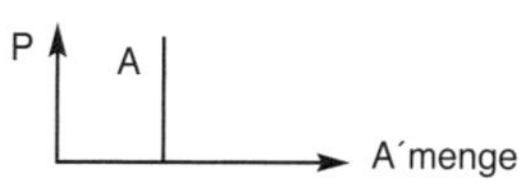

b) • Ein Anbieter muss innerhalb kürzester Zeit sein Lager mit verderblichen Waren räumen.

• Ein Wertpapierinhaber befürchtet einen starken Kursverfall. Er bietet daher seine Wertpapiere unlimitiert (egal zu welchem Kurs = Preis) an.

23.2 Marktformen/vollkommener, unvollkommener Markt

1. a) **Markt** = jedes Zusammentreffen von Angebot und Nachfrage

b) Durch das Zusammentreffen von Angebot u. Nachfrage wird ein Güteraustausch möglich.

2. a) **Polypol:** viele Anbieter, viele Nachfrager

b) **Oligopol:** wenige Anbieter bzw. Nachfrager

c) **Monopol:** ein Anbieter bzw. Nachfrager

3. Zunahme von Großunternehmen bei gleichzeitigem Rückgang der kleineren Unternehmen. Anbieterzahl sinkt, ihre Marktmacht steigt.

4. a) Patent, Briefbeförderung b) Auto-, Mineralölindustrie c) Lebensmittel-, Bauindustrie

5. • Keine räumlichen Unterschiede (Punktmarkt)
   • keine sachlichen Unterschiede (homogene = gleichartige Güter)
   • keine persönlichen Präferenzen
   • keine zeitlichen Unterschiede (gleiche Lieferfristen)
   • vollkommene Marktübersicht (= vollkommene Markttransparenz)

6. Wenn mindestens eine der Bedingungen des vollkommenen Marktes nicht erfüllt ist. Verschiedene Preise für ein Gut.

7. Ein bestimmtes Gut wird zu einem einheitlichen Preis angeboten. Begründung: Verlangt ein Anbieter einen höheren Preis als die anderen, wird keiner mehr bei ihm kaufen. Bei einer Preissenkung unter den Preis der anderen könnte er die auf ihn sich konzentrierende Gesamtnachfrage aufgrund seiner zu geringen Kapazität nicht befriedigen.

8. a) **Homogenität:** Gleichartigkeit der Güter

   b) **Transparenter Markt:** Übersichtlicher Markt. Jeder Marktteilnehmer kennt Preise, Konditionen, Lieferfristen usw. aller Beteiligten.

   c) **Punktmarkt:** Theoretischer Grenzfall: keine räumlichen Unterschiede. Alle Marktteilnehmer treffen sich an einem bestimmten Ort zu einer bestimmten Zeit und haben somit den gesamten Überblick über das Marktgeschehen.

   d) **Präferenzen:** Eine Vorliebe für etwas haben, etwas bevorzugen

9. Der Markt ist lediglich zeitweise (temporär) unvollkommen. Durch allmähliche „Entschleierung“ (allmählich eintretende vollkommene Information durch „Herumsprechen“) wird der Markt überschaubar (transparent) und somit vollkommen.

10. Der unvollkommene Markt ist zu vielschichtig, sodass man hier nur schwer zu eindeutigen Aussagen über Marktvorgänge kommen kann. Somit wird als Modell (= vereinfachtes Abbild der Realität) der vollkommene Markt untersucht, wobei man versucht, die gewonnenen Erkenntnisse auf komplexere Sachverhalte anzuwenden bzw. auszudehnen.

11. Börse

12. a) Vollkommener Markt, da alle Bedingungen erfüllt sind (vgl. 9.)
    b) Unvollk. Markt, da insbesondere räumliche Unterschiede, fehlende Markttransparenz...
    c) Unvollkommener Markt, da keine Bedingung des vollkommenen Marktes erfüllt ist
    d) Unvollkommener Markt, da insbesondere fehlende Homogenität bei Äpfeln
    e) Vollkommener Markt, da alle Bedingungen annähernd erfüllt sind

13. Nicht erfüllte Bedingung:
    a) „keine sachlichen Unterschiede“
    b) „keine zeitlichen Unterschiede“
    c) „keine räumlichen Unterschiede“
    d) „keine persönlichen Präferenzen“

14. Es liegt ein Punktmarkt vor (keine räumlichen und zeitlichen Unterschiede). Wertpapiere (z. B. Aktien von BMW) sind homogen (keine sachlichen Unterschiede). Keine persönlichen Präferenzen. Es herrscht (fast) vollkommene Marktübersicht (Markttransparenz).

15. Richtig sind: b, c, f, g

23.8 Polypol – vollkommener Markt

1. Vgl. Stofftelegramm

2. a) **Angebotsüberhang:** Angebot übersteigt Nachfrage. Lagerbildungen. Starker Wettbewerb unter Anbietern. Tendenz zur Preissenkung, weil die Anbieter ihre Waren loswerden wollen.

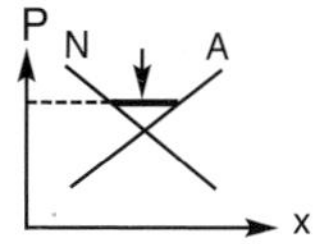

b) **Nachfrageüberhang:** Nachfrage übersteigt Angebot. Starker Wettbewerb unter den Nachfragern. Tendenz zur Preiserhöhung.

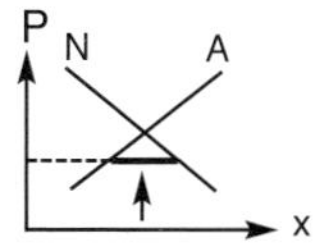

3. a) **Käufermarkt:** Angebotsüberhang. Die Käufer (Nachfrager) sind preisverhandlungsmäßig im Vorteil. Tendenz: Preissenkung.
   b) **Verkäufermarkt:** Nachfrageüberhang. Die Verkäufer (Anbieter) sind preisverhandlungsmäßig im Vorteil. Tendenz: Preiserhöhung.

4.

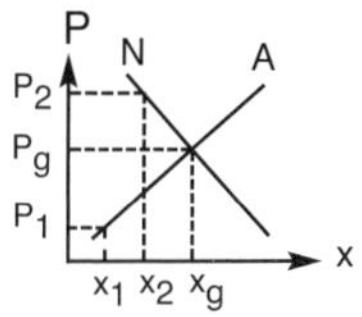

Absatz bei P_1: x_1

Absatz bei P_2: x_2

Absatz bei P_g: x_g (= Absatzmaximum)

5. a) 16,00 EUR – Begründung: Angebot = Nachfrage

b) P = 10,00 EUR: Nachfrageüberhang, Nachfrageüberschuss, Angebotslücke, Verkäufermarkt, Anbietermarkt, Ungleichgewicht
P = 16,00 EUR: Gleichgewichtspreis, Marktgleichgewicht, Absatzmaximum
P = 20,00 EUR: Angebotsüberhang, Angebotsüberschuss, Nachfragelücke, Käufermarkt, Nachfragermarkt, Ungleichgewicht

c)

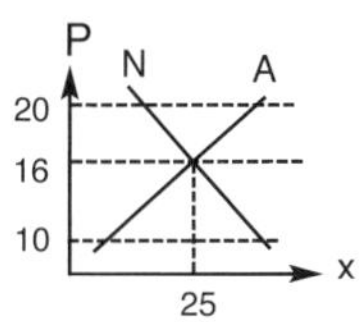

d) $U = p \times x =$ $16{,}00 \times 25$ = **400,00 EUR**
e) P = 10,00 EUR: U = $10{,}00 \times 16$ = **160,00 EUR**
P = 12,00 EUR: U = $12{,}00 \times 19$ = **228,00 EUR**
P = 20,00 EUR: U = $20{,}00 \times 15$ = **300,00 EUR**
P = 22,00 EUR: U = $22{,}00 \times 10$ = **220,00 EUR**

6.

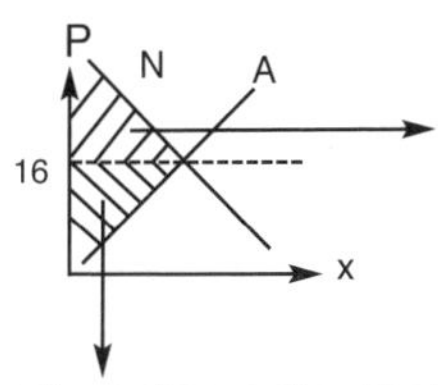

Konsumentenrente: Die Differenz zwischen dem Preis, den ein Käufer (Konsument) zu zahlen bereit ist, und dem tatsächlich gezahlten Marktpreis (Gleichgewichtspreis). Die Konsumentenrente ist also ein nicht ausgegebener Betrag bzw. eine Art (psychologischer) Gewinn für den Käufer.

Produzentenrente: Die Differenz zwischen dem vom Verkäufer (Produzenten) erzielten Gleichgewichtspreis, und dem niederigeren Preis, zu dem er gerade noch angeboten hätte. Die Produzentenrente ist also eine Art zusätzlicher Gewinn für den Anbieter.

7. Bei Preisen, die über bzw. unter dem Gleichgewichtspreis liegen, sind Ungleichgewichte zwischen Angebot und Nachfrage gegeben.

Preise über dem Gleichgew.preis:	Angebotsüberhang mit sinkender Preistendenz (s. o.)
Preise unter dem Gleichgew.preis:	Nachfrageüberhang mit steigender Preistendenz (s. o.)
Gleichgewichtssituation:	Angebot = Nachfrage. Keine Preisänderungstendenzen sowie größtmöglicher Absatz.

8. Nein! Zum Zuge kommen:

   1. Alle Anbieter, die maximal den Gleichgewichtspreis verlangen
   2. Alle Nachfrager, die mindestens den Gleichgewichtspreis zahlen wollen

   Nicht zum Zuge kommen:

   1. Alle Anbieter, die über dem Gleichgewichtspreis anbieten
   2. Alle Nachfrager, die weniger als den Gleichgewichtspreis zahlen wollen

9.
   - Jeder Polypolist bietet zum Gleichgewichtspreis (Marktpreis) an (**„Preisnehmer“**). Der Marktpreis ist für ihn ein „Datum“ (vorgegeben). Preispolitik ist nicht möglich.
   - **Höhere Preise** kann er nicht durchsetzen, weil er aufgrund der Bedingungen des vollkommenen Marktes seinen gesamten Absatz verlieren würde.
   - **Niedrigere Preise** als den Gleichgewichtspreis würden ihn bezüglich seiner Kapazität überfordern.
   - Bei vorgegebenem Preis wird er die Menge anbieten, bei der er sein Gewinnmaximum erzielt (**Mengenanpasser**). Dies ist üblicherweise die Menge, bei der gilt: Grenzkosten = Preis

10. Der Gleichgewichtspreis garantiert den größtmöglichen Absatz. Somit wird die größtmögliche Gütermenge (Angebotsmenge) umgesetzt. Angebot und Nachfrage werden zum Ausgleich gebracht, es gibt keine Lagerbildung. Der Bedarf ist optimal gedeckt.

11. a) Angebotsüberhang b) Nachfrageüberhang c) Gleichgewichtspreis

12. a) Preis steigt b) Preis steigt c) Preis sinkt d) Preis sinkt

13.

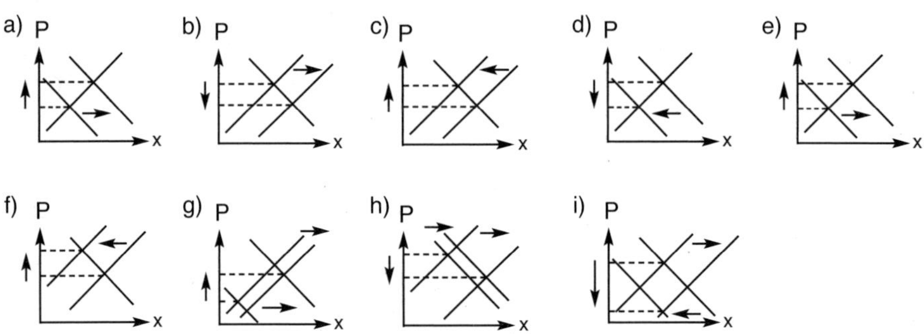

14. Nachfrage- und Angebotskurve verschieben sich nach rechts.

    <u>Alternative 1:</u> Nachfrage- und Angebotsänderung in gleichem Umfang: keine Änderung des Gleichgewichtspreises.

    <u>Alternative 2:</u> Die Nachfrage steigt stärker als das Angebot: Der Gleichgewichtspreis steigt.

    <u>Alternative 3:</u> Das Angebot steigt stärker als die Nachfrage: Der Gleichgewichtspreis sinkt.

Alternative 1

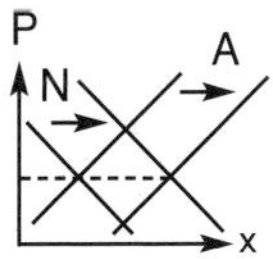

Alternative 2

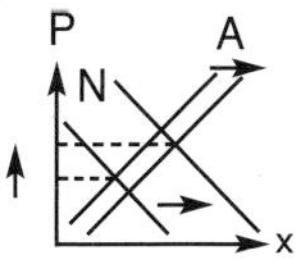

Alternative 3

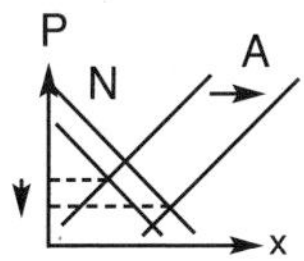

15. Steigendes Angebot allein bedeutet sinkenden Preis. Ist der Preis dennoch gestiegen, so ist dies auf relativ stark gestiegene Nachfrage zurückzuführen.

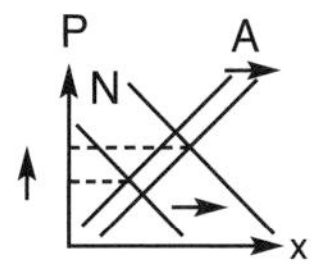

16. Nachfragekurve verschiebt sich nach links, da die verfügbaren Einkommen und damit die Nachfrage sinken. Gleichgewichtspreis und Menge sinken.

17. **Ausgleichsfunktion:** Der Marktpreis bringt Nachfrage und Angebot zum Ausgleich. Er „räumt“ den Markt. Größtmöglicher Absatz.

Signalfunktion: Der Marktpreis zeigt den Knappheitsgrad eines Gutes an. Preissteigerungen signalisieren, dass das Gut relativ knapper geworden ist: Entweder ist das Angebot bei gleichbleibender Nachfrage gesunken oder die Nachfrage bei gleichbleibendem Angebot gestiegen. Preissenkungen: Analog.

Lenkungsfunktion: Der Marktpreis lenkt das Angebot auf diejenigen Märkte, auf denen eine große Nachfrage herrscht und somit hohe Marktpreise und Gewinne erzielbar sind. Einsatz der Produktionsfaktoren in den Bereichen mit hohen Gewinnchancen.
Vgl.: „Konsumentensouveränität“.

Erziehungsfunktion: Der Preis auf dem vollk. polypolist. Markt ist bei allen Anbietern gleich. Der Preis zwingt (erzieht) die Anbieter zur Kostensenkung, wenn sie ihren Gewinn maximieren wollen. Die Nachfrager werden dahingehend erzogen, preisgünstigste Einkaufsmöglichkeiten zu suchen, wenn sie ihren Nutzen maximieren wollen.

18. a) Substitutionsgüter

b) Sinkende Nachfrage bei Holzfenstern bewirkt hier einen sinkenden Marktpreis. Steigende Nachfrage bei Kunststofffenstern bewirkt hier einen steigenden Marktpreis. Umso mehr sich die Preise angleichen, umso weniger Nachfrager werden auf Kunststofffenster umsteigen. Möglicherweise wird die Preissteigerungstendenz bei Kunststofffenstern gebremst durch neue Anbieter, die aufgrund der hohen Preise angezogen werden.

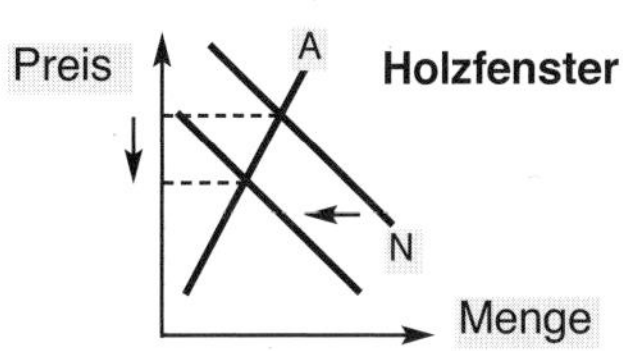

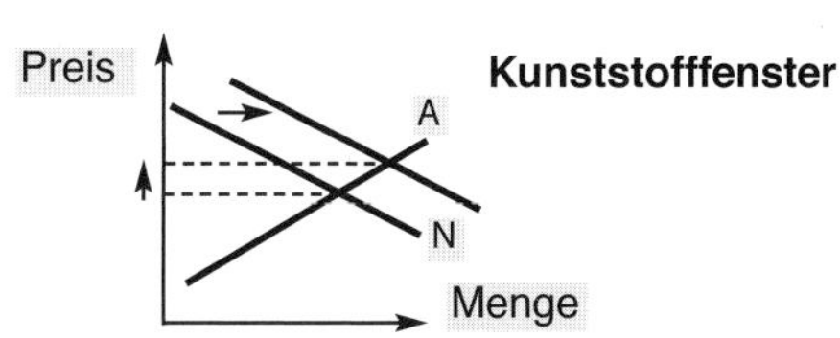

c) **Ausgleichsfunktion:** Es spielt sich stets ein Marktpreis ein, der Angebot und Nachfrage zum Ausgleich bringt.

Signalfunktion: Die Preissteigerung bei Kunststofffenstern signalisiert, dass sie relativ knapper geworden sind. Die Preissenkung bei Holzfenstern signalisiert, dass sie relativ weniger knapp geworden sind.

Lenkungsfunktion: Aufgrund der Preissteigerungen bei Kunststofffenstern – ausgelöst durch vermehrte Nachfrage – sowie sinkender Preise bei Holzfenstern werden bisherige Anbieter von Holzfenstern vermehrt auf Kunststofffensterproduktion umsteigen. Der gestiegene Preis zieht also neue Anbieter an – die Produktion wird in den Bereich „gelenkt", der nachfragemäßig begünstigt ist.
Vgl. „Konsumentensouveränität": Der Konsument bestimmt letztlich, was angeboten wird.

Erziehungsfunktion: Die Nachfrager richten sich nach preisgünstigsten Einkaufsmöglichkeiten, steigen also bei entsprechendem Preisabstand auf Kunststofffenster um (Nutzenmaximierung). Anbieter handeln nach dem Gewinnmaximierungsprinzip u. lassen sich durch steigende Nachfrage und Preise zur Kunststofffensterproduktion bewegen.

19. Der Polypolist auf dem vollkommenen Markt kann keine Preispolitik betreiben, weil der Marktpreis für alle Marktteilnehmer vorgegeben ist. Somit wird er bei gegebenen Preisen die Menge anbieten, bei der er sein Gewinnmaximum erzielt.

20.

Wertpapierbörse:	Automarkt:
• Polypol	• Angebotsoligopol
• am ehesten vollk. Markt	• weniger vollk. Markt (heterogene Produkte...)
• strenge Regeln	• praktisch keine Regelungen
• zentralisierter Markt	• dezentralisierter Markt

21.1 Die unterschiedliche Kosten- und Nutzenstruktur kommt im Verlauf der Angebots- und Nachfragekurven zum Ausdruck. Im vollkommenen Markt besteht Transparenz über das Verhalten aller Marktteilnehmer; jeder kennt den Marktpreis. Jeder Kauf oder Verkauf zu einem anderen Preis würde dem Grundsatz des rationalen Verhaltens widersprechen.

21.2 U 1 bezieht eine größere Produzentenrente als U 2. (Produzentenrente = Differenz zwischen dem für den Anbieter noch ausreichendem Preis und dem Marktpreis).
N 1 bezieht eine Konsumentenrente, d. h. es besteht eine Differenz zwischen geplanten und tatsächlichen Aufwendungen für das Gut. N 2: erzielt keine Konsumentenrente.

23.9 Polypol – unvollkommener Markt

1. • Alle 5 Bedingungen des vollkommenen Marktes sind nur selten erfüllt, sodass der <u>vollkommene Markt</u> in der Realität kaum vorkommt (Ausnahme Börse).

   Ein <u>unvollkommener Markt</u> liegt vor, wenn eine oder mehrere Bedingungen des vollkommenen Marktes nicht erfüllt sind. Unvollkommener Markt ist daher realitätsnah.

   • <u>Vollkommener Markt:</u> Einheitspreis • <u>Unvollkommener Markt:</u> Preisunterschiede.

2. • Aufgrund räumlicher, zeitlicher, sachlicher, persönlicher Unterschiede oder fehlender Markttransparenz hat der einzelne Anbieter die Möglichkeit, innerhalb bestimmter Grenzen **Preispolitik** zu betreiben (monopolistischer Spielraum), ohne dass Kunden oder Konkurrenten gleich reagieren.

   • Durch absatzpolitische Maßnahmen wie Werbung, Qualitäts- und Verpackungsverbesserung usw. versucht der Polypolist, seine Preisspielräume zu vergrößern.

3. Der unvollkommene Markt entspricht der Realität, sodass unbegrenzt Beispiele genannt werden können: Videokameras, Lampen ... desselben Typs zu unterschiedlichen Preisen in verschiedenen Geschäften

4. Er will möglichst viele Präferenzen (zeitlich, räumlich, sachlich, persönlich) für sich gewinnen, um sich von anderen Anbietern abzuheben und ggfs. höhere Preise zu erzielen.

5. In beiden Marktformen kann begrenzt Preispolitik betrieben werden.

23.10 Wohlfahrtsverluste durch staatliche Eingriffe in die Preisbildung

1. Vgl. Stofftelegramm

2. a)

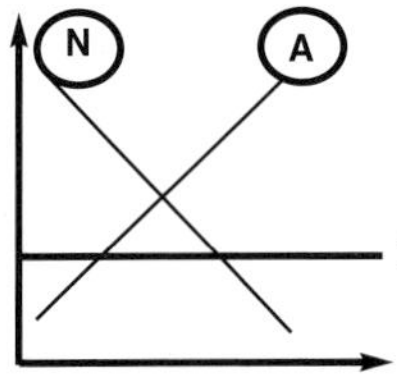

b) Schutz des Verbrauchers. Der Gleichgewichtspreis, der sich ohne Höchstpreis bilden würde, wird als zu hoch betrachtet.

c) Es entsteht ein Nachfrageüberhang: Viele Nachfrager kommen nicht zum Zuge.

Eventuelle Probleme:

- Schwarzmarkt: Produkte werden „unter dem Tisch“ über dem Höchstpreis angeboten.
- Rationierung: Planmäßige Verteilung des zu geringen Angebots auf die Nachfrager.
- Schließung der Angebotslücke möglich durch
  - zwangsweise Vergrößerung des Angebots (Produktionsauflagen)
  - Staat tritt zusätzlich als Anbieter auf
  - Zuschüsse an Anbieter, damit diese vermehrt produzieren.

3. a)

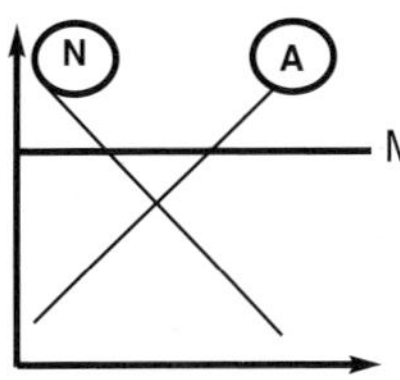

b) Schutz des Produzenten. Der Gleichgewichtspreis, der sich ohne Mindestpreis bildet, wird als zu niedrig betrachtet, evtl. nicht einmal kostendeckend.

c) Es entsteht ein Angebotsüberhang: Die Anbieter bleiben z. T. „auf ihren Produkten sitzen“. Mögliche Staatsmaßnahmen:

- Produktionsbeschränkung erzwingen
- Aufkauf Überschüsse + lagern, vernichten, zweckentfremden oder Verkauf ins Ausland. Eventuelle Probleme: Lager- bzw. Vernichtungskosten

4. a) Mindestpreis festlegen b) Höchstpreis festlegen

5. Nachfrageverringerung: Staatsaufträge kürzen, Steuererhöhungen für Nachfrager, Streichung von Subventionen für Nachfrager.

   Angebotserhöhung: Zollsenkungen (Importe steigen), Investitionszulagen, Abschreibungsvergünstigungen, Steuererleichterungen für Anbieter.

6. a) M'konform b) M'konform c) M'konträr d) M'konform e) M'konträr
   f) M'konform g) M'konform h) M'konträr i) M'konträr

7. Marktkonforme Maßnahmen: Wohngeldgewährung

   Marktkonträre Maßnahmen: Höchstmiete, die unter der Marktmiete liegt

8.1 • Auftreten sozialer Missstände
• auftretende konjunkturelle Krisen

8.2 Im Rahmen des GWB: Kartellkontrolle, Fusionskontrolle, Fusionsverbot und Missbrauchsaufsicht bei marktbeherrschenden Unternehmen

8.3.1 Marktkonforme Eingriffe, bei denen die Preisbildung indirekt über eine Angebots- und/ oder Nachfragebeeinflussung gesteuert wird.

Beispiele: Subventionen, Zölle, Steuerpolitik, Staat als Nachfrager

Beispiel mit Wirkungsweise: Staat bewirkt einen niedrigeren Gleichgewichtspreis durch Einschränkung der eigenen Nachfrage.

8.3.2

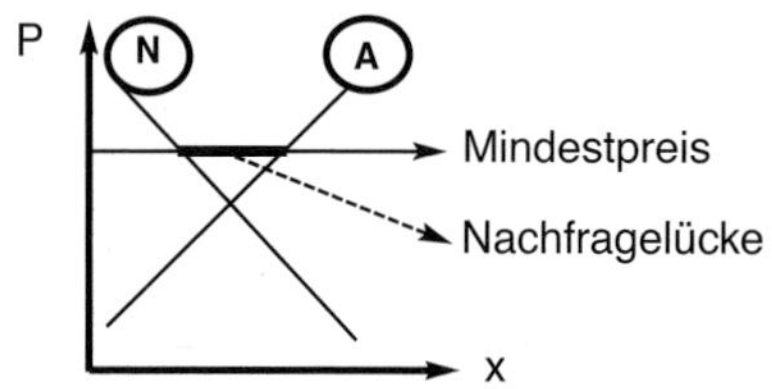

Keine Abstimmung mehr von Angebot und Nachfrage über den Preis. Es entsteht eine Nachfragelücke (Angebotsüberhang). Der Staat interveniert.

8.3.3 „Verwaltung" des bestehenden Angebotsüberschusses (Lagerung, subventionierter Absatz, Vernichtung) und/oder Verringerung des Angebots zum geltenden Mindestpreis durchsetzen (Prämien für Betriebsstilllegungen...).

9.1 Angebotslücken, Rationierung durch den Staat, Schwarzmarkt Qualitätsverschlechterung der Waren.

9.2 In einer Marktwirtschaft sollen sich die Preise am Markt durch das Verhältnis von Angebot und Nachfrage bilden. Die Preisfestsetzung ist eine marktkonträre Maßnahme. Eventuell könnte die Festsetzung von Höchstpreisen in Verbindung mit einer Rationierung bei sehr hoher Inflationsrate dem Schutz des Verbrauchers dienen.

9.3 In der Bundesrepublik Deutschland gilt der Grundsatz der Tarifautonomie. Somit ist es nicht Aufgabe der Regierung, in die Verhandlungen zwischen Arbeitgebern und Gewerkschaften einzugreifen.

10.1 Markt A: Erlös ohne Eingriff: 2 GE × 4 Mio. t = 8 Mio. GE
Erlös nach Eingriff: 3 GE × 3 Mio. t = 9 Mio. GE

Markt B: Erlös ohne Eingriff: 2 GE × 8 Mio. t = 16 Mio. GE
Erlös nach Eingriff: 3 GE × 4 Mio. t = 12 Mio. GE

Auf dem Markt A tritt eine Erlössteigerung, auf dem Markt B eine Erlösminderung ein. Die Nachfrageelastizität auf dem Markt A ist geringer als auf dem Markt B.

10.2 Aufkauf der Überschussprodukte in Höhe von 2 Mio. t auf dem Markt A und 5 Mio. t auf dem Markt B; Einlagerung bzw. Vernichtung dieser Produkte.

Direkte Einkommenszahlungen an die Landwirte oder Subventionen an die Verbraucher.

10.3 Bei Produktionsbeschränkungen entstehen keine Aufwendungen für den Staat. (Hinweis: Folgende Berechnungen waren laut Aufgabenstellung nicht direkt verlangt!)
Bei **Überschussaufkauf** entstehen folgende Aufwendungen (vgl. Skizzen!):

Produkt A:	Produktion	5 Mio. t × 3 GE =	15 Mio. GE
	Nachfrage	3 Mio. t × 3 GE =	9 Mio. GE
	Aufkauf (= Aufwand im Staatshaushalt)		6 Mio. GE
Produkt B:	Produktion	9 Mio. t × 3 GE =	27 Mio. GE
	Nachfrage	4 Mio. t × 3 GE =	12 Mio. GE
	Aufkauf (= Aufwand im Staatshaushalt)		15 Mio GE

Bei **Subventionierung** entstehen <u>ungefähr</u> folgende Aufwendungen (vgl. Skizzen!):

Einnahmen der Anbieter von Produkt **A** bei Mindestpreis (s. o.)	15,00 Mio. GE
Aufgrund der Nachfrage erzielt Anbieter jedoch nur 5 Mio. t × 1 GE =	5,00 Mio. GE
Die Differenz müsste der Staat subventionieren	10,00 Mio. GE
Einnahmen der Anbieter von Produkt **B** bei Mindestpreis (s. o.)	27,00 Mio. GE
Aufgrund der Nachfrage erzielt Anbieter jedoch nur 9 Mio. t × 1,75 GE =	15,75 Mio. GE
Die Differenz müsste der Staat subventionieren	11,25 Mio. GE

Produkt A belastet insgesamt den Staatshaushalt bei staatlichen Maßnahmen weniger. Bei Aufkauf duch den Staat besteht die Gefahr, dass langfristig das Angebot immer mehr steigt und die Kosten (Einlagerung...) wachsen.

11. a) Sinkende „Renten" bewirken einen Wohlfahrtsverlust, steigende einen Wohlfahrtsgewinn.

b) Verschiebung Angebotskurve nach links: Wohlfahrtsverlust („Renten" sinken)
Verschiebung Angebotskurve nach rechts: Wohlfahrtsgewinn („Renten" steigen)

c)

Konsumentenrente:	Wohlfahrtsgewinn	100 GE
Produzentenrente:	Wohlfahrtsverlust	50 GE
Wohlfahrtsverlust per Saldo		50 GE

d)

Konsumentenrente:	Wohlfahrtsverlust	250 GE
Produzentenrente:	Wohlfahrtsgewinn	400 GE
Staatsausgaben:	Wohlfahrtsverlust	350 GE
Wohlfahrtsverlust per Saldo		200 GE

23.11 Angebotsmonopol

1. Angebotsmonopol: Ein Anbieter, viele Nachfrager

2. • Erfindung (Patent) • Unternehmenszusammenschlüsse

3. **Individualmonopole:** Einzelne Unternehmen, die nicht durch Unternehmenszusammenschlüsse entstanden sind
   Kollektivmonopole: Monopole, die durch Unternehmenszusammenschlüsse (Kartelle, Konzerne) entstanden sind

4. • Wettbewerbsbeschränkung (-ausschaltung), Gewinnerhöhung
   • Sicherung von Beschaffung und Absatz
   • Verbesserung der Konkurrenzfähigkeit gegenüber Auslandskonzernen
   • Leichtere Finanzierbarkeit von Großprojekten sowie Forschungs- u. Entwicklungsarbeiten
   • Kostensenkung durch Massenproduktion

5. **Bedarfsdeckungsmonopole:** Öffentl. Monopole, die nach dem gemeinwirtschaftl. Prinzip arbeiten (Ziel: optimale Versorgung der Bevölkerung mit Gütern, möglichst kostendeckend).

   Gewinnmaximierungsmonopole: Monopole, die nach dem erwerbswirtschaftlichen Prinzip arbeiten (Ziel: Gewinnmaximierung).

6. Nachfrage und Kosten.

7. Der Monopolist kann Preis- und Mengenpolitik betreiben. Er verwirklicht die Preis-Mengen-Kombination, bei der er sein Gewinnmaximum erzielt (größte Differenz zwischen U und K).

8. Vgl. Stofftelegramm (Im oberen System ist die Zone zwischen U und K als Gewinn zu schraffieren)

9. • Verringerung seiner Kosten (z. B. durch Rationalisierung) und/oder
   • Nachfragebeeinflussung durch Marketingmaßnahmen (Werbung). Nachfragekurve verschiebt sich nach rechts, Preis u. Umsatz steigen bei konstanten Kosten, Gewinn steigt.
   • Unvollkommenes Monopol: Preisdifferenzierung

10. a)

Preis EUR	Nachfr. (Stück)	Umsatz (Erlöse)	Fix-kosten	Variable Kosten	Gesamt-kosten	Gewinn Verlust	GK = DVK	GU	DTK
3 500	0	0	20 000	0	20 000	– 20 000			
3 250	5	16 250	20 000	5 000	25 000	– 8 750	1 000	3 250	5 000
3 000	10	30 000	20 000	10 000	30 000	0	1 000	2 750	3 000
2 750	15	41 250	20 000	15 000	35 000	6 250	1 000	2 250	2 333
2 500	20	50 000	20 000	20 000	40 000	10 000	1 000	1 750	2 000
2 250	**25**	**56 250**	**20 000**	**25 000**	**45 000**	**11 250**	**1 000**	**1 250**	**1 800**
2 000	30	60 000	20 000	30 000	50 000	10 000	1 000	750	1 667
1 750	35	61 250	20 000	35 000	55 000	6 250	1 000	250	1 571
1 500	40	60 000	20 000	40 000	60 000	0	1 000	– 250	1 500
1 250	45	56 250	20 000	45 000	65 000	– 8 750	1 000	– 750	1 444
1 000	50	50 000	20 000	50 000	70 000	– 20 000	1 000	– 1 250	1 400

Gewinnmaximum bei: P = 2 250 EUR/Menge = 25 Stück

b) Preis: 1 750,00 EUR/Menge: 35 Stück

c) d) Skizzen vgl. Stofftelegramm
Vergleichen und kontrollieren Sie Ihre Grafik mit Ihren ermittelten Tabellenwerten.

11. • Öffentliche Monopole, die nach dem gemeinwirtschaftlichen Prinzip handeln (Ziel: optimale Bedarfsdeckung bei Kostendeckung)
- Öffentliche Kritik an überhöhten Monopolpreisen
- evtl. „Angst“ vor dem Einschreiten des Kartellamts mit rufschädigender Wirkung.
- Verhinderung des Auftretens neuer Konkurrenz, die von den hohen Preisen und damit hohen Gewinnen angezogen werden könnten
- Verhinderung neuer Konkurrenz, die Substitutionsgüter anbietet

12. Vgl. 11.! • Öffentliche Kritik, Verärgerung der Nachfrager
- Risiko des Auftretens neuer Konkurrenz
- evtl. „Angst“ vor dem Einschreiten des Kartellamts (Angst vor Rufschädigung)

13. **Argumente gegen Monopole:**
1. Ausschaltung des Wettbewerbs
2. Angebotsverknappung
3. Überhöhte Preise
4. Evtl. Machtmissbrauch (Politiker beeinflussen)

Argumente für Monopole:

1. Größere Fertigungsanlagen in Verbindung mit der Massenproduktion bedeuten Kostenvorteile (sinkende Stückkosten), die über die Preise weitergegeben werden.
2. Leichtere Finanzierung von Forschungs- und Entwicklungsarbeiten, somit Förderung des technischen Fortschritts
3. Verbesserung der Konkurrenzsituation gegenüber ausländischen Großunternehmen
4. Öffentliche Monopole gewährleisten auch in Verlustbereichen eine Marktversorgung zu angemessenen Preisen.

14. **Ausgleichsfunktion:** Funktion kommt nicht zum Tragen, weil der durch den Monopolisten fixierte Preis kein Gleichgewichtspreis ist (Angebots- u. Nachfragelücken bleiben bestehen).

Signalfunktion: Aufgrund der autonomen Preisfixierung durch den Monopolisten signalisiert eine Preisänderung nicht unbedingt eine Änderung der Güterknappheit. Die Funktion gilt nur eingeschränkt.

Lenkungsfunktion: Gilt nur eingeschränkt. Sehr hohe Monopolpreise locken jedoch evtl. neue Konkurrenz an.

Erziehungsfunktion: Gilt nur eingeschränkt. Der Monopolist ist – mangels Konkurrenz – nicht gezwungen, möglichst kostengünstig zu produzieren. Dennoch wird er – nicht zuletzt aufgrund des Risikos neu auftretender Konkurrenz – bestimmte Preise nicht überschreiten, sodass eine optimale Kostensituation auch für ihn wichtig ist.

15. a) Wenn eine oder mehrere Bedingungen des vollkommenen Marktes nicht erfüllt sind.

b) Der Monopolist kann für sein Produkt verschiedene Preise (z. B. in verschiedenen Regionen) verlangen (= sog. **Preisdifferenzierung**), um sein absolutes Gewinnmaximum zu erreichen. Er wird daher die Konsumentenrente möglichst weitgehend ausschöpfen, um sein absolutes Gewinnmaximum zu erreichen.

23.12 Angebotsoligopol

1. Wenige Anbieter – viele Nachfrager

2. Auto-, Mineralöl-, Zigarettenindustrie

3. Nachfrage, Kosten, Verhalten der Konkurrenz

4. **Preiskampf (= ruinöse Konkurrenz = Oligopolkrieg):**

   Durch radikale Preissenkungen versucht ein Oligopolist, die Nachfrage auf sich zu vereinigen.
   Die anderen Anbieter senken entweder ebenfalls ihre Preise oder verlieren Marktanteile.

Ziel der Maßnahme:	Die anderen Anbieter sollen vom Markt verdrängt werden.
Probleme:	Erhebliche Gewinneinbußen; Sieger ungewiss (hohes Risiko!)

   Abgestimmtes Verhalten (Gleichschrittverhalten):

   Gemeinsame Preisänderungen. Dies wird erreicht durch
   - stillschweigende Vereinbarung (Quasikartell)
   - Preisführerschaft eines Anbieters, dessen Preisänderungen die anderen übernehmen
   - Kartellbildung (Preisabsprachen)

5. Abgestimmtes Verhalten (Preisführerschaft oder stillschweigende Vereinbarung)

6. **„Bumerang-Charakter“:** Führt ein Oligopolist eine „störende“ Marktmaßnahme (z. B. Preissenkung) durch, muss er damit rechnen, dass seine Konkurrenten scharf reagieren. Der Bumerang kommt zurück.

7. Ein oligopolistischer Preiskrieg birgt hohe Risiken: Evtl. hohe Gewinneinbußen, Ungewissheit über „Sieg“ oder „Niederlage“.

8. Vom Durchhaltevermögen (Finanzstärke) der einzelnen Oligopolisten

9. Um keine Marktanteile zu verlieren, müssen sie reagieren mit Preissenkungen, absatzpolitischen Maßnahmen (Werbung, Qualitätsverbesserung, verbesserte Zahlungsbedingungen usw.) oder Androhung eines Preiskrieges.

10. Wenn sie Marktneulinge verdrängen wollen

11. Aufgrund räumlicher, zeitlicher, sachlicher, persönlicher Unterschiede oder fehlender Markttransparenz kann der einzelne Anbieter innerhalb kleiner Grenzen Preispolitik betreiben, ohne dass die (wenigen) Konkurrenten reagieren. Durch absatzpolitische Maßnahmen wie Werbung, Qualitäts- und Verpackungsverbesserungen versucht er, den Wettbewerb auf „Nicht-Preis-Wettbewerbsformen“ zu verlagern. Je vollkommener der Markt, umso eher muss er allerdings mit Konkurrenzreaktionen rechnen.

12. Die Funktionen des Preises wirken nur noch in eingeschränktem Umfang.
    Begründungen: Vgl. Aufg. 14 voriges Kapitel

Abituraufgabe 2003: VWL Aufg. 1

1.1

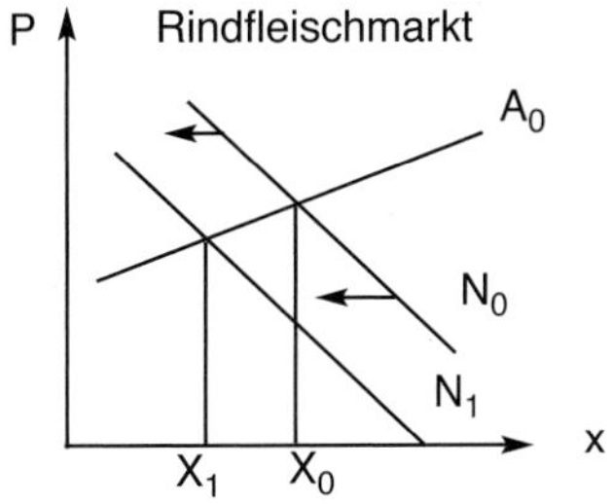

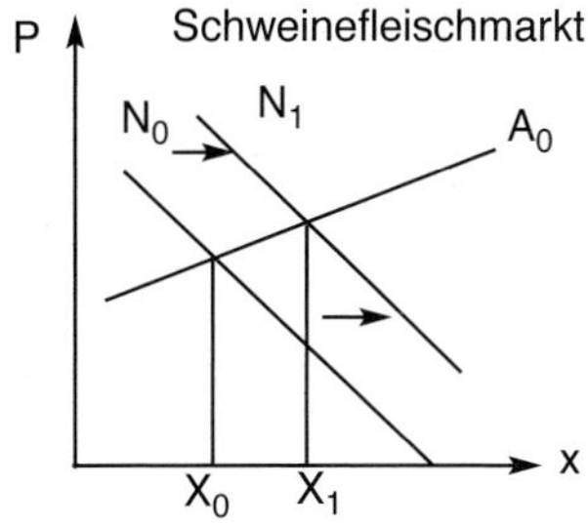

1.2 Rindfleisch und Schweinefleisch sind Substitutionsgüter.

$$\text{Kreuzpreiselastizität} = \frac{dx_A \times p_B}{dp_B \times x_A} = \frac{7{,}5 \times 0{,}3}{2{,}0 \times 0{,}75} = +\,1{,}5$$

Wenn der Preis für ein Gut steigt, geht die nachgefragte Menge nach diesem Gut zurück und die Nachfrage nach dem Substitutionsgut nimmt zu.

1.3.1 Zunahme des Angebots von Ökoschweinen;
marktkonforme Maßnahme, da kein direkter Eingriff in den Preismechanismus.

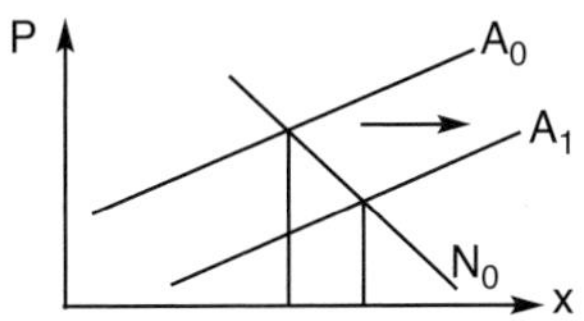

1.3.2 - Steuerbefreiung bei Bio-Produkten. Folge: Bio-Produkte werden billiger ohne Erlöseinbußen der Bio-Bauern.

- Maßnahmen zur Aufklärung der Verbraucher und Änderung des Verbraucherbewusstseins.

1.4

$$\text{Direkte Elastizität der Nachfrage} = \frac{dx \times p}{dp \times x} = \frac{6 \times 400}{1 \times 2.000} = (-)\ 1{,}2$$

Elastizität ist größer 1, also elastische Nachfrage. Der Umsatz geht zurück. Das Vorgehen hat sich dann nicht gelohnt, wenn die Kosten nicht gleichzeitig entsprechend zurückgehen.

2.1

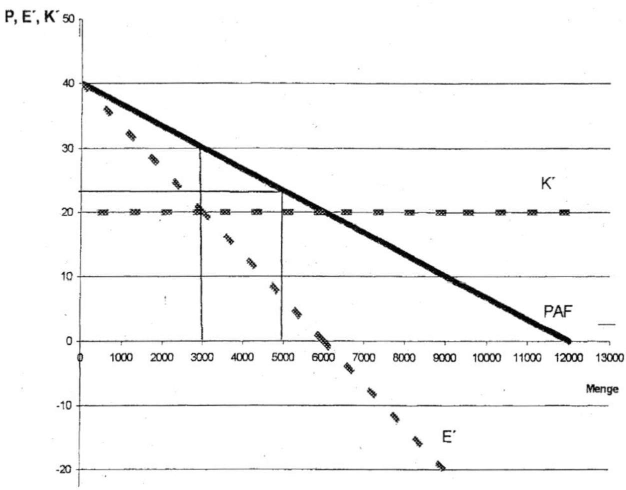

gewinnmaximaler Preis:

30,00 €

gewinnmaximale Menge:

3.000 Einheiten

2.2 Der Gewinn geht zurück, da verlangter Preis < gewinnmaximaler Preis. Zielsetzung kann der Aufbau von Marktmacht während der Monopolstellung sein.

2.3 Das Pharmaunternehmen müsste Preisdifferenzierung unterhalb des gewinnmaximalen Preises betreiben können. Um seine Kapazität von 5 000 Stück auslasten zu können und keinen Nachfrageüberhang entstehen zu lassen, müsste die Preisuntergrenze für einen Teil der Produktion bei 23,33 EUR (vgl. PAF) liegen. Da dieser Preis oberhalb der variablen Stückkosten liegt, erzielt der Konzern einen zusätzlichen Gewinn.

2.4.1 Die Preissenkung bedeutet eine Kostenminderung für die Landwirte. Dies ist eine Unterstützungsmaßnahme für die Landwirtschaft.

2.4.2 Der Umsatz des Monopolisten steigt (elastischer Bereich). Sein Gewinn geht zurück, da der Grenzerlös unter den Grenzkosten liegt.

Abituraufgabe 2004: VWL Aufg. 1 (Teil 2)

2.1.1

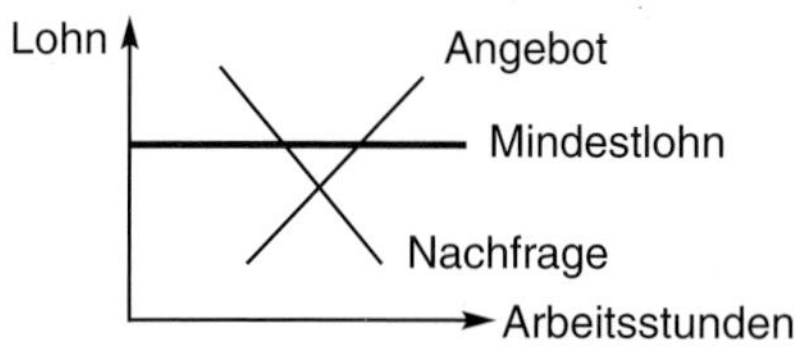

Volkswirtschaftliche Konsequenzen:
- Angebotsüberhang an Arbeit Suchende
- gegenseitige Unterbietung der Arbeitnehmer
- Entwicklung von Schwarzmärkten

2.1.2

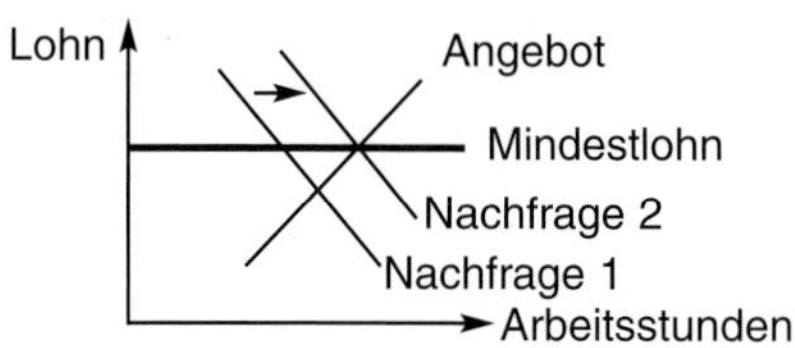

Die Nachfrage nach Arbeitsleistungen durch die Bauunternehmen müsste insgesamt zunehmen. Dazu müssen die Bauunternehmen mehr Aufträge erhalten und dürfen ihre bisherigen Produktionsmethoden nicht durch Arbeit sparendere Verfahren ersetzen.

2.2.1 Bei der ursprünglichen Marktsituation liegt bei einem Höchstpreis von 6,00 EUR ein
2.2.2 Nachfrageüberhang von 400 Mio. m² vor.

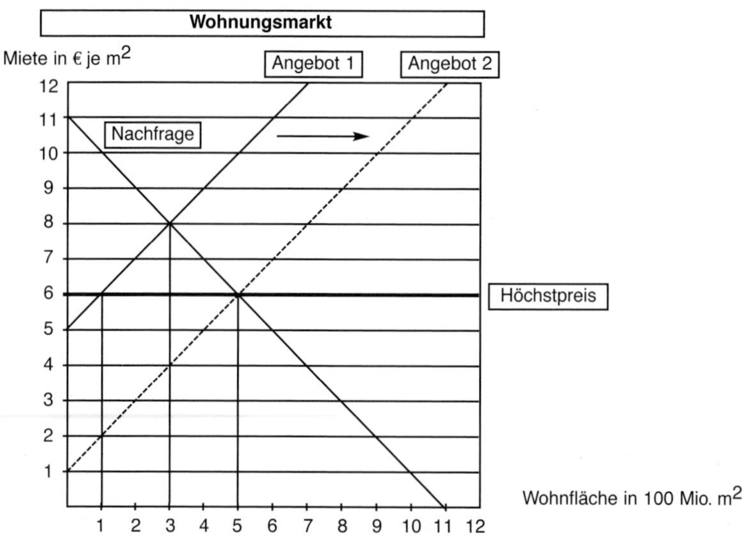

2.2.3 Ursprüngliche Konsumentenrente: 3×300 Mio./2 = 450 Mio. EUR

Konsumentenrente nach der Angebotserhöhung: 5×500 Mio./2 = 1 250 Mio. EUR

Die Konsumentenrente ist um 800 Mio. EUR gestiegen, da sich durch die Angebotserhöhung ein Preis- und Mengeneffekt ergeben hat. Vorher standen den Mietern lediglich 300 Mio. m^2 zum Preis von 8,00 EUR je m^2 zur Verfügung. Nach der Angebotserhöhung stehen 500 Mio. m^2 zum Preis von 6,00 EUR je m^2 zur Verfügung. Es gibt also jetzt mehr Mieter, die einen Vorteil dadurch erzielen, dass sie eine Wohnung zu einer niedrigeren Miete erhalten, als sie zu zahlen bereit gewesen wären.

Abituraufgabe 2006: VWL Aufg. 5 (Teil 2)

2.1 Widerspruch, da Einkommensteuersenkung zur Ankurbelung, Tabaksteuererhöhung zur Dämpfung der Konsumgüternachfrage führen kann.
Zielsetzung des Staates ist es aber auch, einerseits mehr Steuereinnahmen zu erzielen, und andererseits das Rauchen einzuschränken.

2.2 Staatshaushalt:
Steuereinnahmen steigen bei geringer Nachfrageelastizität; Steuereinnahmen gehen zurück, wenn überproportional weniger geraucht wird.

Gesundheitswesen:
Gesundheitskosten sinken, wenn weniger geraucht wird.

Arbeitsmarkt:
Abbau von Arbeitsplätzen in der Tabakindustrie.

2.3.1

$$\text{Elastizität} = \frac{\text{prozentuale Mengenänderung}}{\text{prozentuale Preisänderung}} = \frac{14}{11{,}11} = 1{,}26 > 1\text{, elastische Nachfrage}$$

2.3.2 Elastizität > 1 : prozentuale Mengenänderung > prozentuale Preisänderung

Durch die Preiserhöhung gehen die Umsätze der Tabakindustrie zurück, Gewinne der Tabakindustrie sinken, wenn nicht gleichzeitig die Kosten entsprechend gesenkt werden können.

2.3.3 $El_{dir} = 0{,}72$ bei 8-%-igem Nachfragerückgang

—> unelastische Nachfrage, da $El_{dir} < 1$

Gründe:
- Raucher sind nicht mehr bereit, diesen hohen Preis zu bezahlen.
- Finanzielle Mittel sind nicht mehr ausreichend, z. B. wegen sinkender Einkommen.

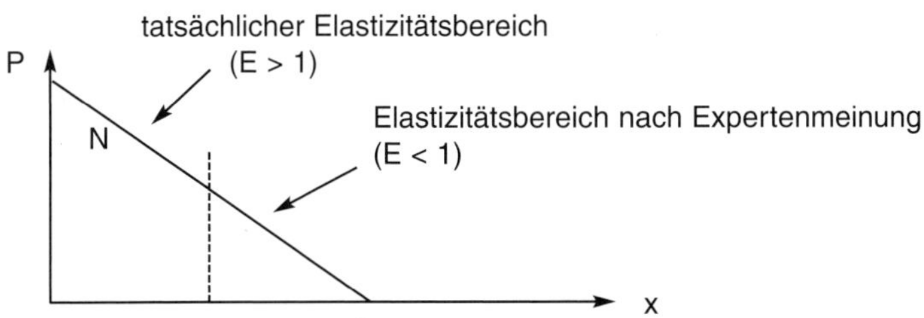

Abituraufgabe 2007: VWL Aufg. 1

1.1 – homogene Güter: Die Qualität des Heizöls ist bei jedem Anbieter gleich.
– keine persönlichen Präferenzen: Die Marktteilnehmer sind beim Internetkauf untereinander unbekannt.

1.2

Preise in EUR je l	Kaufaufträge in 1 000 l	Verkaufsaufträge in 1 000 l	absetzbare Menge in 1 000 l
0,61	410	150	150
0,62	320	320	320
0,63	280	400	280
0,64	140	470	140

Gleichgewichtspreis = 0,62 EUR, Gleichgewichtsmenge = 320 000 Liter

1.3 Käufergruppen A, D und E sind bereit, einen höheren als den Gleichgewichtspreis zu bezahlen.

Käufergruppe D: $(0{,}63 - 0{,}62) \times 140\,000{,}00 =$ 1 400,00 EUR
Käufergruppe E: $(0{,}64 - 0{,}62) \times 40\,000{,}00 =$ 800,00 EUR

1.4 Unter der Annahme, dass die begünstigten Haushalte den Zuschuss lediglich dazu verwenden, die ohnehin getätigten Heizölkäufe anders zu finanzieren, ergibt sich keine zusätzliche Nachfrage nach Heizöl.

Andernfalls verschiebt sich die Nachfragekurve nach rechts. Bei unverändertem Angebot führt dies zu einer Preiserhöhung bei größerer Absatzmenge.

1.5 – Angstkäufe der Verbraucher wegen erwarteter Preiserhöhungen:
Nachfrage nimmt zu –> Verschiebung der Nachfragekurve nach rechts
– Verringerung der Fördermengen, Horten von Heizöl beim Händler in Erwartung von Knappheit und höheren Preisen:
Angebot nimmt ab –> Verschiebung der Angebotskurve nach links

–> Preiserhöhung von P_0 nach P_1, wenn beide genannten Reaktionen erfolgen

–> Mengenänderung je nach Ausmaß der Veränderungen und der Elastizität von Angebot und Nachfrage

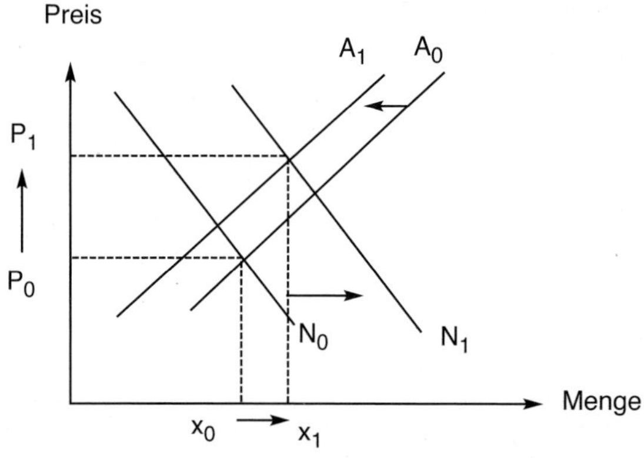

2 Anbieter an der Börse (Polypolisten) sind Mengenanpasser, d. h. keine Preispolitik möglich:
- höherer Preis als Gleichgewichtspreis –> Verlust aller Kunden;
- geringerer Preis als Gleichgewichtspreis–> Zugang aller Kunden

Für die Müller GmbH ist auf dem unvollkommenen Markt Preispolitik in gewissem Rahmen möglich:
- doppelt geknickte Preis-Absatz-Kurve: monopolistischer Preisspielraum
- außerhalb dieses Bereichs: vollständige Zu- bzw. Abwanderung aller Nachfrager

Der monopolistische Preisspielraum kommt aufgrund von Präferenzen und/oder unvollständiger Markttransparenz zustande.

3
- marktkonform: z. B. Subventionen an Unternehmen zur Senkung der Produktionskosten für Photovoltaikanlagen
- marktkonträr: z. B. Mindestpreise für Stromeinspeisung aus alternativen Energiequellen; sie garantieren diesen Stromerzeugern kostendeckende Preise

4.1 p = – 500 x + 500 000
E = p × x = – 500 x 2 + 500 000 x
K = 20 000 + 20 000 x
E` = K`
– 1 000 x + 500 000 = 20 000
<u>x = 480</u> <u>p = 260 000</u> (Lösung auch grafisch möglich)

4.2 Die Erhöhung der Fixkosten wirkt sich nicht auf die gewinnmaximale Preis-Mengen-Kombination aus, da die Grenzkosten unverändert bleiben.
Die Verringerung der variablen Stückkosten ist im vorliegenden Fall gleichbedeutend mit einer Senkung der Grenzkosten (K`). Daraus resultieren eine höhere gewinnmaximale Menge und ein geringerer gewinnmaximaler Preis.

5.1
- Verdrängungswettbewerb: Preise sinken tendenziell in Folge von Preiskämpfen
- kooperatives Verhalten: Preise steigen tendenziell, z. B. nach Preisabsprachen der Hersteller

5.2 Grundgedanke der Sozialen Marktwirtschaft ist Leistungswettbewerb der Anbieter mit sozialem Ausgleich unerwünschter Marktergebnisse.
- marktwirtschaftliche Überlegungen, z. B.:
  - Wettbewerb wird verhindert bzw. eingeschränkt (wenig Konkurrenz, dadurch häufig höhere Marktpreise)
  - Auslesefunktion: unrentable Unternehmen scheiden nicht aus dem Markt aus
- soziale Überlegung: überhöhte Gewinne/Preise durch Missbrauch der Marktstellung belasten die Verbraucher

Abituraufgabe 2007: BWL Aufg. 2 (Teil 1)

1.1 Bildung einer Arbeitsgemeinschaft: Südmetall AG und ein Rohstofflieferant arbeiten gemeinsam an der Entwicklung neuer Legierungen. Vorteile:
- Sicherung eines technologischen Vorsprungs durch gemeinsame Forschungseinrichtungen
- Sicherstellung der Rohstoffversorgung durch vertragliche Bindung des Zulieferers

1.2
- Geringere Forschungs- und Entwicklungskosten für jeden der Kooperationspartner
- Die Vereinbarung ist geeignet, den Wettbewerb einzuschränken (§ 1 GWB). Sie ist aber vom Verbot freigestellt, da durch die geringen Marktanteile der beteiligten Unternehmen der Wettbewerb nur unwesentlich beeinträchtigt und ihre Wettbewerbsfähigkeit als kleine oder mittlere Unternehmen verbessert wird (Mittelstandskartell gem. § 3 i. V. m. § 2 GWB).

Abituraufgabe 2008: VWL Aufg. 1

1

Anzahl der Waschvorgänge	Preis in EUR	Erlös (Umsatz)	fixe Kosten	variable Kosten	Gesamtkosten	Gewinn/ Verlust
10	8,00	80,00	150,00	15,00	165,00	– 85,00
20	7,50	150,00	150,00	30,00	180,00	– 30,00
30	7,00	210,00	150,00	45,00	195,00	15,00
40	6,50	260,00	150,00	60,00	210,00	50,00
50	6,00	300,00	150,00	75,00	225,00	75,00
60	5,50	330,00	150,00	90,00	240,00	90,00
70	**5,00**	**350,00**	**150,00**	**105,00**	**255,00**	**95,00**
80	4,50	360,00	150,00	120,00	270,00	90,00
90	4,00	360,00	150,00	135,00	285,00	75,00
100	3,50	350,00	150,00	150,00	300,00	50,00
110	3,00	330,00	150,00	165,00	315,00	15,00
120	2,50	300,00	150,00	180,00	330,00	– 30,00

maximaler Gewinn bei einem Preis von 5,00 EUR; gewinnmaximale Menge = 70 PKW

2

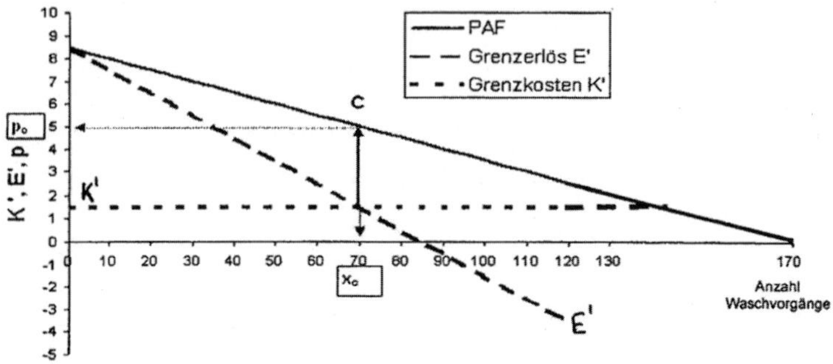

Im Gewinnmaximum sind Grenzkosten und Grenzerlöse gleich (Schnittpunkt zwischen Grenzkosten- und Grenzerlöskurve).

Bei einem Preis-Mengen-Verhältnis links von diesem Schnittpunkt sind die Grenzerlöse größer als die Grenzkosten. Durch Absatzsteigerung kann daher ein zusätzlicher Gewinn erzielt werden. Jede weitere Absatzmenge rechts vom Schnittpunkt würde dem Anbieter aber Gewinnminderungen einbringen, da die Grenzkosten die Grenzerlöse übersteigen. Daher liegt beim Schnittpunkt von Grenzerlösen und Grenzkosten das Gewinnmaximum.

3 Das Gewinnmaximum liegt im elastischen Bereich.

Begründung: Das Gewinnmaximum ist bestimmt durch den Schnittpunkt von Grenzerlös- und Grenzkostenkurve. Da die Grenzkosten > 0 sind, müssen im Schnittpunkt auch die Grenzerlöse > 0 sein. Im Bereich positiver Grenzerlöse ist die direkte Preiselastizität der Nachfrage > 1, im Bereich negativer Grenzerlöse < 1. Daraus folgt, dass das Gewinnmaximum im elastischen Bereich der Nachfragekurve liegt.
(Alternative Argumentation möglich)

4 - Wasserverbrauch: variable Kosten

Die Grenzkostenkurve verschiebt sich nach oben. Der neue Schnittpunkt mit der Grenzerlöskurve führt zu einer neuen gewinnmaximalen Preis-Mengen-Kombination mit höherem Preis und geringerer Menge.

- Miete: fixe Kosten

Die Grenzkostenkurve bleibt unverändert. Deshalb ergibt sich keine Veränderung der gewinnmaximalen Preis-Mengen-Kombination.

5 - Möglichkeiten:

- zeitliche Preisdifferenzierung: Sofort-Service kostet mehr
- persönliche Preisdifferenzierung: Lehrer zahlen mehr

- Voraussetzungen:

- Es muss genügend Kunden geben, bei denen die Zahlungsbereitschaft so ausgeprägt ist, dass sie bereit sind, einen höheren als den Monopolpreis zu bezahlen.
- Diese Kunden müssen als Gruppe eindeutig abgegrenzt werden können, sodass die Gesamtnachfrage in einzelne Segmente aufgeteilt und die Konsumentenrente dieser Kundengruppen (teilweise) abgeschöpft werden kann.

6 Die beiden Anbieter haben zwei Alternativen:

- Preiskampf/Verdrängungswettbewerb:

Jeder Anbieter versucht, den anderen zu unterbieten, um den vollen Marktanteil zu erlangen und damit den anderen Anbieter vom Markt zu verdrängen. Wenn beide Anbieter diese Strategie wählen, wird der Marktpreis zunächst stark sinken, bis eine Schule aufgibt. Anschließend kann der neue Monopolist den Preis zulasten der Kunden erhöhen.

- Kooperatives Verhalten/Preisabsprache/Preisführerschaft:

Die beiden Schulen legen einen gemeinsamen Preis fest und verhalten sich zulasten der Kunden als Kollektivmonopol.

7

	Polypol	Monopol	Oligopol
beeinflussbare Faktoren	Menge (Mengenanpasser)	Preis <u>oder</u> Menge	Preis <u>oder</u> Menge
zu berücksichtigende Faktoren	Kosten Marktpreis	Kosten Nachfragerverhalten	Kosten Nachfragerverhalten Konkurrenzverhalten

8 Eigenschaften des vollkommenen Marktes:
- homogene Güter
- keine Präferenzen
- vollständige Marktübersicht

Diese Annahmen sind sinnvoll; weil damit die komplexe Wirklichkeit so vereinfacht wird, dass sich unter diesen Voraussetzungen ein einheitlicher Preis ergibt, dessen Zustandekommen anschaulich nachvollzogen werden kann.

Das Modell des vollkommenen Marktes erklärt plausibel das Zustandekommen des Gleichgewichtspreises für ein Gut.

24 Ziele und Zielkonflikte der Wirtschaftspolitik

1. Gesetz zur Förderung der Stabilität u. des Wachstums der Wirtschaft, kurz: Stabilitätsgesetz

2. Beachtung des gesamtwirtschaftlichen Gleichgewichts

3. Ziele des magischen Vierecks laut Stabilitätsgesetz:

   - **Preisniveaustabilität:** Die Preissteigerungsrate sollte ca. 3 % nicht überschreiten.

   - **Hoher Beschäftigungsstand (Vollbeschäftigung):** Die Arbeitslosenquote sollte ca. 2 bis 3 % nicht üübersteigen. Diese sog. „Sockelarbeitslosigkeit" kann auch in Zeiten guter Konjunkturlage nicht unterschritten werden. Ursachen der „Sockelarbeitslosigkeit":

     – Friktionelle Arbeitslosigkeit: Sie tritt auf, wenn Arbeitskräfte kündigen bzw. entlassen werden und kurzfristig bis zum Antritt der neuen Stelle nicht beschäftigt sind („Sucharbeitslosigkeit" bzw. „Fluktuationsarbeitslosigkeit").

     – Saisonale Arbeitslosigkeit: Sie ist Folge jahreszeitlicher (saisonaler) Produktionsschwankungen (z. B. Landwirtschaft, Bauwirtschaft) und ist kaum bekämpfbar.

   - **Außenwirtschaftliches Gleichgewicht:** Die Leistungsbilanz soll langfristig ausgeglichen sein (Exporte = Importe).

   - **Stetiges und angemessenes Wirtschaftswachstum:** Stetiges Wirtschaftswachstum bedeutet kontinuierliches Steigen des realen Bruttosozialproduktes (Bruttoinlandproduktes) ohne größere Konjunkturausschläge nach oben oder unten. Ein Wirtschaftswachstum von ca. 3 bis 4 % wird als angemessen bezeichnet.

4. $$\textbf{Arbeitslosenquote} = \frac{\text{registrierte Arbeitslose} \times 100}{\text{(abhängige) Erwerbspersonen}}$$

5. Vgl. Aufgabe 3.

6. Gerechte Einkommens- und Vermögensverteilung; Erhaltung einer lebenswerten Umwelt

7. **Zielkonflikt 1: Vollbeschäftigung – Preisniveaustabilität:**

Ausgangsbasis:	Rezession (Unterbeschäftigung, Arbeitslosigkeit)
Ziel:	Vollbeschäftigung
Maßnahmen Staat:	Exportförderung, Erhöh. Staatsnachfrage, Förderung priv. Nachfrage
Folge evtl.:	Vollbeschäftigung, jedoch Preissteigerungen

Zielkonflikt 2: Vollbeschäftigung – Außenwirtschaftliches Gleichgewicht:

Ausgangsbasis:	Rezession
Ziel:	Vollbeschäftigung
Maßnahmen Staat:	U. a. Exportförderung
Folge evtl.:	Vollbeschäftigung, jedoch evtl. Exportüberschuss

Zielkonflikt 3: Preisniveaustabilität – Wirtschaftswachstum:

Zunehmendes Wirtschaftswachstum bei Überbeschäftigung kann zu erheblichen Preissteigerungsraten führen.

Zielkonflikt 4: Wirtschaftswachstum – Umweltschutz:

Rein quantitatives Wirtschaftswachstum bedeutet Umweltbelastung.

8. 1. Arbeitslosengeld relativ niedrig: Einkommensverluste füführen zu sinkender Nachfrage und damit sinkendem Wirtschaftswachstum.

   2. Sinkende Steuereinnahmen des Staates (Arbeitslose zahlen keine Lohn- bzw. Einkommensteuer, Gewinnverringerung bei Unternehmen)

   3. Keine Sozialversicherungsbeiträge der Arbeitslosen

   4. Hohe Arbeitslosengeldzahlungen durch Arbeitslosenversicherung

   5. Evtl. zunehmende Schwarzarbeit durch Arbeitslose

9. • Nachfrage steigt stärker als das Angebot = Nachfrageinflation
   • Angebotsverknappung
   • Kostensteigerungen (z. B. Löhne, Steuern) = Kosteninflation
   • Zunehmende Konzentration mit nachgeschalteten Preiserhöhungen
   • Willkürliche Preiserhöhungen durch Monopole und Oligopole = Gewinninflation...

10. • Nachfrage der privaten Haushalte, Unternehmen, und des Staates sinkt
   • Nachfrage des Auslands nach Inlandsgütern (Exporte) sinkt
   • Stark zunehmende Zinssätze
   • Standortverlagerungen ins kostengünstigere Ausland
   • Zunehmende Rationalisierung (Ersatz Mensch - Maschine)
   • Strukturwandel in verschiedenen Branchen (z. B. Kohle, Stahl)...

11. • Inlandspreise niedriger als Auslandspreise
   • Steigende Einkommen im Ausland, die eine steigende Nachfrage nach Inlandsgütern nach sich ziehen
   • Standortvorteile betr. Bodenschätze, Verkehrslage...
   • Inlandsprodukte sind technisch den Auslandsprodukten überlegen...

Abituraufgabe 2004: VWL Aufg. 1 (Teil 1.1)

1.1 Ein gesamtwirtschaftliches Gleichgewicht lag nicht vor. Am weitesten entfernt war Deutschland vom Ziel des hohen Beschäftigungsstandes. Ein angemessenes Wirtschaftswachstum lag nicht vor. Das außenwirtschaftliche Gleichgewicht ist durch den hohen Außenbeitrag (4,3 % des nominalen BIP) formal nicht erreicht worden. Ein Überschuss ist aber derzeit wirtschaftspolitisch erwünscht. Das stabile Preisniveau war erreicht, da die Inflationsrate unter 2 % lag.

Abituraufgabe 2005: VWL Aufg. 2 (Teil 1 bis 1.4)

1.1 Senkung der Einkommensteuersätze:
Erhöhung des verfügbaren Einkommens –> Erhöhung von Konsum- und Investitionsausgaben –> höhere gesamtwirtschaftliche Nachfrage –> höhere Beschäftigung
Kurzfristig sinkende Steuereinnahmen (Widerspruch zum Sanierungsziel) mit dem Ziel, langfristig durch Konjunkturbelebung ein höheres Steueraufkommen zu erreichen

Hartz-IV-Gesetz:
Senkung des verfügbaren Einkommens –> Senkung der Konsumausgaben –> geringere gesamtwirtschaftliche Nachfrage –> tendenziell geringere Beschäftigung (Widerspruch zur beabsichtigten Wirkung der ersten Maßnahme), aber Druck zur Annahme von gering entlohnter Beschäftigung. Zumindest kurzfristige Entlastung der öffentlichen Haushalte.

1.2 $$\text{Arbeitslosenquote} = \frac{\text{registrierte Arbeitslose} \times 100}{\text{Anzahl ziviler Erwerbspersonen}}$$

Die Formel erfasst nicht die versteckte Arbeitslosigkeit derjenigen Personen, die nicht als arbeitslos erfasst werden, z. B. Freiberufler, die aufgrund mangelnder Aufträge ihre Existenz aufgeben müssen. Zielerreichung liegt vor, wenn die Arbeitslosenquote < 3 % beträgt.

1.3 Friktionelle Arbeitslosigkeit: Durch Wohnsitzwechsel und/oder Arbeitsplatzwechsel verursachte überwiegend kurzfristige Beschäftigungslosigkeit
Maßnahme: Optimierung der Vermittlung durch Agentur für Arbeit oder private Vermittler

Konjunkturelle Arbeitslosigkeit: Arbeitslosigkeit die in Zeiten konjunkturellen Abschwungs entsteht, bei Besserung der Konjunktur jedoch größtenteils wieder beseitigt werden kann
Maßnahme: Der Staat kann kurzfristige nachfrageorientierte Maßnahmen zur Belebung der Konjunktur ergreifen, z. B. Staatsaufträge erteilen.

Strukturelle Arbeitslosigkeit: Arbeitslosigkeit, die beispielsweise aufgrund von Absatzkrisen in den Wirtschaftssektoren oder bestimmten Branchen entsteht, z. B. Bergbau, Schiffbau. **Maßnahme:** Der Staat kann Strukturpolitk betreiben, indem er zukunftsträchtige Wirtschaftszweige gezielt in strukturschwachen Gebieten ansiedelt.

1.4 – Stabilität des Preisniveaus: Messgröße ist die Preissteigerungsrate < 2 % p. a.

– außenwirtschaftliches Gleichgewicht: Messgröße ist der Anteil des Außenbeitrags am BIP, ca. + 1,5 % bis + 2 %

– stetiges und angemessenes Wirtschaftswachstum: Messgröße ist die jährliche Steigerungsrate des realen BIP von mindestens 3 %

Das magische Viereck wird so bezeichnet, weil es aufgrund der teilweise konfliktären Zielbeziehungen zwischen den Einzelzielen beinahe „an Magie“ grenzt, durch entsprechende Maßnahmen alle Zielvorgaben gemeinsam erreichen zu können.

25 Konjunktur und Konjunkturpolitik

25.4 Aufgaben zu den Kapiteln 25.1 – 25.3

1. **Konjunktur** = wellenförmige Auf- und Abwärtsbewegungen der Wirtschaftstätigkeit (Konjunkturschwankungen, Konjunkturwellen) = Schwankungen des realen Bruttosozialprodukts (Bruttoinlandsprodukts).

2. **Beschäftigung:** Grad der Kapazitätsauslastung der Volkswirtschaft. Messung der Beschäftigung v. a. anhand der Arbeitslosenquote

3 **Arbeitslosenquote** = $\frac{\text{registrierte Arbeitslose} \times 100}{\text{(abhängige) Erwerbspersonen}}$

4. Vollbeschäftigung, Unterbeschäftigung und Überbeschäftigung (vgl. Stofftelegramm)

5. Es handelt sich um eine Art „Sockelarbeitslosigkeit“, die auch in Zeiten guter Konjunkturentwicklung nicht unterschritten werden kann. Ursachen:

   - **Friktionelle Arbeitslosigkeit:** Sie tritt auf, wenn Arbeitskräfte kündigen bzw. entlassen werden und kurzfristig bis zum Antritt der neuen Stelle nicht beschäftigt sind („Sucharbeitslosigkeit“ bzw. „Fluktuationsarbeitslosigkeit“).
   - **Saisonale Arbeitslosigkeit:** Sie ist Folge jahreszeitlicher (saisonaler) Produktionsschwankungen (z. B. Landwirtschaft, Bauwirtschaft) und ist kaum bekämpfbar.

6. Konjunkturzyklen:
   - Hochkonjunktur (Boom)
   - Abschwung (Rezession)
   - Tiefstand (Depression)
   - Aufschwung (Expansion)

7. Vgl. Stofftelegramm Seite (Tabelle)

8. a) **Gründe für Konjunkturabschwung:**

   - Nachfrage der privaten Haushalte nach Konsumgütern sinkt
   - Nachfrage der Unternehmen nach Investitionsgütern sinkt
   - Nachfrage des Staates sinkt (Ausgabenkürzungen)
   - Nachfrage des Auslands nach Inlandsgütern (Exporte) sinkt
   - Stark steigende Zinssätze (restriktive Bundesbankpolitik)
   - Sinkende Motivation der Marktteilnehmer

   b) **Gründe für Konjunkturaufschwung:** vgl. a) umgekehrt formuliert.

9. Vgl. Stofftelegramm

10. Eventuelle negative Auswirkungen der Hochkonjunktur:

    - hohe Preissteigerungsraten
    - starke Umweltbelastungen
    - Überbeanspruchung von Mensch/Maschine
    - hohe Zinsen (ungünstig für Schuldner)
    - abnehmende Produktqualitäten
    - Abwerbung von Arbeitskräften

11. **Konjunkturindikatoren:** Anzeiger für den gegenwärtigen und zukünftigen Konjunkturverlauf. Beispiel: Arbeitsmarkt, Zahl der Kurzarbeiter ... (vgl. Stofftelegramm)

12. Erhöhungen des nominalen Bruttosozialprodukts können möglicherweise nur auf Preissteigerungen beruhen, ohne dass sich die reale Güterproduktion erhöht hat.

Beim realen Bruttosozialprodukt wird diese Problematik ausgeschaltet, indem Preissteigerungsraten herausgerechnet werden. Eine Zunahme des realen Bruttosozialprodukts signalisiert somit eine tatsächliche Mehrleistung der Volkswirtschaft.

13. Saisonale Schwankungen:

- Jahreszeitlich bedingte Nachfrageänderungen (z. B. Ski im Winter, Surfbretter im Sommer; Weihnachtsgeschäft...)
- Vorhersehbare, regelmäßige Schwankungen, somit planbar
- Betreffen nur einige Wirtschaftszweige

Konjunkturelle Schwankungen:

- Wellenförmige Auf- und Abwärtsbewegungen der Wirtschaftstätigkeit im mehrjährigen Rhythmus - bereinigt um saisonale Schwankungen
- Nicht vorhersehbare Schwankungen, somit schwer planbar
- Betreffen nahezu die gesamte Wirtschaft

14. a) Vollbeschäftigung b) Rezession/Depression c) Vollbeschäftigung
d) Aufschwung (Expansion) e) Depression f)g) Vollbeschäftigung

15. • **Saisonale Arbeitslosigkeit:** Sie ist Folge jahreszeitlicher (saisonaler) Produktionsschwankungen (z. B. Landwirtschaft, Bauwirtschaft) und ist kaum bekämpfbar.

- **Strukturelle Arbeitslosigkeit:** Arbeitslosigkeit in best. Regionen, Branchen und/oder Berufen durch strukturellen Wandel auf diesen Teilarbeitsmärkten (z. B. Landwirtschaft, Arbeitslosigkeit durch Rationalisierung...)

- **Konjunkturelle Arbeitslosigkeit:** Durch gesamtwirtschaftlichen Beschäftigungsrückgang hervorgerufene Arbeitslosigkeit (Rezessions- bzw. Depressionsphase).

- **Friktionelle Arbeitslosigkeit:** Sie tritt auf, wenn Arbeitskräfte kündigen bzw. entlassen werden und kurzfristig bis zum Antritt der neuen Stelle nicht beschäftigt sind („Sucharbeitslosigkeit" bzw. „Fluktuationsarbeitslosigkeit"). Ebenso wie die saisonale Arbeitslosigkeit zählt sie zur sog. „Sockelarbeitslosigkeit", die auch in Zeiten guter Konjunktur nicht unterschritten werden kann.

16. Durch sinkende Gewinne und relativ geringe Lohnsteigerungen **sinkende Steuereinnahmen**. Gleichzeitig evtl. **steigende Staatsausgaben**, um die Konjunktur wieder anzukurbeln.

25.5 Konjunkturpolitik (allgemein)

1. **Fiskalpolitik** = staatliche Konjunkturpolitik (Einnahmen- und Ausgabenpolitik)

2. Vgl. Stofftelegramm

3. a) „**Deficit spending**": Staatliche Verschuldung zwecks Belebung der Konjunktur (Finanzierung von staatlichen Investitionen).

b) Rezession, Depression

4. a) **Antizyklische Finanzpolitik**: Der Staat senkt in der Hochkonjunktur die Ausgaben und erhöht sie in der Rezession.

b) 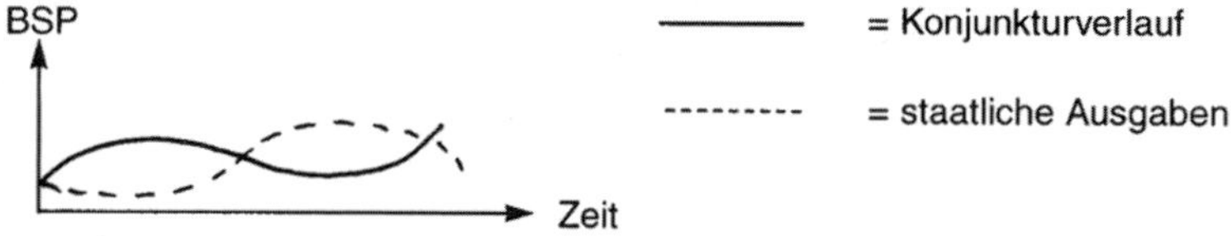

5. a) Hochkonjunktur: Einnahmenerhöhung des Staates (z. B. Steuererhöhungen) verschlechtern die Liquidität der Marktteilnehmer - Nachfrage sinkt - Preissteigerungsraten sinken. Werden die zusätzlichen Mittel einer Konjunkturausgleichsrücklage (vgl. § 7 StabG) bei der Bundesbank zugeführt („kaltgestellt"), sinkt die Geldmenge - Preisdämpfung.

   b) Rezession: Einnahmensenkungen des Staates (z.B. Steuersenkungen) verbessern die Liquidität der Marktteilnehmer - Nachfrage steigt - Konjunkturbelebung.

6. Bildung: In Zeiten der Hochkonjunktur (durch Steuererhöhungen erzielte Mehreinnahmen werden bei der Bundesbank hinterlegt, um die Hochkonjunktur abzuschwächen)
   Auflösung: In Zeiten der Rezession, um die erforderliche Erhöhung der Staatsnachfrage (staatliche Investitionen) zu fördern.

7. Konjunkturbelebend = „+", k'dämpfend = „–" a) + b) – c) + d) + e) – f) – g) – h) +

8. **Im Boom:** Lohnforderungen, die über den Produktivitätsfortschritt hinausgehen, führen zu Preissteigerungen, da die Unternehmen aufgrund der hohen Nachfrage die höheren Lohnkosten problemlos auf die Preise abwälzen können. Dies widerspricht der Stabilitätspolitik in dieser Phase.

   In der Rezession: Gewerkschaften sollten mit Lohnforderungen zurückhaltend sein, damit die Gewinne der Unternehmen steigen und sich dadurch ihre Investitionsbereitschaft erhöht. Gewerkschaften argumentieren im Gegensatz dazu, dass erst aufgrund hoher Lohnerhöhungen über steigende Nachfrage die Konjunktur stimuliert wird.

9. Die **Arbeitslosenquote** erfasst nur solche Arbeitnehmer, die sich beim Arbeitsamt als arbeitslos registrieren lassen. Es werden diejenigen nicht berücksichtigt, die resigniert haben und sich gar nicht mehr um eine Arbeitsstelle bemühen.

   Die **Zahl der offenen Stellen** darf auf keinen Fall mit der Nachfrage der Unternehmen nach Arbeitskräften gleichgesetzt werden. Viele Unternehmen suchen sich ihre Arbeitskräfte nicht über das Arbeitsamt, sondern über Inserate oder Werbeaktionen.

10. **Strukturelle Arbeitslosigkeit:** Kann durch den Niedergang bestimmter Wirtschaftszweige oder durch tiefgreifende Wandlungen in der Bevölkerungsstruktur hervorgerufen werden. Diese Art von Arbeitslosigkeit kann gedämpft und bekämpft werden durch Subventionen an die noch vorhandenen Unternehmen zur Verhinderung weiterer Stilllegungen, Unterbringung der Arbeitslosen in anderen Branchen bzw. Schaffung neuer Produktionsstätten und damit neuer Arbeitsplätze.
    Konjunkturelle Arbeitslosigkeit: Arbeitslosigkeit ist auf eine allgemeine Wachstumsschwäche zurückzuführen. Die zu treffenden Maßnahmen müssen demnach die gesamte Wirtschaft als Ziel haben. Problem der Maßnahmen: Preisniveaustabilität gefährdet.

11. a) Investitionsförderungsgesetz, Zuschüsse für Investitionen, Steuervergünstigungen

    b) • Investitionsanreize und damit Einfluss auf Wachstum und Beschäftigung.
       • Der Erfolg ist von den Zukunftserwartungen der Unternehmen abhängig. Bei pessimistischer Zukunftseinschätzung ist die Investitionsbereitschaft trotz Förderungsmaßnahmen gering.

Abituraufgabe 2003: VWL Aufg. 2 (teilweise)

1.1 Bei der von den USA verfolgten Strategie der antizyklischen Finanzpolitik versucht der Staat, seine Staatsausgaben entgegen dem Konjunkturzyklus zu verändern, obwohl sich die Staatseinnahmen in der Regel prozyklisch entwickeln. Daraus ergeben sich in der Rezession Haushaltsdefizite (Deficit-Spending), im Boom Haushaltsüberschüsse.

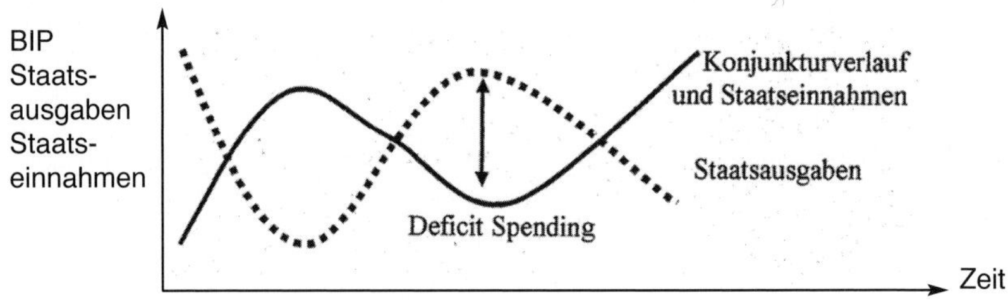

1.2 - Da die Staatsdefizite meistens nicht vollständig oder nur unzureichend zurückgeführt werden, steigt die Staatsverschuldung mit ihren wirtschaftspolitischen Nachteilen, z. B. der Anhebung des Zinsniveaus permanent an.
- Die Verminderung der Staatsausgaben im Boom ist politisch schwer durchsetzbar, da Staatsausgaben weitgehend durch bestehende Gesetze festgelegt sind.
- Wegen des time-lags zwischen Einsatzzeitpunkt und Wirkungsentfaltung der Maßnahmen kann der Einsatz konterkarierend wirken.

1.3 Die zusätzlichen Ausgaben regen die Beschäftigung und damit die Konsumgüternachfrage in den USA an. Dadurch kann die Importneigung steigen, was zu Exportchancen für Europa führt. Konjunktur und Beschäftigung in Europa können angeregt werden.

1.4 Angebotsorientierte Wirtschaftspolitik verändert die wirtschaftlichen Rahmenbedingungen zugunsten der Unternehmer, z. B. durch

- Senkung der Lohnnebenkosten
- Senkung der Kostensteuern
- Deregulierungen (z. B. Ladenschlussgesetz abschaffen).

Begleitung dieser Maßnahmen durch entsprechende Geld- und Finanzpolitik

Abituraufgabe 2004: VWL Aufg. 1 (1.2 und 1.3)

1.2.1 Nachfrageorientierte und angebotsorientierte Wirtschaftspolitik

1. Unterscheidungsmerkmal: Grundauffassung

- <u>Nachfrageorientiert:</u> Marktwirtschaftliches System ist instabil; keine automatische Tendenz zum Gleichgewicht. Die gesamtwirtschaftliche Nachfrage bestimmt die Höhe von BIP und Beschäftigung. Staat muss eingreifen, um gesamtwirtschaftliche Nachfrage zu beeinflussen.

- Angebotsorientiert: Staat soll nicht in das Wirtschaftsgeschehen eingreifen; das marktwirtschaftliche System hat die Tendenz zum Gleichgewicht auf allen Märkten, auch auf dem Arbeitsmarkt.
  Ungleichgewichte sind die Folge von Staatseingriffen und von zu wenig Wettbewerb.

2. Unterscheidungsmerkmal: Wirtschaftspolitische Maßnahmen

- Nachfrageorientiert: Staat soll die gesamtwirtschaftliche Nachfage durch antizyklische Ausgaben- und Einnahmenpolitik steuern.

- Angebotsorientiert: Staat muss Voraussetzungen für optimales Funktionieren des Marktsystems schaffen, Abbau von Wettbewerbshemmnissen, Deregulierung, Privatisierung

1.2.2 Beide Konzepte verlangen Steuersenkungen. Die Begründung und die erhoffte Wirkungsweise sind aber unterschiedlich:

- Nachfrageorientiert: Steuersenkung (z. B. Einkommensteuer) zur Erhöhung der privaten Nachfrage und damit der Beschäftigung. Das setzt aber voraus, dass trotz sinkendem Steueraufkommen der Staat seine Ausgaben (= Nachfrage des Staates) nicht reduziert, da andernfalls die gesamtwirtschaftliche Nachfrage nicht steigen würde. Das staatliche Haushaltsdefizit muss durch die Auflösung einer Konjunkturausgleichsrücklage oder durch Kreditaufnahme gedeckt werden.

- Angebotsorientiert: Senkung der Unternehmenssteuern, um mehr Leistungs- und Investitionsanreize zu bieten und damit die Nachfrage nach Arbeitskräften zu steigern.

1.2.3 Probleme der nachfrageorientierten Wirtschaftspolitik:
- Steigende Staatsverschuldung; Schulden werden aus politischen Gründen (Vermeidung von Leistungskürzungen bei den Bürgern) nicht zurückgeführt.
- Die Stop-and-Go-Politik (ständiger Wechsel zwischen expansiven und kontraktiven Maßnahmen) wirkt nur kurzfristig und mit Zeitverzögerung.

Probleme der angebotsorientieren Wirtschaftspolitik:
- Die Instrumente der Steuer- und Geldpolitik können unwirksam sein, da z. B. die Investitionsneigung von anderen Faktoren als niedrigen Steuern und Zinsen beeinflusst werden kann. Die Verbesserung der wirtschaftlichen Rahmenbedingungen durch die Politik ist nur langfristig möglich.
- Die Maßnahmen sind mit Sozialabbau, Senkung der Reallöhne, Lockerung von Kündigungsschutz usw. verbunden und daher politisch nur schwer durchsetzbar.

1.3 1. Versorgung mit öffentlichen Gütern:

Ohne Staatseingriffe stehen in einer Marktwirtschaft zu wenig öffentliche Güter zur Verfügung (Gesundheitswesen, Bildung, Infrastruktur), da diese Güter i. d. R. nicht in ausreichendem Maße von privaten Anbietern über den Markt bereitgestellt werden.

2. Arbeitsmarkt

Auf einem völlig unregulierten Arbeitsmarkt kann sich ein aus sozialen Gründen nicht erwünschtes Lohnniveau unterhalb des Existenzminimums einstellen. Der Staat muss dies durch geeignete arbeitsmarktpolitische (z. B. Mindestlöhne) und sozialpolitische Maßnahmen (z. B. Kindergeld, Wohngeld) korrigieren.

Abituraufgabe 2006: VWL Aufg. 2 (teilweise)

1.1 Maßnahme wird in der Phase der Rezession ergriffen werden, da hohe Arbeitslosigkeit herrscht. Belebung der Konjunktur durch Stärkung des privaten Konsums durch höhere verfügbare Einkommen bzw. Investitionsanreize durch Steuerentlastung bei Unternehmen.

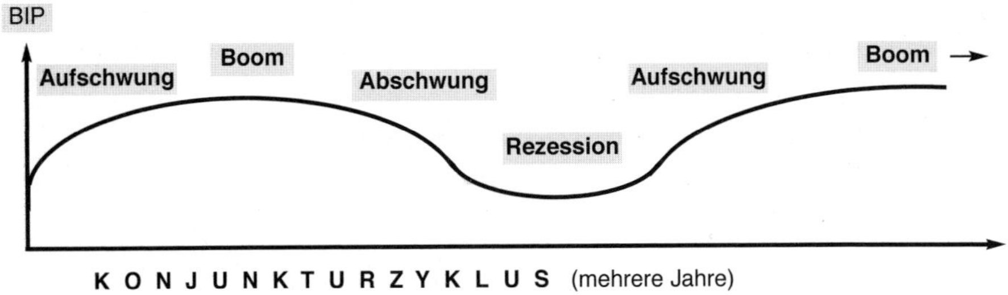

1.2 Frühindikator: z. B. Lagerhaltung
Zunehmende Lagerbestände bei Investitions- und Konsumgütern deuten auf eine Verschlechterung der Konjunktur hin.

Gegenwartsindikator: z. B. reales BIP
Geringer Anstieg bzw. Stagnieren des realen BIP zeigt eine schwache Konjunktur an.

1.3

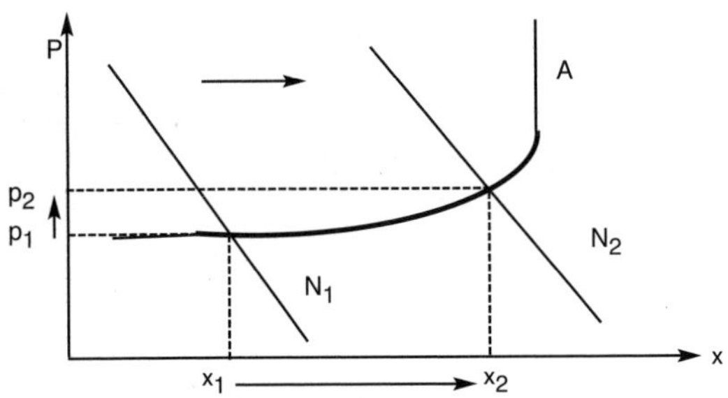

Nachfragekurve für Konsumgüter verschiebt sich nach rechts, da das verfügbare Einkom-men steigt —> Produktion und damit Gleichgewichtsmenge steigen. Bei nicht ausgelasteter Kapazität und damit elastischem Angebot keine oder geringe Auswirkung auf das Preisniveau.

1.4 - Aus Angst vor Arbeitsplatzverlust wird das zusätzlich verfügbare Einkommen für Vorsorgezwecke und nicht zur Ausweitung der Konsumgüternachfrage verwendet.

- Verfügbares Einkommen steigt nicht, wenn gleichzeitig Sozialabgaben oder andere öffentliche Abgaben steigen.

1.5 Wirtschaftspolitische Konzeption: **Nachfrageorientierte Wirtschaftspolitik**

26 Geldtheorie und Geldpolitik

26.1 + 26.2 Vgl. Stofftelegrammme

26.3 Aufgaben und Arten des Geldes/Geldmengenbegriff

1. **Gesetzliches Zahlungsmittel:** Bargeld und Buchgeld (Giralgeld)

2. a) **M1** = Bargeldumlauf + tägl. fällige Einlagen

   M2 = Bargeldumlauf + tägl. fällige Einlagen **+ Einlagen mit Laufzeit bis 2 Jahre**
   + Einlagen mit vereinb. Künd.frist bis 3 Monate

   M3 = Bargeldumlauf + tägl. fällige Einlagen + Einlagen mit Laufzeit bis 2 Jahre
   + Einlagen mit vereinb. Künd.frist bis 3 Monate
   + von MFIs ausgegebene Geldmengensubstitute

   Merke: vom Bargeldbestand sind stets die Kassenbestände der Banken abzuziehen!

   b) M3-Wachstumsziel 2001: maximal 4,5 %.

3. a)

	Sit.1	Sit. 2
Notenumlauf	250	244
– Kassen Banken	78	76
+ Sichteinlagen	290	300
+ Spar- u. Termineinl.	--	30
M3	462	498

M3-Erhöhung um 36.

b) Nur Aktivseite betrachten!

	Sit.1	Sit.2	Änderung
Guthaben ZB	52	56	4 (k)
Kreditforder.	130	160	30 (e)
Devisen	30	38	8 (e)
Kasse	78	76	2 (e)

Expansiv: 30 + 8 + 2 = 40; kontraktiv: 4
M3-Erhöhung um 36.

4. a) M3 sinkt b) M3 konstant c) M3 konstant d) M3 sinkt e) M3 steigt

5. a) M2 steigt b) M2 steigt c) M2 sinkt d) M2 sinkt e) M2 steigt f) M2 konstant

26.4 Binnenwert des Geldes und seine Messung

1. a) **Kaufkraft:** Wieviel Güter kann man für eine Geldeinheit kaufen?

   Preisniveau: Wie hoch ist der Preis für ein Gut?

   b) Reziprokes (umgekehrtes) Verhältnis, d. h.:

   - steigendes Preisniveau bedeutet sinkende Kaufkraft
   - sinkendes Preisniveau bedeutet steigende Kaufkraft

2.
   - Betrachung der jährlichen prozentualen Veränderungen (Preissteigerungsrate)
   - Berechnung von Preisindices. Der Kaufpreis des Warenkorbs wird im Basisjahr mit 100 Punkten angesetzt und fortgeschrieben.

3. a) Preissteigerungsrate: 100,00 EUR = 100 %
   10,00 EUR = **10 %**

   b) Kaufkraftverlust: 110,00 EUR = 100 %
   10,00 EUR = **9,09 %**

4. Alter Preis: 100,00 EUR
   Neuer Preis: 108,00 EUR

   108,00 EUR = 100 %
   8,00 EUR = 7,4 % Kaufkraftverlust

5. 100 % – 6 % = 94 %

   94 % = 100,00 EUR
   100 % = 106,38 EUR

   Preissteigerungsrate 6,38 %

6.
   - Preisindex für die Lebenshaltung der priv. Haushalte
   - Index der Erzeugerpreise gewerblicher Produkte
   - Baupreisindex
   - Index der Einzelhandelspreise

7. **Warenkorb:** Ausgewählte (repräsentative) Güter und Leistungen, die von einem durchschnittlichen Haushalt üblicherweise gekauft werden. Der Kaufpreis für den Warenkorb (ca. 750 Güterarten) wird in einem bestimmten Jahr (Basisjahr) mit 100 Punkten (%) angesetzt und in den Folgejahren fortgeschrieben, sodass die Preisentwicklung dieses Warenkorbes ersichtlich wird.

   Basisjahr: Das Jahr, in dem das Gütersortiment des Warenkorbs festgelegt wird. Der Kaufpreis des Warenkorbs wird mit 100 Punkten (%) festgelegt und in den Folgejahren fortgeschrieben. Momentanes Basisjahr ist 2005.

8. Entwicklung der Kaufkraft seines Geldeinkommens bzw. Geldvermögens im Zeitablauf. Er ist also eine Art „Inflationsbarometer“.

9. Wegen Änderungen im Güterangebot und Ausgabeverhalten.

10. a) 2 000 = 100 %
    40 = **2 %**

    b) 2 040 = 100 %
    61 = **3 %**

    c) 2 101 = 100 %
    105 = **5 %**

    d) **100 %**

    e) 2 000 =100 (%)
    2 040 =**102 (%)**

    f) 2 000 = 100 (%)
    2 101 = **105,1 (%)**

    g) 2 000 = 100 (%)
    2 206 = **110,3 (%)**

11. **Nominallohn:** Gezahlter Lohn - ohne Berücksichtigung der Kaufkraft

    Reallohn: Die Menge von Konsumgütern, die mit einem bestimmten Nominallohn gekauft werden kann. Die Kaufkraft des Geldes wird also berücksichtigt: Der Teil der Lohnerhöhung,der durch Preissteigerungen wieder „vernichtet“ wird, wird herausgerechnet.
    Kurz: Reallohn = um die Preissteigerungsrate berichtigter Nominallohn.

12. a) Preissteigerungen b) Preissenkungen c) Preisniveaustabilität

13.

Jahr	01	02	03	04	05	06
Index	100	102,6	105,68	108,85	113,42	117,05

Rechenweg: 100 × 102,6 % = 102,6 × 103 % = 105,68 × 103 % = 108,85...

14. Geldmenge M, Preisniveau P, Umlaufgeschwindigkeit des Geldes U, Handelsvolumen H.

15. $M \times U = H \times P$

16. a) Preisniveau sinkt, Geldwert steigt b) P steigt, Geldwert sinkt c) P steigt, Geldwert sinkt

17. **Kritik an der Aussagekraft der Verkehrsgleichung des Geldes:**

1. Kritik an der Aussage: Geldmenge steigt - Preise steigen

- Bei Vollbeschäftigung ist die Aussage gültig: Steigende Geldmenge bewirkt steigende Einkommen, steigende Nachfrage und damit steigende Preise.
- Bei Unterbeschäftigung gilt die Verkehrsgleichung nicht unbedingt: Steigende Geldmenge führt nicht unbedingt zu steigenden Preisen, weil die Unternehmer trotz ansteigender Nachfrage nicht sofort die Preise erhöhen (Mehrangebot auch ohne Preiserhöhung)

2. Kritik an der Aussage: Geldmenge sinkt - Preise sinken

- Sinkende Geldmenge bewirkt sinkende Einkommen und sinkende Nachfrage. Die Beschäftigung sinkt. Probleme:

  1. Kosten sinken nicht in gleichem Maße, wie sie bei steigender Beschäftigung zunehmen (vgl. Problem der Kostenremanenz - Kostenrechnung).
  2. Sinkende Beschäftigung bewirkt steigende Stückkosten (Gesetz der Massenprodukt.)
  3. Lohnkosten aufgrund von Tarifverträgen nur schwer reduzierbar

  Aufgrund der drei genannten Punkte existiert eine Starrheit der Güterpreise nach unten! Die Verkehrsgleichung gilt insofern nicht in vollem Umfang.

3. Weiterer Kritikpunkt:

- Verkehrsgleichung sagt nichts aus über die kausalen Beziehungen zwischen M, H, P, und U! Sie ist eine reine Identitätsgleichung.

18.1 Bei Inflation und gleichbleibenden Nominallöhnen sinkt der Reallohn. Die Einkommen der Lohnempfänger bleiben unverändert, während der Wert des Geldes abnimmt.

18.2.1 Ein solcher Durchschnittspreis würde die unterschiedliche Gewichtung der nachgefragten Güter unberücksichtigt lassen. Daher fallen Preisänderungen auch verschieden stark ins Gewicht.
Eine Erhebung aller Preise einer Volkswirtschaft wäre wegen der Vielzahl der Daten nicht möglich. Daher werden nur bestimmte Güter der Lebenshaltung ausgewählt, und nur deren Preise sind für die Indexermittlung der Lebenshaltungskosten von Bedeutung.

18.2.2 Mit steigendem Einkommen nehmen die Ausgaben für Nahrungsmittel relativ ab. Da die lebensnotwendigen Bedürfnisse befriedigt sind, verwenden Haushalte immer mehr Teile ihres Einkommens für andere Zwecke.

18.2.3	Veränderung des Preisniveaus:	106,5	= 100,00 %	
		4,4	= **4,13** %	Preisniveauanstieg
	Veränderung der Kaufkraft:	104,13	= 100,00 %	
		4,13	= **3,97 %**	Kaufkraftminderung
	Alternativrechnung:	110,9	= 100,00 %	
		4,4	= **3,97 %**	

18.3 Anhaltend hohe Exportüberschüsse, die insbesondere bei höherer Auslandsinflationsrate entstehen können, führen zur Geldmengensteigerung im Inland und somit zu Preissteigerungen (importierte Inflation).

Hohe Kreditaufnahmen (Haushalte, Untern., Staat) für Nachfragezwecke (Nachfrageinflation).

26.5 Inflation und Deflation (Geldwertschwankungen)

1. **Inflation** = anhaltendes Steigen des Preisniveaus (Geldentwertung)
2. **Ursachen der Inflation:**
   - Nachfrage steigt stärker als das Angebot = **Nachfrageinflation**
   - Angebotsverknappung
   - Kostensteigerungen (z. B. Löhne, Steuern) = **Kosteninflation**
   - Übermäßige Geldschöpfung der Kreditbanken und der Zentralbank
   - Importierte Inflation (vgl. Aufgabe 3!)
   - Zunehmende Konzentration mit nachgeschalteten Preiserhöhungen
   - Willkürliche Preiserhöhungen durch Monopole und Oligopole = **Gewinninflation**
3. **Importierte Inflation:** Ausgangsbasis: Inflationsrate des Auslands ist höher als die des Inlands. Folge: Exporte steigen, da inländische Waren für Ausländer billiger werden.

   Möglicherweise entsteht im Inland ein Exportüberschuss (positiver Außenbeitrag), sodass durch die vermehrten Zahlungszuflüsse die Geldmenge steigt. Entsprechend steigen die Preise im Inland. Die Inflation des Auslands wurde also praktisch importiert.
4. **Lohn-Preis-Spirale:** Es liegt ein Doppeleffekt vor:
   - Lohnerhöhungen bedeuten erhöhte Kosten, die in die Preise kalkuliert werden (Löhne steigen – Kosten steigen – Preise steigen).
   - Lohnerhöhungen bedeuten evtl. steigende Nachfrage, was wiederum Preissteigerungen zur Folge haben kann (Löhne steigen – Nachfrage steigt – Preise steigen).
   - Die gestiegenen Preise führen häufig wieder zu erhöhten Lohnforderungen, sodass sich Löhne und Preise gegenseitig nach oben treiben (Spiralwirkung)
5. **Auswirkungen der Inflation:**
   - Sinkende Kaufkraft
   - sinkendes Vertrauen in die Währung
   - Vorteile für Schuldner: Rückzahlung des nominalen, vereinbarten Geldbetrages; der reale Betrag sinkt mit zunehmender Inflation
   - Nachteile für Gläubiger: sinkender realer Wert des Rückzahlungsbetrages
   - Flucht in die Sachwerte: Eigentümer von Sachvermögen erhalten ihren Vermögenswert im Gegensatz zu Eigentümern von Geldvermögen
   - evtl. Stagflation (Inflation bei Stagnation): steigende Arbeitslosigkeit bei steigenden Preisen

6. a) **Stagflation: Stag**nation bei gleichzeitiger In**flation**
(Stagnation = stagnierende, stationäre Wirtschaft; kein Wachstum).

b) • Maßnahmen zur Bekämpfung der Stagnation (Ankurbelung der Wirtschaft z. B. durch Förderung der Nachfrage) wirken inflatorisch.

• Maßnahmen zur Dämpfung der Inflation (z. B. Verringerung der Staatsnachfrage) verschärfen die Stagnation.

7. **Offene Inflation:** Die Inflation ist für alle erkennbar.

Verdeckte Inflation: Die Inflation wird durch staatl. Fixierung von Höchst- oder Festpreisen (Preisstopp) oder Lohnstopp verhindert.
Problem: Nachfrageüberschuss..

8. **Schleichende Inflation:** Langsames aber länger anhaltendes Steigen der Preise.

Galoppierende Inflation: Hohe Preissteigerungsraten.

9. **Deflation:** Anhaltendes Sinken des Preisniveaus.

10. **Ursachen der Deflation:**
- Kürzung der Staatsausgaben
- Pessimistische Zukunftserwartungen: Geringe Nachfrage, hohes Sparen, geringe Investitionsneigung

11. **Auswirkungen der Deflation:**
- Flucht in die Geldwerte
- Nachteile für Schuldner, Vorteile für Gläubiger
- Betriebsstilllegungen, Kurzarbeit, Arbeitslosigkeit wegen sinkender Nachfrage
- Steuereinnahmen sinken, öffentliche Nachfrage sinkt...

12. a) Schleichende Inflation

b) Schleichende Inflation durch:
- Exportüberschüsse
- Lohn-Preis-Spirale
- Kostensteigerungen (Erdöl...)
- steigende Staatsverschuldung

26.6 Geldschöpfung der EZB (primäre Geldschöpfung)

1. Primäre Geldschöpfung: Geldschöpfung der Zentralbank
   Sekundäre Geldschöpfung: Geldschöpfung der Kreditbanken

2. Vgl. Stofftelegramm

3. a) Devisen steigen, Notenumlauf steigt
   b) Kredite steigen, Notenumlauf steigt
   c) Wertpapiere steigen, Notenumlauf steigt

4.

	Situation 1	Situation 2	Veränderung der Geldmenge
Gold, Devisen	95	90	– 5
Wechsel	12	18	+ 6
Kredite Staat	14	12	– 2
Wertpapiere	6	18	+12
Sonst. Aktiva	40	40	-----

26.7 Giralgeldschöpfung der Geschäftsbanken

(= sekundäre Geldschöpfung)

1. • Höhe der Sichteinlagen
   • Mindestreservesatz
   • Barreservesatz
   • Kreditnachfrage
   • Bargeldquote
   • Zentralbankpolitik

2. • Bank A erhält Sichteinlage
   • Nach Abzug der Mindest- und Barreserve (Liquiditätsreserve) verbleibt eine Überschussreserve, die zur Geldschöpfung (Kreditgewährung) zur Verfügung steht
   • Kreditgewährung
   • Zufluss der Mittel bei anderer Bank B (Bank B erhält Sichteinlage)...

3. Bargeldquote = prozentualer Anteil der Gesamtgeldmenge, der nicht wieder ins Bankensystem zurückfließt, sondern im Nichtbankensektor verbleibt.

4. Je höher die Bargeldquote, desto niedriger sind die Kreditschöpfungsmöglichkeiten.

5. a) 400 000,00 EUR

   b) Maximale Kreditschöpfung = Ü : R = 400 000 : 0,18 = 2 222 222,22 EUR

   c) Geldschöpfungsmultiplikator = 1 : R = 1 : 0,18 = 5,555;

      d. h.: Das Bankensystem kann das 5,555-fache der ersten Überschussreserve an Geld schöpfen:
      5,555 × 400 000 = 2,222 Mio. EUR

   d) Der Geld- bzw. Kreditschöpfungsprozess hängt letztlich auch von der Kreditnachfrage ab. Fehlt diese, dann bleiben die Banken auf ihren Überschussreserven sitzen.

6. 1 Mio. EUR – 16 % = 840 000,00 EUR Überschussreserve. GS = 840 000 : 0,16 = 5,25 Mio. EUR

7. Weil das Recht zur Notenausgabe allein bei der Zentralbank liegt.

26.8 Geldpolitik der EZB

26.8.1 Offenmarktgeschäfte der EZB

1. • Offenmarktgeschäfte
   • ständige Fazilitäten
   • Mindestreservepolitik

2. Vgl. Stofftelegramm

3. Zinssätze und Liquidität am Markt steuern; Signale setzen

4./5. Vgl. Stofftelegramm

6. Zuteilungssatz: 250 = 100 %
   200 = 80 %

   Zuteilungen (80 %):
   Bank 1: 56
   Bank 2: 64
   Bank 3: 80

7.

Beträge in Millionen EUR

Zinssatz (%)	Bank 1	Bank 2	Bank 3	Gebote insges.	Kumulative Gebote
3,10				**0**	**0**
3,05	5			**5**	**5**
3,04	5	5		**10**	**15**
3,03	5	5		**10**	**25**
3,02	10	10	10	**30**	**55**
3,01	10	15	15	**40**	**95**
3,00	15	10	20	**45**	**140**
2,99	10		10	**20**	**160**
2,98	10		10	**20**	**180**
Insges.	70	45	65	**180**	

Zuteilungssatz bei 2,99 %:

20 Gebote insges. = 100 %
10 Zuteilungen = x %

x = 50 %

Beispiel Bank 1 (Zuteilung):	
Zuteilung zu 2,99 %: 50 % von 10 =	5
weitere Zuteilung (für die Gebote 3,05 % bis 3,00 %):	50
Zuteilung insgesamt:	55

Beträge in Millionen EUR

Geschäftspartner	Bank 1	Bank 2	Bank 3	Insges.
Gebote insgesamt	70,0	45,0	65,0	180
Zuteilung insges.	**55,0**	**45,0**	**50,0**	**150**

26.8.6 Aufgaben zum Kapitel 26.8

1. **Mindestreserve:** Sichteinlagen, die Banken in liquider Form bei der Zentralbank anlegen müssen

   Leitzinsen: Entscheidender Leitzinssatz ist der Zinssatz für die Hauptrefinanzierungsgeschäfte.
   Oft werden auch die Zinssätze für die Spitzenrefinanzierungsfazilität sowie Einlagefazilität als weitere Leitzinsen genannt.
   Bei Änderung signalisiert die EZB den Banken ihre geplante Politik und erwartet ein gleichgerichtetes Verhalten.

   Signalwirkung: Mit einer Leitzinsänderung (s. o.) signalisiert die EZB den Banken ihre geplante Politik und erwartet ein gleichgerichtetes Verhalten.

   Spitzenrefinanzierungsfazilität:
   - Übernachtkredit der EZB an die Banken
   - Laufzeit: ein Geschäftstag
   - kurzfristige Deckung von Liquiditätsüberschüssen bei der Zentralbank über Nacht

   Einlagefazilität:
   - Übernachtanlage bei der EZB
   - Laufzeit: ein Geschäftstag
   - kurzfristige Anlage von Liquiditätsüberschüssen bei der Zentralbank über Nacht

   Pfand-Pool:
   - sämtliche von einer Bank bei der Zentralbank hinterlegten Sicherheiten
   - Pfand-Pool dient „en bloc“ der Besicherung aller Notenbankkredite

2. **Offenmarktpolitik:**
   - Hauptrefinanzierungssatz erhöhen
   - vermehrt Wertpapierverkäufe durch die EZB

   Ständige Fazilitäten:
   - Fazilitätssätze erhöhen

   (Mindestreservepolitik: Mindestreservesätze erhöhen)

   WIRKUNGEN: Zinsen steigen –> Kreditnachfrage sinkt –> Geldmenge sinkt –> Nachfrage sinkt –> Konjunkturdämpfung –> (hoffentlich) stabile(re) Preise

3. Analog (umgekehrt) wie bei 2. mit dem Endresultat: evtl. sinkende Arbeitslosigkeit.

4. Vgl. Stofftelegramm

5. a) 2 %

   b) 2 % aus:
   - Einlagen + ausgegebenen Schuldverschreibungen bis 2 Jahre Laufzeit
   - ausgegebenen Geldmarktpapieren
   - nicht: Einlagen aus Repogeschäften

   c)
   - Stabilisierung der Geldmarktsätze
   - Herbeiführung oder Vergrößerung einer strukturellen Liquiditätsknappheit

6. Vgl. Stofftelegramm

7. Die einzelnen Pfänder brauchen substanziell und zeitlich nicht bestimmten Refinanzierungsgeschäften zugeordnet werden.

Abituraufgabe 2003: VWL Aufg. 2 (teilweise)

3.1 Durch eine billigere Refinanzierung der Kreditinstitute können diese Kredite zu günstigeren Bedingungen anbieten. Der Investitionsanreiz für die Unternehmen nimmt bei geringeren Zinskosten zu. Eine Mehrbeschäftigung kann die Folge sein.

3.2 Die EZB hat als Währungshüterin der Euro-Zone die Hauptaufgabe, die Stabilität des Preisniveaus zu sichern.

Eine Zinssenkung macht die Kreditaufnahme billiger und lässt deshalb die Nachfrage auf den Gütermärkten tendenziell steigen. In Bezug auf das Wachstums- und Beschäftigungsziel wäre dies wünschenswert.

Aber auch bei nicht voll ausgelasteten Kapazitäten kann die Gefahr einer Inflation bestehen, z. B. durch die steigenden Kosten unelastischer Importe (importierte Kosteninflation).

Die EZB befürchtet möglicherweise auch eine Inflation in der Zukunft. Wegen des timelagsihrer Maßnahmen wirkt sie einer Inflation bereits jetzt entgegen, d. h. sie verweigert sich in der beschriebenen Situation der Forderung nach einer Zinssenkung.

3.3 Das Vorgehen der Zentralbank, mittels Offenmarktpolitik die Konjunktur anzukurbeln, ist problematisch, da expansive Geldpolitik nur Angebotscharakter hat. Private Haushalte und Unternehmer können nicht gezwungen werden, zusätzliche Kredite nachzufragen. Dies hängt vor allem von Zukunftserwartungen ab, die in der Rezession eher pessimistisch sind und Konsumenten und Investoren abwarten lassen.

Abituraufgabe 2004: VWL Aufg. 2

1.1 Der Verbraucherpreisindex erfasst die Preisveränderungen von ca. 750 Waren und Dienstleistungen (Warenkorb), die von den privaten Haushalten durchschnittlich gekauft werden. Die Gütergruppen werden im Warenkorb entsprechend den Verbrauchergewohnheiten gewichtet einbezogen. Der Warenkorb wird alle fünf Jahre neu ermittelt und auf ein neues Basisjahr umgestellt,um neu hinzugekommene Produkte zu berücksichtigen und unbedeutend gewordene Produkte aus dem Warenkorb zu entfernen.

Die Diskrepanz zwischen der von Verbrauchern subjektiv wahrgenommenen Inflationsentwicklung und der vom Statistischen Bundesamt errechneten Inflationsrate lässt sich auf Preiserhöhungen bei bestimmten Waren und Dienstleistungen zurückführen, z. B. die Preise für frische Nahrungsmittel oder in der Gastronomie. Den Verbrauchern ist das Preisniveau solcher Güter eher bewusst als das ganze Spektrum des Warenkorbs. Wenn die Preisentwicklung dieser Produkte merklich von der Entwicklung der Preise aller Produkte des Warenkorbs abweicht, erhalten die Verbraucher ein nicht repräsentatives und subjektiv empfundenes Bild des breit gefächerten Warenkorbs.

1.2 Wenn die Inflationsrate höher empfunden wird, als sie tatsächlich ist, so kann dies beim Verbraucher zu Konsumeinschränkungen führen. Der private Konsum ist aber eine wichtige Konjunkturstütze. Die Kaufzurückhaltung führt zu geringeren Umsätzen bei Handels- und Dienstleistungsbetrieben und in der Industrie. Mangelnde Nachfrage wirkt sich somit negativ auf das Wirtschaftswachstum und die Beschäftigungslage aus.

2.1 103,5 = 100 %
1,1 = x % –> x = 1,06 % Preisniveauanstieg

Für August 2003 wurde die Zielvorgabe der EZB (Inflationsrate unter 2 %) erreicht.

2.2 104,6 = 100 %
4,6 = x % –> x = 4,4 % Kaufkraftverlust

Ein Kaufkraftverlust in dieser Höhe innerhalb eines Zeitraums von fast drei Jahren ist im Hinblick auf das Ziel der Preisniveaustabilität bzw. der Kaufkraftsicherung vertretbar.

3.1 Liquiditätszufluss der Geschäftsbank B steigt um 1 Mio. GE. Davon sind 100 000,00 GE als Reserve in Form von Zentralbankgeld zu halten. Die sich daraus ergebende Überschussreserve von 90 000,00 GE kann als Kredit gegeben werden.

3.2 Überschussreserve des Geschäftsbankensystems 1 000 000,00 GE, da Liquidität direkt von der Zentralbank.

Maximale Kreditschöpfung = Überschussreserve 1/Reservesatz
= 1 000 000,00/0,1 = 10 000 000,00 GE

3.3 Die EZB kann den Geschäftsbanken vorschreiben, dass diese einen Teil ihrer Einlagen bei ihr anlegen. Je höher der MR-Satz, um so kleiner der Geldschöpfungsmultiplikator und umgekehrt. Instrument der EZB zur Beeinflussung der Geldmenge. Bei dem derzeit relativ konstanten MR-Satz erreicht die EZB damit eine Kontinuität in der Gelddisposition der Geschäftsbanken. Damit werden stärkere Schwankungen des Zinssatzes auf dem Geldmarkt verhindert. Eine aktive Mindestreservepolitik zur Steuerung der Geldmenge wurde von der EZB in dem zu beurteilenden Zeitraum nicht betrieben.

4.4 <u>Hauptrefinanzierungsgeschäfte:</u> Dem Geschäftbankensystem wird für eine Woche Liquidität im vorgesehenen Umfang zugeführt.

<u>Spitzenrefinanzierungsfazilität:</u> Übernachtkredite an Banken, deren Liquidität an diesem Tag nicht zum Ausgleich der Verrechnungsspitzen ausgereicht hat. Der Zinssatz stellt damit die Obergrenze für den Geldmarktzins dar.

<u>Einlagefazilität:</u> Die Kreditinstitute können über Nacht überschüssige Liquidität zu dem angegebenen Zinssatz bei der Zentralbank anlegen. Dieser Zinssatz wirkt deshalb wie eine Preisuntergrenze für den Geldmarkt.

Mit dieser Differenzierung wird ein Gesamtrahmen (Zinskanal) für die Entwicklung des Geldmarktzinses als der von der Zentralbank zu beeinflussenden Größe gegeben.

4.2.1

kumulierte Bietungsbeträge in Mio. EUR	Bietungssätze in %
39 513,00	3,29
62 487,00	3,28

Der marginale Zinssatz beträgt 3,28 % = niedrigster, noch zum Zuge kommender Zinssatz

4.2.2

Bietergruppe	Bietungsbeträge in Mio. EUR	Bietungssätze in %
B	21 300,00	3,29
C	18 213,00	3,29
F	5 937,00 (50 %)	3,28
A	5 550,00 (50 %)	3,28
D	keine Zuteilung	
E	keine Zuteilung	

4.2.3

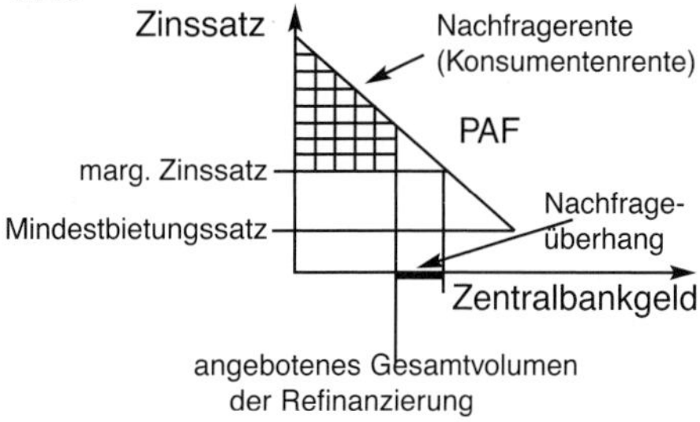

Aus den Geboten der Geschäftsbanken ergibt sich für die EZB als Angebotsmonopolisten eine Preis-Absatz-Funktion. Die EZB legt zu einem bestimmten Preis (marg. Zinssatz) die Menge (Gesamtvolumen der Refinanzierung) fest. Wenn das von der EZB festgelegte Gesamtvolumen der Refinanzierung zu gering ist, um alle Gebote, die zum marg. Zinssatz abgegeben wurden, befriedigen zu können, ergibt sich beim marg. Zinssatz ein Nachfrageüberhang, der eine Repartierung nötig macht. Beim amerikanischen Verfahren schöpft die EZB durch Preisdifferenzierung die Nachfragerente (Konsumentenrente) bei den bietenden Banken vollständig ab.

4.2.4 Senkung des Basiszinssatzes -> Kreditinstitute können sich verbilligt Zentralbankgeld beschaffen -> Kreditinstitute geben diese Zinssenkung an ihre Kunden weiter -> Unternehmen nehmen mehr Kredite für Investitionen auf/Haushalte mehr für den Konsum -> kreditfinanzierte Güternachfrage steigt -> Gesamtnachfrage auf den Gütermärkten steigt -> Konjunktur wird belebt.

- Zeitliche Verzögerung (time lag) bis zum Wirksamwerden der Maßnahmen
- Geschäftsbanken geben die Zinssenkung nicht an ihre Kunden weiter, sondern nutzen sie zur Verbesserung der eigenen Ertragslage.
- Gesunkene Zinsen verbilligen zwar die Kredite, die Unternehmen können aber zur Kreditaufnahme und zu Investitionen nicht gezwungen werden (Angebotscharakter der Maßnahmen). Investitionshemmende Einflüsse, wie negative Zukunftserwartungen, erwartete Steuererhöhungen, usw., könnten überwiegen.

Abituraufgabe 2005: VWL Aufg. 2 (ab 1.5)

1.5 - Durch steigende Kreditzinsen kann die Investitions- und Konsumneigung abgeschwächt werden, was das Beschäftigungsziel gefährdet. Eine Erhöhung der Leitzinsen der EZB würde letztlich die Konjunktur eher dämpfen.

- Wenn die EZB eine deutliche Inflationsgefahr sieht, wäre unter Berücksichtigung der Zeitverzögerung der geldpolitischen Maßnahmen eine Zinserhöhung zum gegenwärtigen Zeitpunkt vertretbar.

2.1 Vergleich 02/01: 106 = 100 %
2 = x % –> x = 1,887 % Kaufkraftgewinn
Vergleich 01/00: 108 = 100 %
8 = x % –> x = 7,407 % Kaufkraftverlust

Kaufkraftverlust bedeutet, dass man mit derselben Geldmenge eine geringere Gütermenge erwerben kann.

Kaufkraftgewinn bedeutet, dass man mit derselben Geldmenge eine größere Gütermenge erwerben kann.

2.2 Da der Kaufkraftzuwachs (1,887 %) größer ist als der Einkommensrückgang (1 %) steigt der Lebensstandard.

3 Deutsche geben einen größeren Anteil ihres Einkommens für das Wohnen aus als Italiener.
Gründe: - andere Bedeutung des Wohnens
- höhere Mieten und Immobilienkosten in Deutschland

Abituraufgabe 2006: VWL Aufg. 2 (1.6)

1.6 - $G \times U = P \times H$

$$H = \frac{G \times U}{P} = \frac{1{,}035 \times 1}{1{,}02} = 1{,}0147\text{, d. h. Zuwachs um } 1{,}47\ \%$$

- Die Verkehrsgleichung ist eine Identitätsgleichung und sagt nur aus, dass der Wert der gekauften Güter (M × U; monetäre Gesamtnachfrage) dem Wert der verkauften Güter (P × H; mit jeweiligen Preisen bewertetes Güterangebot) entspricht. Sie macht keine Aussagen über Inflationsursachen.

Abituraufgabe 2007: VWL Aufg. 2

1.1 M1: (Mrd. EUR) 2004: 420,5 + 2 369,7 = <u>2 790,2</u>
2005: 493,7 + 2 763,7 = <u>3 257,4</u>
M3: (Mrd. EUR) 2004: 2 790,2 + 995,2 + 1 586,7 + 220,2 + 611,5 + 95,0 = <u>6 298,8</u>
2005: 3 257,4 + 1 039,9 + 1 518,7 + 239,7 + 622,9 + 118,5 = <u>6 797,1</u>

Die prozentuale Steigerung der Geldmenge M3 beträgt
(6 797,1 – 6 298,8) × 100/6 298,8 = <u>7,91 %</u>

1.2 $\frac{101{,}0 \times 100}{98{,}6} = 102{,}434$ Preisniveausteigerung 2,43 %

1.3 Vorrangiges Ziel des ESZB ist die Sicherung der Stabilität des am HVPI gemessenen Preisniveaus im Euro-Währungsgebiet. Das ESZB sieht dieses Ziel als erreicht an, wenn die Preisniveausteigerung innerhalb eines Jahres nahe bei, aber unter 2,0 % liegt. Um dieses zu erreichen, hat das ESZB ein Geldmengenziel mit einer Steigerung der Geldmenge M3 von 4,5 % jährlich als Orientierungsgröße (Referenzwert) vorgegeben.
Die in 1.2 ermittelte Änderung des Preisniveaus zeigt, dass durch die Zunahme der in 1.1 errechneten Geldmengenerhöhung das Ziel der Preisniveaustabilität bedroht ist.

1.4 Nach der (modifizierten) Quantitätsgleichung führt eine Geldmengenerhöhung nicht bzw. nicht zu einer gleich hohen Preisniveausteigerung, wenn z. B.
- BIP_{real} bzw. Handelsvolumen gestiegen sind
- die Umlaufgeschwindigkeit des Geldes gesunken ist.

Die erhöhte Geldmenge wird nicht (in vollem Umfang)
- nachfragewirksam verwendet (z. B. die in M3 enthaltenen Geldmarktfondsanteile)
- für die Konsumgüternachfrage verwendet. Preissteigerungen bei Investitionsgütern gehen aber nicht in den HVPI ein.

2.1 Offenmarktpolitik:
Im Rahmen der Erhöhung der Leitzinsen steigt auch der Mindestbietungssatz für die als Zinstender angebotenen Hauptrefinanzierungsgeschäfte. Dadurch wird für Geschäftsbanken die Refinanzierung bei der Zentralbank teurer.

Ständige Fazilitäten:
- Spitzenrefinanzierungsfazilität:
  Der Zinssatz für Tagesgeldkredite, die Geschäftsbanken beim ESZB aufnehmen können, ist gestiegen.
- Einlagefazilität:
  Der Zinssatz für Tagesgeldanlagen ist gestiegen.

Zinskanal:
Die Zinssätze für Übernachtkredite und Übernachtanlagen bilden die Ober- bzw. die Untergrenze für den Geldmarktzinssatz. Innerhalb dieser Spanne (Zinskanal) kann der Geldmarktzinssatz schwanken. Der Geldmarktzinssatz ist gestiegen.

2.2 Die Erhöhung der Leitzinsen soll zu einer Verteuerung der Beschaffung von Zentralbankgeld für das Bankensystem führen. Die gestiegenen Refinanzierungskosten werden bei der Kreditvergabe an die Bankkunden weitergegeben und erhöhen dadurch den Zinssatz für Kredite. Höhere Zinssätze senken tendenziell die Kreditaufnahme und damit das Geldmengenwachstum. Dadurch soll die Nachfrage nach Investitions- und Konsumgütern sinken und das Preisniveau stabilisiert werden.

3.1 Zuteilung nach dem amerikanischen Verfahren:

	Zugeteilte Beträge (in Mio. EUR) zu einem Zinssatz von ...%					**Zuteilung gesamt**	**Rest-zutlg.**
Zinssatz (in %)	**A**	**B**	**C**	**D**	**E**		
2,31	5,00	15,00	10,00	15,00	5,00	50,00	50,00
2,29	(16 × 50/80) 10,00	(14 × 50/80) 8,75	(18 × 50/80) 11,25	(15 × 50/80) 9,375	(17 × 50/80) 10,625	(80 × 50/80) 50,00	0
2,27	0	0	0	0	0	0	0
Zuteilg. gesamt	15,00	23,75	21,25	24,375	15,625	100,00	0

Der marginale Zinssatz liegt bei 2,29 %.

Zinsen für Bank A:
5,00 Mio. EUR zu 2,31 % für 7 Tage = 2 245,83 EUR
10,00 Mio. EUR zu 2,29 % für 7 Tage = 4 452,78 EUR
15,00 Mio. EUR = 6 698,61 EUR

3.2 Unterstellt, die sonstigen Refinanzierungsgeschäfte des ESZB blieben konstant, ergäbe sich eine Veränderung der Zentralbankgeldmenge von
100 Mio. EUR – 180 Mio. EUR = – 80 Mio. EUR
(ohne Berücksichtigung der an das ESZB gezahlten Zinsen).

3.3 Geldschöpfungsmultiplikator m = 1/Reservesatz r = 1/0,10 = 10
Veränderung der Geldschöpfungsmöglichkeit = 10 × (–80) Mio. EUR = – 800 Mio. EUR

4.1 Die Erhöhung der Leitzinsen mit dem Ziel der Preisniveaustabilität kann mit dem Ziel eines hohen Beschäftigungsstandes in Konflikt stehen.

Die mit der Erhöhung der Leitzinsen beabsichtigte Verringerung der Güternachfrage kann zu einer Verminderung der Produktion und damit zu negativen Beschäftigungseffekten führen. Dadurch können beschäftigungspolitische Maßnahmen des Staates konterkariert werden.

4.2 Die Keynesianer gehen davon aus, dass vor allem auf dem Arbeitsmarkt dauerhafte Ungleichgewichte bestehen können. Um die Beschäftigungssituation zu verbessern, sind exogene Anreize zur Steigerung der Güternachfrage erforderlich. Dem Staat kommt dabei eine zentrale Rolle der aktiven Nachfrage am Gütermarkt zu. Nach keynesianischer Auffassung ist es dabei Aufgabe der Geldpolitik, diese Anreize durch eine beschäftigungsfördernde Geldpolitik, d. h. eine Niedrigzinspolitik, zu unterstützen.
Zwar kann nach keynesianischer Auffassung die Geldpolitik keine aktive Rolle an den Gütermärkten ausüben, aber sie soll durch eine Geldmengenexpansion die Voraussetzungen schaffen, dass die zusätzliche kreditfinanzierte staatliche Güternachfrage nicht die private kreditfinanzierte Güternachfrage verdrängt.

4.3 Bei geldpolitischen Maßnahmen zur Erhaltung der Preisniveaustabilität im Euro-Währungsgebiet muss das ESZB völlig unabhängig von den Regierungen der Mitgliedstaaten entscheiden können. Deshalb ist im Vertrag über die Einrichtung der EZB deren Autonomie ausdrücklich festgelegt worden, d. h. der Staat darf keinen Einfluss nehmen.

Abituraufgabe 2008: VWL Aufg. 2

1.1 Prozentuale Veränderung des Preisniveaus vom Jahr 2005 auf 2006:
110,1 – 108,3 = 1,8
108,3 = 100,00 %
1,8 = **1,66 % Preisniveausteigerung**

Prozentuale Veränderung der Kaufkraft vom Basisjahr bis zum Jahr 2006:

110,1 – 100 = 10,1
110,1 = 100,00 %
10,1 = **9,17 % Kaufkraftverlust (in 6 Jahren)**

1.2 - Problem der richtigen Auswahl der Güter, da sich die Verbrauchergewohnheiten und Güter im Zeitablauf ändern

- Problem der Gewichtung der einzelnen Güter im Warenkorb (richtiges Wägungsschema)

- Problem, dass ein realer Haushalt dem statistischen Durchschnittshaushalt exakt entspricht

1.3 Der Reallohn betrug im Jahr 2006 ca. 16 041,00 EUR. (17 661,00 EUR/110,1 × 100)

Reallohnveränderung: 16 041,00 EUR – 16 217,00 EUR = – 176,00 EUR, dies entspricht einer Reallohnsenkung um **1,10 %**.

Die Lohnempfänger konnten im Jahr 2006 mit ihrem Lohneinkommen weniger Güter kaufen als im Jahr 2000. Dies könnte eine Ursache für eine schwache Binnennachfrage sein.

2.1 Vorrangiges Ziel der EZB ist die Stabilität des Preisniveaus.

Dieses Ziel gilt als erreicht, wenn der jährliche Anstieg des HVPI unter, aber nahe bei 2 % liegt.

2.2 Leitzinserhöhungen verteuern die Refinanzierung des Bankensystems bei der Zentralbank. Diese Teuerung wird an die Geschäftskunden weitergegeben und damit die Nachfrage nach Kredit gedämpft. Dies führt tendenziell zu einer Verminderung der Güternachfrage bei gleichbleibendem Angebot. Als Folge verringert sich der Preisdruck. Der Preisniveauanstieg wird vermindert.

2.3 - Stabilität des Preisniveaus: Eine Politik des knappen Geldes verhindert eine inflationäre Entwicklung.

- Stetiges und angemessenes Wirtschaftswachstum: Steigende Zinsen können zu einer sinkenden Investitionsneigung führen. Das kann zu einer Abschwächung des Wirtschaftswachstums führen.

- Hoher Beschäftigungsstand: Als Folge eines zu geringen Wirtschaftswachstums kann die Arbeitslosigkeit steigen.

3.1 Geldschöpfung der Geschäftsbanken:

- Ein Bankkunde zahlt bei seiner Bank Bargeld ein, wodurch sein Sichtguthaben erhöht wird (passive Buchgeldschöpfung). Kreditvergabemöglichkeit der Bank steigt.

- Die Geschäftsbank gewährt einem Kunden einen Kredit oder kauft von einem Kunden Vermögensgegenstände (aktive Buchgeldschöpfung).

Geldschöpfung der Zentralbank:

- Zentralbank kauft Vermögensgegenstände und bezahlt mit Zentralbankgeld (Banknoten/Guthaben bei Zentralbank) oder

- Zentralbank gewährt Kredite gegen Ausgabe von Zentralbankgeld (Banknoten/Guthaben bei Zentralbank).

3.2 Die Geschäftsbanken müssen einen bestimmten Prozentsatz (= Mindestreservesatz) ihrer Kundeneinlagen als Sicherheit bei der Zentralbank in Form einer Sichteinlage halten. Diese wird von der Zentralbank verzinst.

Durch Erhöhung des Mindestreservesatzes könnte die Zentralbank weiteres Zentralbankgeld blockieren (restriktive geldpolitische Maßnahme).
Durch Senkung des Mindestreservesatzes könnte die Zentralbank zusätzliches Zentralbankgeld freisetzen (expansive geldpolitische Maßnahme).

4.1

$$\text{Geldschöpfung} = \frac{\text{Überschussreserve}_1}{\text{Reservesatz}}$$

$$30 = \frac{\text{Ü1}}{0{,}25} \rightarrow \text{Ü1} = \underline{7{,}5 \text{ Mrd. EUR}}$$

Ü1= 75 % = 7,5 Mrd. EUR
100 % = 10 Mrd. EUR

1. Barreserve: 22,5 % von 10 Mrd. EUR = 2,25 Mrd. EUR

4.2 Ermittlung der Höhe der gesamten Mindestreserve:

Kr = 75,0 % = 30 Mio. EUR
Mindestreserve = 2,5 % = 1 Mio. EUR

27 Aktuelle Problemfelder der Wirtschaftspolitik

27.1 Spannungsverhältnis Ökonomie <–> Ökologie – Umweltpolitik –

Aufgaben A:

1. • Grenzen des quantitativen Wachstums
   • Umweltschutz
   • strukturelle Arbeitslosigkeit
   • gerechte Einkommens-, Vermögensverteilung

2. **Quantitatives Wachstum:** Rein zahlenmäßiges Wachstum (zahlenmäßige Erhöhung des realen Bruttosozialprodukts/Bruttoinlandsprodukts)

   Qualitatives Wachstum: Quantitatives Wachstum unter gleichzeitiger Förderung von Umweltschutzmaßnahmen

3. **Grenzen des quantitativen Wachstums:**
   • Bevölkerungsentwicklung (Erwerbstätige)
   • Erschöpfung von Rohstoff- und Energiequellen
   • begrenzte volkswirtschaftliche Kapazität
   • Zerstörung der natürl. Umwelt, Abfallprobleme

4. **Gefahren des quantitativen Wachstums:**
   • umweltbedingte Erkrankungen
   • Erschöpfung von Rohstoff- und Energiequellen
   • Klimaveränderungen („Treibhauseffekt")
   • Zerstörung der natürl. Umwelt, Abfallprobleme

5. Wirtschaftswachstum – Erhaltung einer lebenswerten Umwelt

6. Alternativenergien: Umweltfreundliche Energien (z. B. Sonnenenergie)

   Recycling: Wiederverwendung verbrauchter Güter in der Produktion

   Verkehrspolit. Alternativen: Verkehrsverlagerung auf umweltfreundlichere Verkehrsmittel (z. B. PKW/Bahn), Förderung von Katalysatoren ...

7. • Einsatz von alternativen Energien
   • Recycling
   • Senkung des Benzinverbrauchs
   • Katalysatoren
   • Verkehrsverlagerung (z. B. PKW/Bahn)
   • Gesetz gegen Umweltverschmutzung ...

8. Investitionen im Umweltschutzbereich (Produktion umweltfreundlicher Güter) erhöhen das Bruttoinlandsprodukt und fördern somit das quantitative Wachstum.

Aufgaben B:

1.	**Formen der Umweltbelastung:**	• Luftverschmutzung • Gewässerbelastung • Bodenbelastung
2.	**Folgen der Umweltbelastung:**	• Landschaftszerstörung und Artenvernichtung • Nahrungsmittelvergiftung (Chemierückstände) • Klimaveränderung (Treibhauseffekt...)
3.	**Ökonomie:**	Wirtschaftswissenschaft
	Ökonomie:	Wissenschaft von den Beziehungen der Lebenden zu ihrer Umwelt (Erhaltung einer lebenswerten Umwelt)
4.	**Probleme der Umweltpolitik:**	• steigender Energiebedarf • Verkehr (Luftverschmutzung...) • Landwirtschaft (Rodungen, Düngung...) • Dritte Welt
5.	**Ursachen der Umweltbelastung:**	• Bevölkerungswachstum • intensives Wachstum der Weltwirtschaft • fehlender Zwang und fehlende Anreize zu umweltbewusstem Verhalten
6.	**Ziele der Umweltpolitik:**	• Beseitigung von Umweltschäden • Minimierung von Umweltrisiken • Abwehr von Schäden für Mensch und Umwelt • Schutz künftiger Generationen (Nachhaltigkeit)
7.	**Nachhaltigkeit:**	• Handeln mit Blick in die Zukunft • künftigen Generationen lebenswerte Umwelt sichern
8.	**Prinzipien der Umweltpolitik:**	• Verursacherprinzip • Kooperationsprinzip • Vorsorgeprinzip • Gemeinlastprinzip
9.	**Instrumente der Umweltpolitik:**	• Internalisierung durch Verhandlungen • Internalisierung durch Umwelthaftungsrecht • Internalisierung durch Ökosteuern und Subventionen • Umweltauflagen • Umweltzertifikate (= Emissionslizenzen)
10.	**Externe Kosten:**	Kosten der Allgemeinheit
	Interne Kosten:	Kosten des Verursachers
11.	**Kyoto-Protokoll:**	Verpflichtung der größten Industriestaaaten, ihre Kohlendioxid-Emissionen von 2008 bis 2012 um mindestens 5 % unter das Niveau von 1990 zu senken

28 Außenwirtschaft und Globalisierung

28.3 System freier Wechselkurse

1./2. Vgl. Stofftelegramm

3. **Wechselkurs** (WK): Austauschverhältnis zwischen zwei Währungen – Menge ausländischer Währungseinheiten, die man für 1,00 EUR erhält

   Aufwertung: Erhöhung des Außenwerts einer Währung = steigender WK; Bsp.: Aufwertung des EUR: $-Kurs steigt von 1,02 auf 1,10 ($).

   Abwertung: Senkung des Außenwerts einer Währung = sinkender WK; Bsp.: Abwertung des EUR: $-Kurs sinkt von 1,10 auf 1,02 ($).

4. a) **Aufwertung:** Importe steigen (Auslandswaren werden für Deutsche billiger.)
   Exporte sinken (Deutsche Waren werden für Ausländer teurer.)

   b) **Abwertung:** Importe sinken (Auslandswaren werden für Deutsche teurer.)
   Exporte steigen (Deutsche Waren werden für Ausländer billiger.)

5. **Floating:** („Treibenlassen") = Frei schwankende (flexible) Wechselkurse ohne Eingriffsverpflichtung der Zentralbank.

6. **Gleichgewichtskurs:** Wechselkurs, bei dem Euroangebot und Euronachfrage gleich hoch sind

7. a) **Ursachen Abwertung:**
   – Importe steigen, Euroangebot steigt: WK sinkt (Abwertung)
   – Exporte sinken, Euronachfrage sinkt: WK sinkt (Abwertung)

   b) **Ursachen Aufwertung:**
   – Importe sinken, Euroangebot sinkt: WK steigt (Aufwertung)
   – Exporte steigen, Euronachfrage steigt: WK steigt (Aufwert.)

8. **Vorteile flexibler WK:**

   – Bildung eines Gleichgewichtskurses, der dafür sorgt, dass die jeweilige Währung weder unter- noch überbewertet ist und den tatsächlichen Ex- u. Importverhältnissen entspricht.

   – Das Halten großer Devisenreserven durch die Bundesbank für vorgeschriebene Interventionen erübrigt sich.

   – Importpreise bleiben im Wesentlichen konstant.

   – Tendenz zum Ausgleich von Handelsüberschüssen u. -defiziten (= wirtschaftspolitisches Ziel) = Wechselkursmechanismus

   – keine inflatorische Wirkung von Außenhandelsüberschüssen (keine importierte Inflation)

   Nachteile flexibler WK:
   – Auslandsgeschäfte mit hohen Wechselkursrisiken belastet, da unkalkulierbare Wechselkursschwankungen möglich sind.

   – Anreiz zu Spekulationsgeschäften

9. Vgl. Stofftelegramm

10. a) Hoher $-Kurs:
   - US-Waren sind für Deutsche relativ billig: hohe Importe
   - deutsche Waren für Amerikaner relativ teuer: niedrige Exp.

   b) Niedriger $-Kurs:
   - US-Waren sind für Deutsche relativ teuer: niedrige Imp.
   - deutsche Waren für Amerikaner relativ billig: hohe Exporte

11. a)
   - Preissteigerung Inland > Preissteigerung Ausland
   - Missernten im Inland
   - Wachstum im Inland
   - ausländ. Waren technisch besser

   b)
   - Preissteigerung Inland < Preissteigerung Ausland
   - Missernten im Ausland
   - Wachstum im Ausland
   - inländ. Waren technisch besser

12. a) Gründe für steigendes Euroangebot: steigende Importe, Kapitalflucht ins Ausland (Spekulation, Steuervorteile, Zinsunterschiede) ...

   b) Gründe für steigende Euronachfrage: steigende Exporte, Kapitalimporte (Spekulation, Steuervorteile Inland, Zinsunterschiede) ...

13. a) Steigender $-Kurs = Aufwertung des Euro. Folge für deutsche Exporteure: Deutsche Waren werden für Amerikaner teurer, Exporte sinken (Nachteil also für Exporteure).

   b) USA-Reisende haben Vorteile, da US-Waren (einschließl. US-Dienstleistungen) billiger.

14. a) Verkauf von Euro (Euroangebot steigt, Wechselkurs sinkt)

   b) Kauf von Euro gegen $ (Euronachfrage steigt, Wechselkurs steigt)

15. a) Exporte sinken (Probleme der Exportwirtschaft; negative Wirkung auf Sozialprodukt)

   b)
   - Das Sinken der Exporte führt möglicherweise zu einem außenwirtschaftlichen Gleichgewicht i. S. des Stabilitätsgesetzes. Die Geldmenge steigt weniger an bzw. sinkt: positiver Einfluss auf die Inflationsrate.
   - Importpreise sinken (ausländische Rohstoffe werden billiger)
   - Reisen ins Ausland werden billiger

16. Folgen d. Aufwertung:
   - Exporte sinken, inländische Geldmenge sinkt, Inflationsbremse.
   - Importe steigen; evtl. Weitergabe der Kostenvorteile an die inländischen Verbraucher. Folge: Inflationsbremse.

17. Vgl. Stofftelegramm

18. a) Sinkende Wechselkurse (= Abwertung des EUR): Importe sinken, Exporte steigen; Aktivsaldo wird vergrößert.

   b) Steigende Wechselkurse (= Aufwertung des EUR): Importe steigen, Exporte sinken; Aktivsaldo wird kleiner bzw. es entsteht ein Passivsaldo (Importüberschüsse).

19. a) Sinkende Wechselkurse (= Abwertung des EUR): Importe sinken, Exporte steigen; Hochkonjunktur wird verstärkt, die Inflationsrate steigt wegen steigender Geldmenge.

   b) Steigende Wechselkurse (= Aufwertung des EUR): Importe steigen, Exporte sinken; Hochkonjunktur wird gebremst, die Inflationsrate sinkt wegen sinkender Geldmenge.

20. Vergrößerung des $-Angebots (Euronachfrage steigt), um Dollarkurssenkungen zu vermindern bzw. einen als zu niedrig betrachteten Dollarkurs zu erhöhen; Möglicherweise will die EZB hiermit steigende Exportüberschüsse u. damit verbundene Inflationsrisiken vermeiden.

29 Die Europäische Integration

1. Es existieren keine Grenzen für Menschen, Waren, Dienstleistungen und Kapital.

2. Eine WWU verlangt zusätzlich zum Binnenmarkt: Abstimmung der Wirtschaftspolitik, unabhängige europäische Zentralbank mit einheitlicher Geldpolitik, einheitliche Währung

3. Vgl. Stofftelegramm

4. • Bis 1. Januar 1999 sollte die Europäische Wirtschafts- u. Währungsunion errichtet werden.
   • Nennung der Voraussetzungen für Aufnahme in die EWWU (Konvergenzkriterien, vgl. 7.)
   • Drei-Stufen-Plan (vgl. 5.)

5. • 1. Stufe (1990 - 93):
     – Liberalisierung Kapitalverkehr
     – Realisierung des europäischen Binnenmarktes

   • 2. Stufe (1994 - 98):
     – Annäherung (Konvergenz) in Wirtschafts-, Finanz- u. Geldpolitik; best. Konvergenzkriterien (vgl. 7.) müssen von jedem Land erfüllt werden zwecks Aufnahme in die EWWU.
     – Errichtung des Europäischen Währungsinstituts (EWI)
     – keine Finanzierung öffentlicher Haushalte durch Notenbanken
     – Überführung der nationalen Notenbanken in die Unabhängigkeit
     – Entscheidung über den Beginn der EWWU und die Teilnehmer
     – Errichtung des Europäischen Systems der Zentralbanken (ESZB)

   • 3. Stufe (1999 - 02):
     – Start der Währungsunion am 1. Januar 1999
     – Festlegung der Wechselkurse der Teilnehmerwährungen
     – Einheitliche Geldpolitik durch das Europ. Zentralbanksystem
     – Noten-, Münzausgabe in Euro

6. Konvergenz = Annäherung der einzelnen Teilnehmerländer hinsichtlich Preisniveaustabilität, stabile Staatsfinanzen, stabile Wechselkurse und Zinsniveau

7. • Stabiles Preisniveau: Inflat.rate max. 1,5 % über Durchschnitt der 3 stabilsten Länder
   • Gesunde Staatsfinanzen: jährl. Neuverschuldung max. 3 % des Bruttoinlandsprodukts sowie Staatsschulden insgesamt max. 60 % des BIP
   • Stabile Wechselkurse: mind. 2 Jahre EWS-Teilnahme ohne große Kursschwankung
   • Angemess. Zinsniveau: durchschnittl. lfr. Zinssatz 1997 max. 2 % über dem Satz der drei preisstabilsten Länder

8. a) Die Konvergenzkriterien sollen nicht nur zu einem bestimmten Stichtag erreicht werden, sondern auch nach Aufnahme in die EWU erfüllt werden.

   b) Im schlimmsten Falle drohen bei Nichteinhaltung der Kriterien Geldbußen.

9. Vgl. Stofftelegramm (Vor-, Nachteile)

10. Vorteile: Erreichung einer stabilen gesamtwirtschaftlichen Lage (Preisniveaustabilität, gesunde Staatsfinanzen, stabile Wechselkurse, angemessenes Zinsniveau)

    Nachteile: In einer Konjunkturflaute bewirkt das Anstreben von Konvergenzkriterien eine Verschärfung der Situation: Verhinderung konjunkturfördernder Staatsausgaben und Steuersenkungen –> Aufschwung evtl. verhindert.

11. Vgl. 10. (Nachteile)

12. Vgl. Stofftelegramm

30 Eine Reise durch die Welt der BWL (Vermischte Aufgaben)

Aufgabe 1

1. **Haftung des Komplementärs** (Vollhafters): unbeschränkt, unmittelbar, solidarisch

   Haftung des Kommanditisten:
   - Nur Einlage laut HR-Eintrag (= Haftsumme) haftet.
   - unmittelbare Haftung nur in Höhe einer nicht voll eingezahlten Einlage
   - Haftsumme kann abweichen von der im Gesellschaftsvertrag bedungenen Pflichteinlage. Ist Haftsumme > Pflichteinlage: Für Differenz haftet Kommanditist unmittelbar.
   - Haftung bei Neueintritt sowie vor Eintragung der KG ins Handelsregister: Bis zum Eintrag ins Handelsregister Haftung wie Vollhafter, erst nach HR-Eintrag Teilhafter.

2. Der Handelsregistereintrag bewirkt erst die beschränkte Haftung des Kommanditisten. Der Kommanditist sollte also darauf achten, dass sein Gesellschaftsverhältnis möglichst erst mit Handelsregistereintrag beginnt. Vgl. auch 1.

3. Komplementär: Gewinnanteil erhöht den Stand seines Kapitalkontos.
   Kommanditist: Noch nicht ausbezahlter Gewinnanteil stellt eine Verbindlichkeit dar.

4.1 Selbstfinanzierung: 480 000,00 EUR – 180 000,00 EUR = 300 000,00 EUR

4.2 Komplementär: Anfangskapital + Gewinnanteil – Privatentnahmen = Endkapital
Anfangskapital = 2 000 000 – 300 000 = 1 700 000,00 EUR
Kommanditist: 400 000,00 EUR (bleibt unverändert)

5. Das tatsächliche Eigenkapital ist aufgrund stiller Rücklagen wesentlich höher. Beispiele:
   - Stille Rücklagen im Anlagevermögen:
     - Grundstücke (hohe stille Rücklagen durch Anschaffungswertprinzip)
     - Unterbewertung Maschinen: Sonderabschreibungen oder degressive Abschreibungen
     - Vollabschreibung der geringwertigen Wirtschaftsgüter im Jahr der Anschaffung
   - Stille Rücklagen im Umlaufvermögen:
     - Unterbewertung RHB aufgrund des strengen Niederstwertprinzips
     - Unterbewertung der Fertigerzeugnisse (Nichtaktivierung von Gemeinkosten)
   - Stille Rücklagen bei den Passiva (Überbewertung):
     - Ansatz zu hoher Rückstellungen

6.
   - Ansatz eines kalkulatorischen Unternehmerlohnes in der Kosten- und Leistungsrechnung
   - Kalkulatorisch höher angesetzte Kosten bei Rückstellungen
   - Kalkulatorische Abschreibungen > bilanzielle Abschreibungen
   - Neutrale Erträge erhöhten den Bilanzgewinn (Neutralisierung im Betriebsergebnis)

7.1 $$\textbf{EK-Rentabilität} = \frac{\text{JÜ} \times 100}{\text{Eigenkapital}} = \frac{540\,000 \times 100}{2\,400\,000} = 22{,}5\ \%$$

$$\textbf{GK-Rentabilität} = \frac{(\text{JÜ} + \text{Zinsaufw.}) \times 100}{\text{Gesamtkapital}} = \frac{1\,160\,000 \times 100}{11\,250\,000} = 10{,}3\ \%$$

$$\textbf{Umsatzrentabilität} = \frac{\text{JÜ} \times 100}{\text{Umsatzerlöse}} = \frac{540\,000 \times 100}{12\,500\,000} = 4{,}3\ \%$$

7.2 • Es wurde nicht der um die außerordentlichen Aufwendungen und Erträge korrigierte Jahresüberschuss angesetzt.
• Es wurde kein kalkulatorischer Unternehmerlohn (KG!) berücksichtigt.

8. Leverage-Effekt: Weitere Verschuldung für Investitionen sinnvoll, wenn Zinssatz für Fremdkapital < Gesamtkapitalrentabilität der Investition.

Die Gesamtkapitalrentabilität liegt bei 10,3 %; der Zinssatz liegt aufgrund der vorliegenden Zahlen (Fremdkapital, Zinsaufwendungen) bei ca. 7 %. Sofern sich weitere Investitionen ebenfalls mit 10,3 % rentieren, wäre bei Kapitalmangel eine weitere Fremdkapitalaufnahme evtl. sinnvoll.

9.

$$\textbf{Grad der finanziellen Unabhängigkeit (Eigenkap.quote)} = \frac{\textbf{EK} \times \textbf{100}}{\textbf{Gesamtkapital}} = \frac{\textbf{2 400 000}}{\textbf{11 250 000}} = \textbf{21,3 \%}$$

Beurteilung: Relativ hoher Verschuldungsgrad (ca. 79 %), der jedoch noch als normal für deutsche Unternehmen bezeichnet werden kann. Vgl. auch 8.

$$\textbf{Verschuldungsgrad (Verschuldungskoeffizient)} = \frac{\textbf{FK (}\times\textbf{ 100)}}{\textbf{Eigenkapital}} = \frac{\textbf{8 850 000}}{\textbf{2 400 000}} = \textbf{3,69 (s.o.)}$$

$$\textbf{Liquidität 2. Grades} = \frac{\textbf{(Flüss. Mittel + Forderungen)} \times \textbf{100}}{\textbf{kfr. Verbindlichkeiten}} = \frac{\textbf{1 250 000} \times \textbf{100}}{\textbf{950 000}} = \textbf{131,58 \%}$$

Beurteilung: Gute Liquiditätslage; geforderter Mindestwert: 100 %.
Die anderen Liquiditätskriterien sollten jedoch auch bekannt sein.

$$\textbf{Deckungsgrad. II} = \frac{\textbf{(EK + lfr. FK)} \times \textbf{100}}{\textbf{AV}} = \textbf{118,4 \%}$$

Beurteilung: Deckungsgrad II sollte mindestens 100 % betragen. Letzteres ist hier erfüllt, allerdings keine „rosige“ Situation, zumal auch der Eiserne Bestand des Umlaufvermögens (hier unbekannt) mit Eigenkapital oder langfristigem Fremdkapital finanziert sein sollte.

Cash flow = Jahresüberschuss + Abschreibungen auf Anlagen
+ Zuführung zu langfristigen Rückstellungen
= 540 000 + 1 300 000 + 300 000 = **2 140 000,00 EUR.**

Beurteilung: Die Ertragskraft des Unternehmens ist außerordentlich gut.

10. Der cash flow ist ein Maßstab für die Ertragskraft, Selbstfinanzierungskraft, Kreditwürdigkeit und Expansionsfähigkeit eines Unternehmens. Er stellt den augenblicklich verfügbaren Betrag für Zahlungen jeder Art dar.

11./12. Vgl. Stofftelegramm

13. Es handelte sich um geringwertige Wirtschaftsgüter, die im Jahr der Anschaffung voll abgeschrieben werden dürfen.

14.1 **Anleihen:** = Gläubigerpapier = festverzinsliches Wertpapier; Inhaber = Gläubiger; Inhaber erhält von Jahr zu Jahr gleichbleibende Zinsen; geringes Kursrisiko, da nur kleinere Kursschwankungen und Rückzahlung zum Nennwert.

Aktien: = Teilhaberpapier = Dividendenpapier; Inhaber = Eigentümer; Inhaber erhält von Jahr zu Jahr evtl. schwankende Dividende; hohes Kursrisiko; Aktie = Urkunde über die Beteiligung an einer AG.

14.2 **Inhaberaktien:** Weitergabe durch Einigung und Übergabe

Vinkulierte Namensaktien: Weitergabe durch Einigung + Übergabe + Eintrag Aktienbuch + Indossament + Zustimmung der AG

14.3 a) 62 500,00 EUR oder (bei voraussichtlich dauernder Wertminderung) 54 700,00 EUR; Begründung: Beim Anlagevermögen gilt das gemilderte Niederstwertprinzip.

b) 62 500,00 EUR; Begründung: Die Anschaffungskosten dürfen niemals überschritten werden (Anschaffungswertprinzip).

14.4 a) 54 700,00 EUR (Beim Umlaufvermögen gilt das strenge Niederstwertprinzip.)

b) 62 500,00 EUR (vgl. 16 3)

15.1 1,20 $ = 1,00 EUR
114 000,00 $ = **95 000,00 EUR**

15.2 91 200,00 EUR (Kurs 1,25)

15.3 Bilanzgewinn steigt.

16.1 Gewinn sinkt, da jede Rückstellungsbuchung lautet: **Aufwand** an Rückstellungen.

16.2 Rückstellungen zählen zum Fremdkapital, Rücklagen zum Eigenkapital.

16.3 Rücklagen = einbehaltene Gewinne. Bei der **AG** ist gezeichnetes Kapital eine feste Größe: Einbehaltene Gewinne sind daher auf anderes Eigenkapitalkonto (Rücklagen) zu buchen.

KG: einbehaltene Gewinne werden auf das flexible Komplementär-Kapitalkonto gebucht.

17. **Obergrenze Handelsbilanz:**

	EUR
MEK	30 000,00
MGK 40 %	12 000,00
FEK	50 000,00
FGK 180 %	90 000,00
SEKF	1 000,00
VwGK	2 000,00
	185 000,00
– Zusatzkosten	3 000,00
Herstellungskosten	**182 000,00**

Untergrenze Handelsbilanz:

182 000,00 – 2 000,00 = **180 000,00 EUR**

18.1 Verlust bei Minimalschätzung = 8 400 × 500 – 7 000 × 500 – 1 000 000 = – 300 000,00 EUR
Gewinn bei Optimalschätzung = 8 400 × 1 500 – 7 000 × 1 500 – 1 Mio. = + 1,1 Mio. EUR

Nutzenschwelle: 8 400 × x = 7 000 × x + 1 000 000 x = 715 Stück

Die Nutzenschwelle liegt um 215 Stück über der Minimalschätzung. In Anbetracht des Unternehmerrisikos (Verlustrisiko bei Minimalschätzung: 300 000,00 EUR!) sollte zunächst die Möglichkeit geprüft werden, ohne größere Investitionen im bisherigen Unternehmen - zumindest im Anfangsstadium - zu produzieren. Ein leichterer Ausstieg ist dann bei negativer Entwicklung wieder möglich. Alternativargumentationen möglich.

18.2 8 400 × 600 = 7 000 × 600 + x x = 840 000,00 EUR Fixkosten

18.3.1 Das Produkt hat einen negativen Deckungsbeitrag.

18.3.2 a) P = 8 400,00 EUR ./. 10 % = 7 560,00 EUR ./. 7 000,00 EUR (kv) = 560,00 EUR Deckungsbeitrag Wir erzielen einen positiven Deckungsbeitrag. Der Kunde sollte gehalten werden.

b) Gesamtgewinnverringerung um 840,00 EUR × 50 Stück = 42 000,00 EUR

c) Im Vergleich zu b) zusätzliche Gewinnverringerung bei Kundenverlust:
560,00 EUR × 50 Stück = 28 000,00 EUR

d) Man sieht die Gefahr, dass der Preisnachlass bei anderen Kunden bekannt wird und diese ebenfalls günstigere Preise durchsetzen wollen.

Aufgabe 2

1 Jahresüberschuss – Verlustvortrag = 5 500 – 24 = 5 476, davon 5 % = 273,8; wegen Rücklagenhöhe von 2 850 sind nur 3 000 – 2 850 = **150** zuzuführen.

2

Jahresüberschuss – Verlustvortrag – Einstellung in gesetzliche Rücklage =	5 326
– Einstellung in andere Gewinnrücklagen 50 %	2 663
Bilanzgewinn	**2 663**

3 30 000 000 : 50 = 600 000 Aktien; 2 663 : 600 = 4,438 –> Stückdividende = **4,00 EUR**
Bilanzgewinn – Dividende = 2 663 – 2 400 [600 000 × 4] = **263 Gewinnvortrag**

4 Vgl. Stofftelegramm

5.1 Betriebsergebnis insgesamt = Umsatzerlöse – Selbstkosten = 19 000 – 18 660 = 340 TEUR

Heizungspumpen: 2 400 – 2 600 = – 200 TEUR (Betriebsverlust)

Schiffspumpen: 16 600 – 16 060 = + 540 TEUR (Betriebsgewinn)

5.2 Einstellung Heizungspumpenproduktion, da Vollkostenrechnung Verlust (200 TEUR) ergibt.

6.1

Kostenaufspaltung:	Heizungspumpen var. Ko.	Heizungspumpen fixe Ko.	Schiffspumpen var. Ko.	Schiffspumpen fixe Kosten
Fertigungsmaterial	220		1 880,0	
Materialgemeinkosten	55	55	470,0	470,0
Fertigungslöhne I	340		2 160,0	
Fertigungsgemeinkosten I	104	416	660,0	2 640,0
Fertigungslöhne II	410		2 190,0	
Fertigungsgemeinkosten II	96	384	512,0	2 048,0
Bestandsveränderungen	– 320	– 160	+ 120,0	+ 60,0
Verwaltungsgemeinkosten	220	660	497,5	1 492,5
Vertriebsgemeinkosten	30	90	215,0	645,0
Summe	1 155	1 445	8 704,5	7 355,5

Deck.beitragsrechn.	Heiz. pumpen	Schiffspumpen
Umsatzerlöse	2 400	16 600
variable Kosten	1 155	8 704,5
Deckungsbeitrag	1 245	7 895,5
- fixe Kosten	8 800,5	
Betriebsgewinn	+ 340	

6.2 Das Produkt Heizungspumpen leistet Deckungsbeitrag von 1 245 TEUR. Bei Einstellung der Produktion dieser Pumpen würde Deckungsbeitrag wegfallen und Betriebsergebnis sich um diesen Betrag verringern.

6.3 Die kurzfristige (absolute) Preisuntergrenze liegt bei den variablen Stückkosten.

Heizungspumpen: 1 155 000 : 9 500 = **121,58 EUR**

Schiffspumpen: 8 704 500 : 3 000 = **2 901,50 EUR**

Aufgabe 3

1.1 1 400 000,00 EUR = 100 %
2 723 000,00 EUR = **194,5 % Bilanzkurs**

1.2 50,00 EUR = 100 %
160,00 EUR = **320 % Börsenkurs**

320 % – 194,5 % = 125,5 % von 1 400 000,00 EUR
= **1 757 000,00 EUR stille Reserven**

1.3 Vgl. Stofftelegramm Kapitel 10.3

1.4.1

Bilanzposition	Bilanzansatz EUR	Untersuchung EUR	stille Reserven EUR
Grundstücke	908 600	1 958 600	1 050 000
Betriebsausst.	214 976	204 976	= Überbewertung
and. Rückstell	1 103 930	1 053 930	= Überbewertung

1.4.2 Grundstücke: Wertobergrenze =Anschaffungskosten; Wertsteigerungen über die Anschaffungskosten hinaus dürfen nicht angesetzt werden.
Betr.ausst.: keine Pflicht zur außerplanmäßigen Abschreibung, falls Wertminderung nicht von Dauer (gemildertes Niederstwertprinzip beim Anlagevermögen).

2. 560 000,00 EUR : 70,00 EUR = 8 000 neue Aktien × 50,00 EUR = 400 000,00 EUR Kapitalerhöhung; 1 000 000,00 (altes GK) : 400 000,00 (Kapitalerhöhung) = **5 : 2 Bezugsverhältnis**

$\frac{170 - 70}{5/2 + 1}$ = **28,57 EUR Bezugsrecht** 170 – 28,57 = **141,43 Kurs ex Bezugsrecht**

3.
- Größengleichheit zwischen Kapitalbedarf und Kapitalverwendung
- Kostenoptimale Finanzierungsart auswählen
- Fristengleichheit zwischen Vermögen und Kapital
- Beachtung der Richtlinien „Stabilität", „Liquidität" und „Rentabilität"

4.1 – Rabattkartell: grundsätzlich wettbewerbshemmend; verboten

– Normenkartell: i. d. R. wettbewerbsfördernd, da Teile von verschiedenen Herstellern untereinander austauschbar sind; evtl. gem. § 2 GWB freigestellt

– Submissionskartell: schaltet den Wettbewerb aus und schädigt die Allgemeinheit durch überhöhte Preise; verboten

4.2 Vgl. Stofftelegramm

4.2 Vgl. Stofftelegramm

32 Abituraufgaben 2009

BWL

Aufgabe 1: AG (Unternehmensführung, Rechnungslegung, Auswertung des Jahresabschlusses)

1.1 **Ökonomische Ziele** dominieren das Leitbild der DRUMA AG:
Halten/Erweiterung der weltweiten Marktanteile, hohe Kundenzufriedenheit, hoher Qualitätsstandard der Produkte, Prozessoptimierung, Kostenreduktion. Diese wirken sich auf das Oberziel eines maximalen bzw. angemessenen Gewinns aus.

Das **ökologische Ziel** „schonender Einsatz von Ressourcen“ nimmt auf Belange des Umweltschutzes Rücksicht.

Das **soziale Ziel** „Sicherung von Arbeitsplätzen“ stärkt die Stellung der Mitarbeiter im Unternehmen.

1.2 Schülerabhängige Antwort

Möglicher **Zielkonflikt:** z. B. Kostenreduktion und Erhöhung des Marktanteils. Eine Erhöhung des weltweiten Marktanteils könnte verstärkte Werbemaßnahmen, Errichtung von Absatzstützpunkten in Übersee usw. erfordern; beide Maßnahmen wirken Kosten erhöhend.

Mögliche **Zielharmonie:** z. B. hohe Qualitätsstandards und hohe Kundenzufriedenheit Gleichbleibend hohe Qualität verhindert Häufung von Kundenreklamationen.

1.3 Beim **Shareholder-Value-Konzept** stehen bei der Formulierung der Unternehmensziele die Interessen der Kapitaleigner (z. B. Kurssteigerung, hohe Rendite) im Vordergrund.

Beim **Stakeholder-Konzept** werden neben den Interessen der Kapitaleigner auch die Interessen anderer Anspruchsgruppen (Kunden, Öffentlichkeit, Mitarbeiter, Lieferanten, Gewerkschaften usw.) berücksichtigt.

2.1 $$\text{Eigenkapitalquote} = \frac{\text{Eigenkapital} \times 100}{\text{Gesamtkapital}} = \frac{1\,260{,}00 \times 100}{3\,600{,}00} = 35\ \%$$

$$\text{Liquidität II} = \frac{(\text{Barmittel} + \text{Bankguthaben} + \text{Forderungen}) \times 100}{\text{kurzfristiges Fremdkapital}}$$

$$= \frac{1\,127{,}00 \times 100}{1.150{,}00} = 98\%$$

$$\text{Anlagendeckungsgrad II} = \frac{(\text{ EK} + \text{langfr. FK}) \times 100}{\text{AV}} = \frac{(1\,260{,}00 + 1\,190{,}00) \times 100}{1\,470{,}00}$$

2.2 Im Vergleich zur Branche hat die DRUMA AG eine hohe EK-Quote. Dies spricht für eine hohe finanzielle Unabhängigkeit und Krisensicherheit des Unternehmens.

Der Liquiditätsgrad II liegt über dem Branchendurchschnitt und erfüllt in etwa die Faustregel (100 %).

Der Anlagendeckungsgrad II übertrifft mit 166 2/3 % die Vorgabe der „goldenen Bilanzregel "(mindestens 100 %) bei weitem und liegt deutlich über dem Branchendurchschnitt von 70 %.

Aufgrund der ermittelten Werte und im Branchenvergleich ist die DRUMA AG als kreditwürdig einzustufen.

2.3 Die Aussage trifft weitgehend zu, da

- z. B. aufgrund der Liquiditätsgrade die Zahlungsfähigkeit eines Unternehmens nur bezogen auf die Verhältnisse am Bilanzstichtag beurteilt werden kann. Fälligkeitstermine und laufende Zahlungsverpflichtungen nach dem Bilanzstichtag wie z. B. für Miete, Löhne und Gehälter sind gegebenenfalls nicht erkennbar.
- eventuell vorhandene stille Reserven kurzfristig aufgelöst werden können und somit die Liquiditätslage verbessern.

2.4.1 Cashflow = JÜ + Abschreibungen + Erhöhung/- Verminderung langfr. Rückstellung
254 + 129 + 19 – 25 = 377 Mio. EUR

2.4.2 Bei der Ermittlung des Jahresüberschusses werden unter anderem nicht auszahlungswirksame Aufwendungen (z. B. Abschreibungen, Zuführungen zu langfristigen Rückstellungen) und nicht einzahlungswirksame Erträge (z. B. Bestandserhöhungen) einbezogen. Dies kann zu finanzwirtschaftlichen Fehlschlüssen in Bezug auf den Zahlungsmittelüberschuss, der für Investitionszwecke und Kredittilgung zur Verfügung steht, führen.

3.1 Langfristig sinkt der

- Liquiditätsgrad II, weil unter sonst unveränderten Bedingungen durch Zinszahlung und Tilgung die Barmittel und Bankguthaben verringert werden.
- Anlagendeckungsgrad II, weil unter sonst unveränderten Bedingungen durch Tilgung das langfristige Fremdkapital und somit der Zähler der Kennzahl stärker sinkt als das übrige Anlagevermögen durch die Abschreibung im Nenner. Der Zähler sinkt schneller als der Nenner.

3.2 Die Befürchtung des Vorstands kann zutreffen, wenn im konjunkturellen Abschwung aufgrund geringerer Umsatzerlöse der Jahresüberschuss sinkt und dadurch die Gesamtkapitalrentabilität unter den Fremdkapitalzinssatz fällt. In einem solchen Fall verringert sichdie Eigenkapitalrentabilität durch die Erhöhung des Verschuldungsgrades.

Aufgabe 2: Vollkostenrechnung, Kostenanalyse, Deckungsbeitragsrechnung, Prozesskostenrechnung

1.1 Selbstkosten/Stück = 1 088 000,00 EUR/272 Stück = 4 000,00 EUR

= Selbstkosten	4 000,00 EUR	↓
+ Gewinn (10,58 %)	**423,20 EUR**	
= Barverkaufspreis	4 423,20 EUR	↑
+ 3 % Kundenskonto	136,80 EUR	
= Zielverkaufspreis	4 560,00 EUR	
+ 5 % Kundenrabatt	240,00 EUR	
= Listenverkaufspreis	4 800,00 EUR	

1.2 $E = K \rightarrow P \times x = k_v \times x + K_{fix}$
k_v = (Selbstkosten – Fixkosten) / 272
= (1 088 000 – 549 440) / 272 = 1 980,00 EUR

4 423,20 × x = 1 980 x + 549 440
x = 224,89 –> <u>225 Stück</u>

1.3 Die Ansicht des Controllers ist richtig, weil
- durch die Eliminierung der Produkte mit geringerer Umsatzrentabilität die Fixkosten zumindest kurzfristig von anderen Produkten mitgetragen werden müssen. Insgesamt verschlechtert sich dadurch sogar die Gewinnsituation, wenn das eliminierte Produkt einen positiven Deckungsbeitrag erwirtschaftet hat.
- bei Existenz von Sortimentsverbünden auch Produkte mit höherer Umsatzrentabilität durch das Ausscheiden von Produkten mit nicht ausreichender Umsatzrentabilität Absatzverluste erleiden.

2.1 Vormonat:

Erlöse (600 × 3.000)	1 800 000,00 EUR
– var. Kosten (600 × 1 800)	1 080 000,00 EUR
= Deckungsbeitrag	720 000,00 EUR
– Fixkosten (600 × 1 180)	708 000,00 EUR
= Betriebsergebnis Zweigwerk I	12 000,00 EUR

Laufender Monat:

Erlöse (680 × (**1 800 + 1 180**))	2 026 400,00 EUR
– var. Kosten (680 × 1 800)	1 224 000,00 EUR
= Deckungsbeitrag	802.400,00 EUR
– Fixkosten	708 000,00 EUR
= Betriebsergebnis Zweigwerk I	94 400,00 EUR

Das Betriebsergebnis erhöht sich um 82.400,00 EUR. Ursache ist die Erhöhung der Erlöse bei gleichbleibenden Fixkosten. Aufgrund der mit der erhöhten Produktionsmenge einhergehenden Fixkostendegression ist die Minderung der Fixkosten/Stück stärker als die Preissenkung/Stück.

2.2 Langfristige Preisuntergrenze = Stückkosten_{neu}
Preis_{neu} = k(x) = 708 000/800 + 1 800 = 2 685,00 EUR/Stück
2 980 – 2 685 = 295,00 EUR Preissenkungsspielraum

2.3.1 - Langfristige Betrachtung: Entscheidungsrelevant sind alle Kosten.
2 550x = 1 800x + 708 000 –> x = 944 Stück (kritische Menge)
Bei gegebenem Bezugspreis ist der Fremdbezug kostengünstiger, wenn die Absatzmenge weniger als 944 Stück beträgt.
- Kurzfristige Betrachtung: Entscheidungsrelevant sind nur die variablen Kosten. Da der Bezugspreis oberhalb der eigenen variablen Stückkosten liegt, ist ein Fremdbezug bei keiner Absatzmenge lohnend.

2.3.2 - Lieferungsverzögerungen infoge Streiks beim Zulieferer usw.
- Qualitätssicherung erfordert zusätzliche Kontrollmaßnahmen

3.1

$$\text{FGKZ I}_{\text{bisher}} = \frac{(288\,000 + 28\,800) \times 100}{120\,000} = 264\ \%$$

	Individuelle Sauna
Fertigungslöhne I	1 500,00 EUR
+ 264 % Fertigungsgemeinkosten I	3 960,00 EUR
= Fertigungskosten I	5 460,00 EUR

3.2 siehe **Anlage zu Teilaufgabe 3.2**

3.3

$$\text{FGKZ I}_{\text{neu}} = \frac{288\,000 \times 100}{120.000} = 240\ \%$$

Fertigungslöhne I	1 500,00 EUR
+ 240 % Fertigungsgemeinkosten I	3 600,00 EUR
+ Prozesskosten Neukonstruktion	600,00 EUR
+ Prozesskosten Arbeitsplanänderung	300,00 EUR
+ Prozesskosten Materialdisposition	60,00 EUR
+ Prozesskosten Terminplanung	30,00 EUR
= Fertigungskosten I	6 090,00 EUR

3.4

	vorher	nachher	Abweichung
FGK I	3 960,00 EUR	4 590,00 EUR	630,00 EUR

Die traditionelle Zuschlagskalkulation rechnet dem Produkt „individuelle Sauna“ (Typ B) 630,00 EUR zu wenig Gemeinkosten zu, wodurch es zu einer Kostenunterdeckung kommt.

Die Prozess kostenrechnung vermeidet diesen Fehler, indem sie die Gemeinkosten verursachungsgerechter zuordnet. Eine Quersubventionierung durch das einfachere und damit kostengünstigere Produkt „Standardsauna“(Typ A) wird dadurch weitgehend vermieden.

Anlage zu Teilaufgabe 3.2: Prozesskostenrechnung

Teilprozess	Typ	Kostentreiber	Arbeitszeitbeanspruchung (in Mannmonaten)	Prozessmenge	Gesamtkosten je Teilprozess (EUR)	Teilprozesskosten lmi (EUR)	Teilprozesskosten lmn (EUR)	Prozesskostensatz (EUR)
Neukonstruktion	lmi	Anzahl Neukonstruktionen	4	40	19 200,00	480	120	600
Arbeitsplanänderg.	lmi	Anzahl Arbeitsplanänderungen	2	40	9 600,00	240	60	300
Materialdisposition	lmi	Anzahl Aufträge	1	100	4 800,00	48	12	60
Terminplanung	lmi	Anzahl Saunen	1	200	4 800,00	24	6	30
(Summe lmi)	–		(8)		38 400,00			
Abteilung leiten	lmn		2		9 600,00	Umlagesatz lmn = 25 %		
(Summe lmi + lmn)	–		(10)		48 000,00			

Aufgabe 3: Rechtsfragen, Gewinnverwendung, Vergleich mit Kapitalgesellschaften

1 - Aufteilung des unternehmerischen Risikos auf mehrere Teilhaber
- zusätzliche Eigenkapitalbeschaffung durch Aufnahme weiterer Gesellschafter
- evtl. größere Kreditwürdigkeit durch breitere Haftungsbasis
- Aufteilung der Leitungsfunktion auf mehrere Vollhafter

2 Innenverhältnis: nachgiebiges Recht

- Die Verhältnisse zwischen den Gesellschaftern können sehr verschiedenartig sein; daher sollen die Beteiligten ihre Beziehungen zueinander frei regeln können (Vertragsfreiheit).

- Außenstehende können durch interne Vereinbarungen (z. B. Gewinnverteilung, Mitarbeit) nicht geschädigt werden.

Außenverhältnis: zwingendes Recht

- Ein Vertragspartner muss sich darauf verlassen können, dass ein vertretungsberechtigter Gesellschafter die Vertretungsmacht in vollem Umfang besitzt. Intern geregelte Abweichungen sind Außenstehenden i. d. R. nicht bekannt. Zulässige Abweichungen vom Regelfall (z. B. Gesamtvertretung) müssen ins Handelsregister eingetragen und bekannt gemacht werden (Rechtssicherheit).

- Die Haftung der Gesellschafter ist streng geregelt und kann nur in gesetzlich genau geregelten Ausnahmefällen (z. B. § 28 HGB) eingeschränkt werden.

3 Da Beate Weiß ihre vereinbarte Kapitaleinlage noch nicht voll geleistet hat, haftet sie gemäß § 171 Abs. 1 HGB den Gesellschaftsgläubigern mit dem noch ausstehenden Betrag unmittelbar, d. h. der Gläubiger kann von ihr 80 000,00 EUR verlangen. Die restlichen 15 000,00 EUR muss er gegenüber der KG bzw. den Komplementären geltend machen.

4 Laut Gesellschaftsvertrag gelten die gesetzlichen Geschäftsführungs- und Vertretungsregelungen, d. h. Komplementär Braun hat Einzelgeschäftsführungs- und Einzelvertretungsmacht (§§ 115 Abs. 1 und 125 Abs. 1 HGB).

Wegen der unbeschränkten Einzelvertretungsmacht von Braun ist der Kaufvertrag für die KG rechtlich bindend (Außenverhältnis; §§ 125 f. HGB).

Obwohl es sich um ein gewöhnliches Rechtsgeschäft handelt, durfte er den Kaufvertrag wegen des Einspruchs des geschäftsführenden Vollhafters Müller nicht abschließen (Innenverhältnis; § 115 Abs. 1 HGB). Den übrigen Gesellschaftern stehen im Schadensfall Ersatzansprüche gegen Braun wegen Pflichtverletzung zu.

5.1 - Durch die gleichmäßige Verzinsung (4 %) wird die Höhe des zum Geschäftsbeginn eingesetzten Kapitals der einzelnen Gesellschafter berücksichtigt. Gesellschafter, die ihre Leistungen möglichst frühzeitig erbringen, sollen begünstigt werden.

- Das HGB verlangt die Verteilung des Restgewinns in einem „angemessenen Verhältnis“. Diese Vorgabe wird hier präzisiert durch das Verhältnis 3 : 3 : 1, welches die unterschiedliche Arbeitsleistung (Geschäftsführung und Vertretung durch Komplementäre, neben der Tätigkeitsvergütung) und Risikoübernahme (unbeschränkte Haftung der Komplementäre) der Gesellschafter berücksichtigt.

5.2 Beitrag zur offenen Selbstfinanzierung:

- <u>Braun:</u> Gesamter Gewinnanteil – Tätigkeitsvergütung (Privatentnahme) = 121 000,00 EUR – 48 000,00 EUR = 73 000,00 EUR

- <u>Müller:</u> Gesamter Gewinnanteil – Tätigkeitsvergütung (Privatentnahme) = 113 800,00 EUR – 48 000,00 EUR = 65 800,00 EUR

- <u>Weiß:</u> Wegen der fälligen ausstehenden Einlage von 80 000,00 EUR hat die KG einen Aufrechnungsanspruch gegenüber der Kommanditistin. Sie trägt deshalb mit ihrem gesamten Gewinnanteil von 21 800,00 EUR zur Eigenfinanzierung bei (§ 167 Abs. 2 HGB).

5.3 Erwirtschaftete Gewinne werden nicht ausgeschüttet, sondern erhöhen das Eigenkapital der Gesellschaft. Das Kapital steht dem Unternehmen langfristig und zinslos zur Verfügung; durch die breitere Eigenkapitalbasis ergibt sich außerdem eine höhere Kreditwürdigkeit. Der Verzicht auf Gewinnauszahlung schont zudem die Liquidität des Unternehmens.

6.1 Das eingebrachte Grundstück wurde zum gemeinschaftlichen Vermögen (Gesamthandsvermögen) aller Gesellschafter (§ 105 Abs. 3 HGB i. V. m. §§ 718 f. BGB), d. h. nur mit Zustimmung der Mitgesellschafter kann er das Grundstück zurückerhalten.

6.2 Eine Beteiligung als Teilhafter ist grundsätzlich zulässig, da er nicht dem gesetzlichen Wettbewerbsverbot unterliegt (§ 165 HGB i. V. m. § 112 HGB).

7.1
- Eventuell ergeben sich für die KG Liquiditätsprobleme durch die Auszahlung der Einlage.
- Beim Austritt des einzigen Teilhafters ist kein Fortbestand der Gesellschaftsform KG möglich, sofern kein Nachfolger gefunden wird.
- Die Forderung von Frau Weiß orientiert sich am eingebrachten Kapitalanteil und einem Anteil an den inzwischen erwirtschafteten stillen Reserven einschließlich eines Firmenwerts.

7.2
- Keine persönliche Haftung der Gesellschafter für die Verbindlichkeiten der GmbH; die GmbH als juristische Person haftet nur mit ihrem Gesellschaftsvermögen.
- Geschäftsführung und Vertretung können auf angestellte Geschäftsführer übertragen werden (Drittorganschaft).
- Der Bestand der GmbH ist unabhängig von einem Gesellschafterwechsel („unsterbliche GmbH").

7.3 Gründung einer GmbH mit den Gesellschaftern Braun und Müller, die als Komplementärin in die bestehende KG eintritt. Braun und Müller werden Kommanditisten.

Die Komplementär-GmbH übt die Geschäftsführung aus durch die beiden geschäftsführenden Gesellschafter (GmbH & Co. KG im engeren Sinne, d. h. Personenidentität von Komplementärgesellschaftern und Kommanditisten).

Aufgabe 4: Verhalten der Marktteilnehmer unter Wettbewerbsbedingungen

1.1 Weizen wird an Warenbörsen gehandelt. Diese Marktform kommt dem Modell des Polypols auf dem vollkommenen Markt ziemlich nahe.

Homogene Güter:	Weizen einer bestimmten Sorte und Güteklasse ist ein weitgehend homogenes Gut –> Prämisse näherungsweise erfüllt
Markttransparenz:	Wegen des Börsenhandels besteht zu jedem Zeitpunkt für alle Marktteilnehmer vollständige Information über die relevanten Marktdaten.

1.2

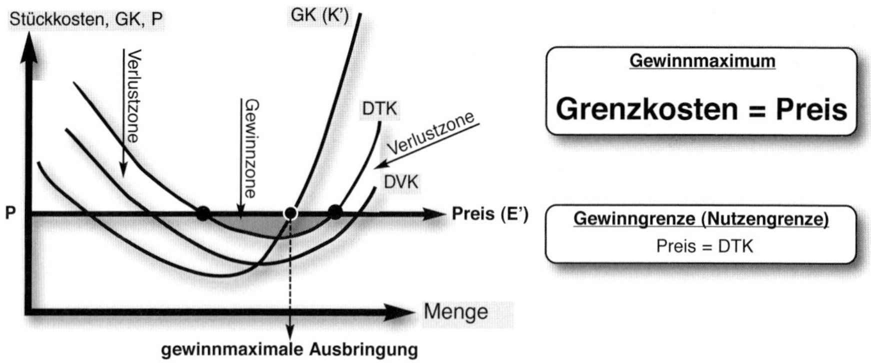

1.3 - Siehe Gewinnzone in Skizze zu 1.2

- Siehe gewinnmaximale Menge in Skizze zu 1.2. Die gewinnmaximale Menge wird bestimmt durch den Schnittpunkt von K` (Grenzkosten) und E`(Grenzerlös).

Betriebswirtschaftliche Begründung:
Links vom Schnittpunkt K'(GK) = E'(P) innerhalb der Gewinnzone lässt sich durch Produktion und Verkauf einer zusätzlichen Gütereinheit der Gesamtgewinn noch steigern, da die zusätzlich entstehenden Kosten K' niedriger sind als der zusätzliche Erlös E'.

Rechts vom Schnittpunkt K'= E' nimmt durch Produktion und Verkauf einer zusätzlichen Gütereinheit der Gesamtgewinn ab, da die zusätzlich entstehenden Kosten K`höher sind als der zusätzliche Erlös E`.

1.4

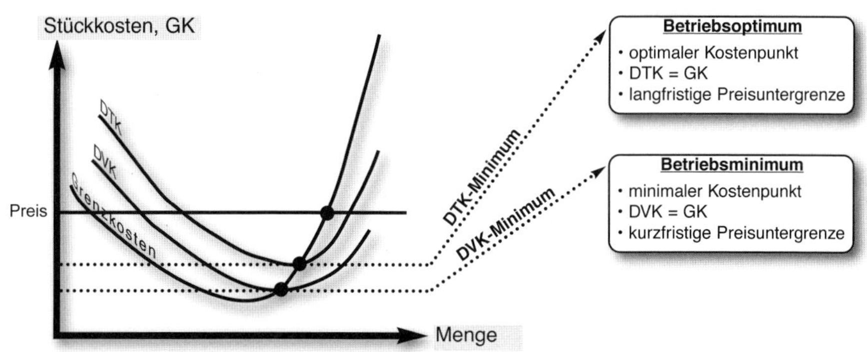

- Da die Gewinnmaximierungsbedingung K'= E'nur auf der Grenzkostenkurve erfüllt sein kann, ist die individuelle Angebotskurve mit dem aufsteigenden Ast der Grenzkostenkurve identisch.

  Bei kurzfristiger Betrachtung beginnt sie in Punkt 1 (kurzfristige Preisuntergrenze). –> Bei diesem Preis werden nur die variablen Kosten gedeckt, was kurzfristig vertretbar sein kann.

  Bei langfristiger Betrachtung beginnt sie in Punkt 2 (langfristige Preisuntergrenze). –> Bei diesem und jedem höheren Preis werden die gesamten Kosten gedeckt.

  Die individuelle Angebotskurve gibt an, wie viele Mengeneinheiten eines Gutes ein Unternehmen bei unterschiedlichen Preisen anbieten würde. Die geplante Angebotsmenge entspricht jeweils der gewinnmaximalen Menge.

1.5 - Günstige Witterungsverhältnisse führen zu einer Produktionserhöhung.

- Kostensenkung durch technischen Fortschritt (z. B. Einsatz leistungsfähigerer Mähdrescher). Aufgrund der gesunkenen Kosten können mehr Unternehmen zum bisherigen Preis anbieten.

2.1 Bei typischem Nachfrageverhalten führt eine Preiserhöhung zu einem Sinken der nachgefragten Menge bei Milchprodukten (Bewegung auf der Kurve).

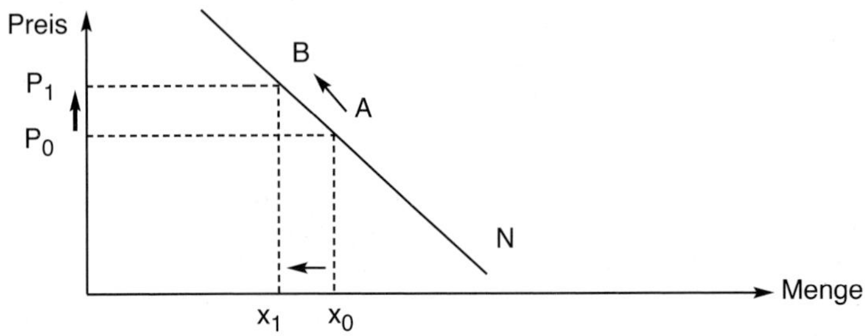

2.2 - Weitere Bestimmungsfaktoren: Einkommenshöhe, Bedürfnisstruktur, Anzahl Nachfrager

- z. B. Einkommenserhöhung –> Zunahme der Nachfrage nach Milchprodukten (z. B. Käse) –> Rechtsverschiebung der Nachfragekurve

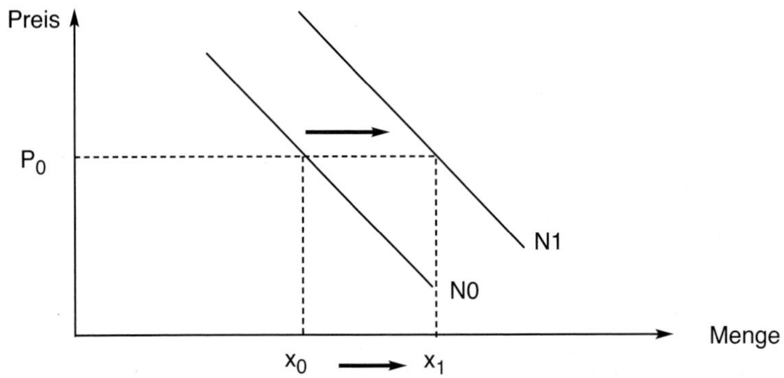

3.1 Die direkte Preiselastizität der Nachfrage gibt an, um wie viel Prozent sich die nachgefragte Menge nach einem Gut ändert, wenn sich der Preis des Gutes um ein Prozent ändert.

Bei einer eher unelastischen Nachfrage ($El_{dir} < 1$) würde die prozentuale Änderung der Nachfragemenge kleiner als die prozentuale Preisänderung ausfallen. Der Staat müsste dann die Tabaksteuer kräftig erhöhen, um die angestrebte Wirkung zu erreichen.

3.2

- $El_{dir} = \frac{\text{prozentuale Mengenänderung}}{\text{prozentuale Preisänderung}} = \frac{15\ \%}{10\ \%} = 1{,}5$

- $0{,}8 = \frac{15\ \%}{p\ \%}$ --> $p\ \% = 18{,}75\ \%$

Die Preise hätten um 18,75 % steigen müssen.

3.2

- $El_{ind} = \frac{\text{prozentuale Mengenänderung loser Tabak}}{\text{prozentuale Preisänderung Zigaretten}}$

- $El_{ind} = \frac{18\ \%}{10\ \%} = 1{,}8$

3.4 Negative Kreuzpreiselastizität: Komplementärgüter, z. B. loser Tabak – Tabakspfeifen bzw. Zigarettenpapier.

Steigen die Preise für Tabakspfeifen, nimmt die Nachfrage nach losem Tabak ab.

Aufgabe 5: Aktuelle Probleme der Wirtschaftspolitik – Umweltpolitik – Beschäftigungs- und Arbeitsmarktpolitik

1.1 - Sinkende Agrarproduktion im Süden aufgrund zunehmender Dürren
- Meeresspiegel steigt durch Abschmelzen der Polkappen; dies erfordert höhere Investitionen im Küstenschutz.

1.2 Externe (soziale) Kosten der Verkehrsträger:
Bei der Nutzung der Verkehrsmittel entstehende Kosten, die nicht vom Verursacher getragen und nicht im Marktpreis berücksichtigt werden, z. B. durch Luftverschmutzung, Lärm, Unfälle, Landschaftsverbrauch.

Internalisierung externer (sozialer) Kosten:
Die externen (sozialen) Kosten werden dem Verursacher zugerechnet. Er muss sie in seine Kostenrechnung einbeziehen. Dies entspricht dem Verursacherprinzip.

1.3.1 Verschmutzungsrechte (Emissionslizenzen) berechtigen den Inhaber zum Ausstoß einer bestimmten Schadstoffmenge für einen bestimmten Zeitraum. Wer darüber hinaus mehr Schadstoffe ausstoßen will, muss Verschmutzungsrechte hinzukaufen. Diese können an der Börse gekauft und verkauft werden.

1.3.2 + 1.3.3 Hinweis: Aufgabenstellung nicht eindeutig, daher Alternativlösungen möglich

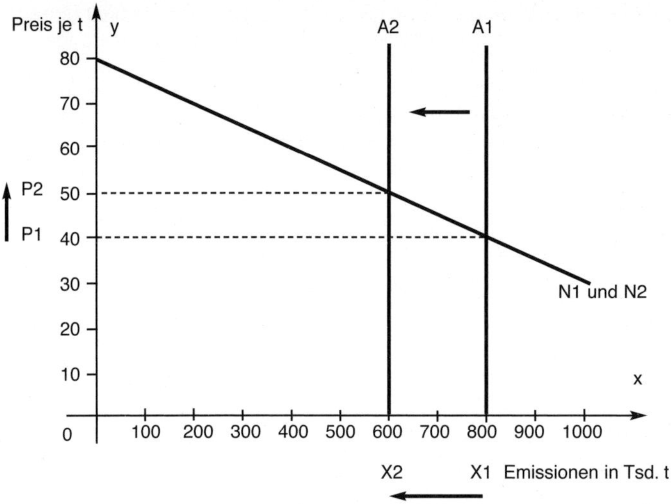

1.3.3 Siehe Veränderung in der Zeichnung zu 1.3.2 oben

Der Staat senkt das Gesamtangebot für Verschmutzungsrechte auf 600 000 Tonnen. Bei konstanter Gesamtnachfrage steigt deren Preis auf 50,00 EUR/t. Dies ist umweltpolitisch erwünscht.

1.3.4 Kontra:

- Es ist ethisch nicht vertretbar, das Recht auf Schädigung der Umwelt zu versteigern.
- Es könnte vorkommen, dass Unternehmen ihre Anlagen im Land schließen, ihre Verschmutzungsrechte verkaufen und in einem Nachbarland neue umweltbelastende Anlagen errichten.

Pro:

- Die gewünschte Schadstoffmenge kann genau festgelegt werden.
- Es handelt sich um ein marktwirtschaftliches Instrument, das Innovationen im Bereich der Umwelttechnologie auslöst.

(je 1 Nennung)

1.3.5 Der Kleinwagen hat 26 g/km freie CO_2-Lizenzen, diese können vom Hersteller an der Börse für Emissionshandel verkauft werden. Dadurch kann dieser Fahrzeugtyp billiger angeboten werden.

Der Hersteller des Geländewagens benötigt 190 g/km CO_2-Lizenzen, diese muss er an der Börse für Emissionshandel kaufen. Dadurch könnte dieser Fahrzeugtyp teurer werden.

2.1 Für den betreffenden Zeitraum sind folgende Feststellungen aus der Statistik abzuleiten:

- Die Zahl der erwerbstätigen Arbeitnehmer hat sich trotz eines Wachstums des realen BIP kaum verändert.

  Wenn mit gleichem Arbeitskräfteeinsatz eine Mehrproduktion erzielt wird, kann dies mit der gestiegenen Produktivität von 2,36 % bzw. mit dem Aufbau von Überstunden und/ oder dem Abbau von Kurzarbeit erklärt werden.

  Die Zahl der registrierten Arbeitslosen (+ 154 000) und die Arbeitslosenquote haben zugenommen.

- Die Höhe des Wirtschaftswachstums war nicht hoch genug, um positive Beschäftigungseffekte auszulösen.

2.2 Bei der Berechnung der Arbeitslosenquote werden z. B. folgende Tatbestände nicht oder nur teilweise berücksichtigt:

- Nicht bei der Arbeitsagentur registrierte Arbeitslose (verdeckte Arbeitslose)

- Ältere Arbeitnehmer gehen unfreiwillig in den Vorruhestand.

- Schüler und Studenten verbleiben mangels Arbeitsgelegenheit länger im Bildungssystem.

(2 Argumente)

2.3 - Erkennbar wird die strukturelle Arbeitslosigkeit in der Anzahl von offenen Stellen einerseits und Arbeitssuchenden/Arbeitslosen andererseits (mismatch-Arbeitslosigkeit).

- Wirtschaftlicher Strukturwandel und verzögerte bzw. mangelnde Anpassung der Arbeitnehmer durch Aus- und Fortbildung an diese Veränderung (qualifikatorischer mismatch)

West-Ost-Gefälle durch Wegbrechen traditioneller Absatzmärkte in Osteuropa nach der Wiedervereinigung (regionaler mismatch)

3.1

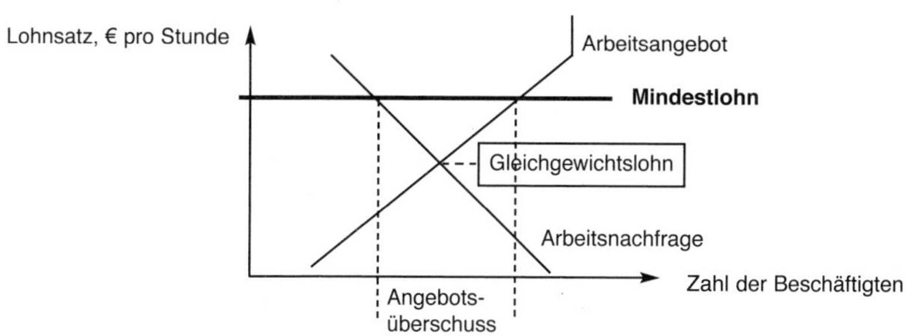

Der nach unten starre Mindestlohn verursacht ein Ungleichgewicht auf dem Arbeitsmarkt.

3.2 Im klassischen Arbeitsmarktmodell sind Ungleichgewichte auf den Märkten kein grundsätzliches, sondern allenfalls ein zeitliches Problem. Es wird davon ausgegangen, dass sich aufgrund der Marktmechanismen automatisch wieder ein Gleichgewicht einstellt, wenn niemand die Marktkräfte behindert. Ein Lohnsatz unterhalb vom Mindestlohn würde zu mehr Einstellungen führen und damit helfen, die Arbeitslosigkeit abzubauen.

3.3
- Es ist moralisch nicht vertretbar, dass ein Arbeitnehmer voll arbeitet und davon nicht leben kann bzw. genau so viel oder noch weniger erhält als ein Bezieher von Arbeitslosengeld II.

- Kaufkrafttheorie des Lohnes: Durch angemessene Entlohnung wird die Binnenkonjunktur aufgrund steigender Konsumgüternachfrage gestärkt und die Beschäftigung gesichert/ erhöht.

- Es ist nicht Aufgabe des Staates, gezielte Lohnreduktionen von Betrieben durch Sozialtransfers auszugleichen.

3.4 Tarifparteien handeln nach Auffassung des Sachverständigenrates beschäftigungspolitisch dann verantwortungsvoll, wenn die ausgehandelten Lohnerhöhungen unterhalb des Produktivitätsfortschritts liegen.

In diesem Fall sinken die Lohnstückkosten und die Wettbewerbsfähigkeit der Unternehmen steigt. Dies ist ein Beitrag zur Beschäftigungssicherung.

33 Abituraufgaben 2010

BWL

Aufgabe 1: Vollkosten-, Kostenstellen-, Kostenträgerstückrechnung; GmbH

1.1 - Eine Hauptkostenstelle gibt ihre Leistungen direkt an die Kostenträger ab.
- Eine Hilfskostenstelle gibt ihre Leistungen an andere Kostenstellen ab.

1.2 BAB siehe nächste Seite.

	Gesamtkalkulation (Istkosten)	Istzuschlagssätze	Gesamtkalkulation (Normalkosten)	Normalzuschlagssätze
MEK	278 000,00 EUR		278 000,00 EUR	
MGK	33 360,00 EUR	12 %	38 920,00 EUR	14 %
Materialkosten	311 360,00 EUR		316 920,00 EUR	
FEK I	440 000,00 EUR		440 000,00 EUR	
FGK I	242 000,00 EUR	55 %	264 000,00 EUR	60 %
FEK II	240 000,00 EUR		240 000,00 EUR	
FGK II	436 800,00 EUR	182 %	432 000,00 EUR	180 %
Sondereinzelkosten der Fertigung	10 000,00 EUR		10 000,00 EUR	
Fertigungskosten	1 368 800,00 EUR		1 386 000,00 EUR	
Herstellkosten der RP	1 680 160,00 EUR		1 702 920,00 EUR	
+ Bestandsmind. FE	39 840,00 EUR		39 840,00 EUR	
Herstellkosten d. Umsatzes	1 720 000,00 EUR		1 742 760,00 EUR	
VerwGK	42 004,00 EUR	2,5 %	42 573,00 EUR	2,5 %
VertGK	120 400,00 EUR	7 %	104 565,60 EUR	6 %
Selbstkosten d. U.	1 882 404,00 EUR		1 889 898,60 EUR	

1.3 Fertigung I: Werkstattfertigung mit hohen Lohnanteilen und geringem Automatisierungsgrad
Fertigung II: Hoher Automatisierungsgrad mit hohem Gemeinkostenanteil (z. B. kalkulatorische Abschreibungen) und geringen Fertigungslöhnen

1.4 Die Kostenstellenleiter werden dazu motiviert, die Gemeinkosten zu senken. Die Kostensenkung bezieht sich hauptsächlich auf Verbrauchsabweichungen.

Unberücksichtigt bleibt dabei, dass die Kostenstellenleiter auf Preis- und Beschäftigungsabweichungen keinen Einfluss haben. Des Weiteren werden durch die Umlage der Hilfsstellen auf andere Kostenstellen Kosten verteilt, die der Kostenstellenleiter nicht zu verantworten hat.

Außerdem kann eine übermäßige Kostensenkung betriebswirtschaftlich nachteilig sein (z. B. unterlassene Instandhaltung, Verwendung von billigeren Betriebsstoffen schlechterer Qualität).

BAB zu Teilaufgabe 1.2:

	Allg. Hilfskostenstellen		Material-stelle	Fertigungs-hilfsstelle technisches Büro	Fertigungs-hauptstelle I	Fertigungs-hauptstelle II	Verwaltungs-stelle	Vertriebs-stelle
	Energie-zentrale	Kantine						
Summe der Gemeinkosten	14 000	26 000	28 860	15 600	231 300	410 600	36 804	111 400
Umlage Energiezentrale		2 000	1 000	1 000	2 000	5 000	1 000	2 000
Zwischen-summe		28 000	29 860	16 600	233 300	415 600	37 804	113 400
Umlage Kantine			3 500	1 400	7 700	4 200	4 200	7 000
Zwischen-summe			33 360	18 000	241 000	419 800	42 004	120 400
Umlage techn. Büro					1 000	17 000		
Summe der Gemeinkosten			33 360		242 000	436 800	42 004	120 400
Zuschlags-grundlagen			278 000		440 000	240 000	1 680 160	1 720 000
Istzuschlags-sätze			12 %		55 %	182 %	2,5 %	7 %
Normalzu-schlagssätze			14 %		60 %	180 %	2,5 %	6 %

Normalgemein-kosten			38 920		264 000	432 000	42 573	104 565,60
Istgemeinkos-ten			33 360		242 000	436 800	42 004	120 400,00
Kostenüber-/-unterdeckung			5 560		22 000	–4 800	569	–15 834,40
10 % Prämie			556		2 200	Keine Prämie	56,90	Keine Prämie

2.1

Fertigungsmaterial		50,00 EUR
+ Materialgemeinkosten	14 %	7,00 EUR
= Materialkosten		57,00 EUR
Fertigungslöhne I		75,00 EUR
+ Fertigungsgemeinkosten I	60 %	45,00 EUR
Fertigungslöhne II		40,00 EUR
+ Fertigungsgemeinkosten II	180 %	72,00 EUR
+ Sondereinzelkosten der Fertigung (SEKF)		158,00 EUR
= Fertigungskosten		390,00 EUR
= Herstellkosten		447,00 EUR
+ Verwaltungsgemeinkosten	2,5 %	11,18 EUR
+ Vertriebsgemeinkosten	6 %	26,82 EUR
= Selbstkosten		485,00 EUR
+ Gewinnzuschlag	5 %	24,25 EUR
= Barverkaufspreis		509,25 EUR
+ Kundenskonto	3 %	15,75 EUR
= Zielverkaufspreis		525,00 EUR
+ Kundenrabatt	20 %	131,25 EUR
= Angebotspreis		656,25 EUR

2.2

Materialkosten		68,00 EUR
Fertigungslöhne		**80,00 EUR**
+ Fertigungsgemeinkosten	90 %	72,00 EUR
= Zwischensumme		152,00 EUR
+ Sondereinzelkosten der Fertigung (SEKF)		180,00 EUR
Fertigungskosten		332,00 EUR
= Herstellkosten		400,00 EUR
+ Vw/VtGK	5 %	20,00 EUR
= Selbstkosten		420,00 EUR

Die Arbeitsstunde darf höchstens **10,00 EUR** kosten.

3.1 Das Gehalt sollte nicht als kalkulatorischer Unternehmerlohn aufgenommen werden. Es wird in der Finanzbuchhaltung als Aufwand verbucht und stellt damit Zweckaufwand (= Grundkosten) dar. Ein Ansatz als kalkulatorischer Unternehmerlohn würde zu einer Doppelverrechnung von Kosten und damit zu einem überhöhten kalkulierten Angebotspreis führen.

3.2

	Nennbetrag der Geschäftsanteile	Anzahl der Stimmen
Zimmermann	4,0 Mio. EUR	4,0 Mio. Stimmen
Ladmann	3,0 Mio. EUR	3,0 Mio. Stimmen
Schneider	2,0 Mio. EUR	2,0 Mio. Stimmen

Zimmermann setzt sich mit seiner Forderung durch, wenn

- Ladmann und/oder Schneider zustimmen,
- Ladmann und/oder Schneider sich der Stimme enthalten.

Damit erreicht Zimmermanns Antrag jeweils die erforderliche Mehrheit der abgegebenen Stimmen (§ 47 Abs. 1 und 2 i. V. m. § 46 Abs. 5 GmbHG).

3.3 Wesentlicher Bestimmungsgrund für den Kaufpreis ist einerseits der tatsächliche Wert des Geschäftsanteils an der GmbH. Durch die Bildung von Gewinnrücklagen (in Höhe von 50 % der Nennbeträge) liegt der tatsächliche Wert des Geschäftsanteils von Schneider über dem Nennbetrag seines Geschäftsanteils. Darüber hinaus ist Schneider an den möglichen stillen Reserven der GmbH beteiligt. Deshalb sollte der Kaufpreis über dem Nennbetrag seines Geschäftsanteils liegen.

Andererseits ist der Verkaufspreis des Geschäftsanteils Verhandlungssache. In einer schwierigen wirtschaftlichen Situation kann der Kaufpreis auch unter dem Nennbetrag des Geschäftsanteils liegen.

Aufgabe 2: Personengesellschaften im Vergleich (rechtliche Grundlagen), offene Selbstfinanzierung der KG, statische und dynamische Investitionsrechnung

1 Der OHG-Gesellschaftsvertrag ist grundsätzlich formfrei. Durch die Sacheinlage in Form eines Grundstücks ist eine notarielle Beurkundung des Gesellschaftsvertrags erforderlich (§ 311b BGB).

2.1 Im **Außenverhältnis** gilt für gewöhnliche und außergewöhnliche Rechtsgeschäfte Einzelvertretungsbefugnis, d. h. der Vertrag ist für die OHG bindend (§ 125 Abs. 1 HGB).

Im **Innenverhältnis** führt der Widerspruch von Berger gegen diese gewöhnliche Handlung dazu, dass diese unterbleiben muss (§ 115 Abs. 1 HGB). Der Kaufvertrag hätte nicht abgeschlossen werden dürfen. Falls der OHG ein Schaden entsteht, kann Zeisel wegen Verstoßes gegen seine Geschäftsführungsbefugnisse in Anspruch genommen werden (Schadensersatzpflicht).

2.2 Im **Außenverhältnis** gilt für gewöhnliche und außergewöhnliche Rechtsgeschäfte Einzelvertretungsbefugnis, d. h. der Vertrag ist für die OHG bindend (§ 125 Abs. 1 HGB).

Im **Innenverhältnis** handelt es sich um eine außergewöhnliche Handlung, die die Zustimmung aller Gesellschafter (hier: von Berger) erfordert (§ 116 Abs. 2 HGB). Der Pachtvertrag hätte nicht abgeschlossen werden dürfen. Gegebenenfalls ist Zeisel schadensersatzpflichtig.

3 Es wäre im Hinblick auf Zügigkeit und Flexibilität der im Geschäftsleben erforderlichen Entscheidungen sehr umständlich, bei allen gewöhnlichen Geschäften die Zustimmung aller Gesellschafter einholen zu müssen. Die Gemeinschaft der OHG-Gesellschafter erfordert als Arbeits- und Risikogemeinschaft gegenseitiges Vertrauen, was in der Einzelgeschäftsführungsbefugnis mit der Möglichkeit des Widerspruchs zum Ausdruck kommt.

4.1

Gesellschafter	Gesamtgewinnanteil	Tätigkeitsvergütung	Privatentnahmen	Offene Selbstfinanzierung
Berger	146 000,00 EUR	60 000,00 EUR	36 000,00 EUR	50 000,00 EUR
Zeisel	142 800,00 EUR	60 000,00 EUR	24 000,00 EUR	58 800,00 EUR
Keller	41 000,00 EUR			(*)

Die beiden Komplementäre könnten in Höhe der nicht entnommenen Gewinnanteile zur offenen Selbstfinanzierung beitragen. Kommanditist Keller könnte bei entsprechender Vereinbarung seine 41 000,00 EUR (*) Gewinnanteil in zusätzliches Kommanditkapital umwandeln.

4.2 Die Komplementäre haben für ihre Geschäftsführungstätigkeit keinen Anspruch auf Gehalt. Zur Finanzierung ihres Lebensunterhaltes haben sie die Möglichkeit, unabhängig von einer eventuell vertraglich vereinbarten Tätigkeitsvergütung, Privatentnahmen zu tätigen. Diese werden mit ihrem Gewinnanteil oder zu Lasten ihres Kapitalanteils verrechnet. Die betragsmäßige Begrenzung soll eine übermäßige Verringerung der Eigenkapitalsubstanz der KG verhindern.

4.3 - Die Kapitalanteile der beiden Komplementäre werden erhöht: Berger hat einen Kapitalanteil von 250 000,00 EUR, Zeisel von 178 800,00 EUR.
- Der Kapitalanteil des Kommanditisten Keller bleibt bei 50 000,00 EUR. Sein Gewinnanteil wird als „Verbindlichkeiten gegenüber Keller" in Höhe von 41 000,00 EUR ausgewiesen.
- Die liquiden Mittel erhöhen sich um 149 800,00 EUR auf 219 800,00 EUR.

5.1 **Kostenvergleichsrechnung:**
- Kostenentwicklung im Zeitablauf bleibt unberücksichtigt
- Rentabilität der Investition wird nicht berücksichtigt

Kapitalwertmethode:
- Zukünftige Ein- und Auszahlungen beruhen nur auf Schätzungen.
- geschätzter einheitlicher Kalkulationszinsfuß für die gesamte Laufzeit

5.2

Ende des Jahres	Einzahlungen in EUR	Auszahlungen in EUR	Einzahlungsüberschüsse in EUR	Barwert (6 %) in EUR
1	125 000,00	45 000,00	80 000,00	75 472,00
2	135 000,00	50 000,00	85 000,00	75 650,00
3	135 000,00	47 000,00	88 000,00	73 886,00
4	140 000,00	70 000,00	70 000,00	55 447,00
5	160 000,00	85 000,00	75 000,00	56 044,00
6	195 000,00	60 000,00	135 000,00	95 170,00
Barwertsumme				431 669,00
– Anfangsauszahlung				400 000,00
+ Liquidationserlös				7 050,00
= Kapitalwert				38 719,00

Alternativ: Verwendung des Taschenrechners mit finanzmathematischen Funktionen (exakter Kapitalwert: 38 718,09 EUR)

Der Kapitalwert von + 38 719,00 EUR besagt, dass der Investor
- sein eingesetztes Kapital zurückerhält,
- eine Verzinsung in Höhe des Kalkulationszinssatzes erzielt,
- einen zusätzlichen Überschuss erzielt, dessen Barwert 38 719,00 EUR beträgt.

5.3 - Das Konkurrenzunternehmen erwartet eine höhere Mindestverzinsung, da möglicherweise das Risiko höher eingeschätzt und ein Anstieg des allgemeinen Zinsniveaus erwartet wird.

- Der Kapitalwert sinkt, da bei vergleichbarer Höhe der Investitionsausgaben die anfallenden Einzahlungsüberschüsse sowie der Liquidationserlös mit dem höheren Zinssatz abgezinst werden und daher mit einem niedrigeren Barwert in die Rechnung eingehen.

Aufgabe 3: Kapitalgesellschaften im Vergleich (rechtliche Grundlagen), Beteiligungs- und Selbstfinanzierung bei der AG

1

Kriterien	GmbH	AG
Mindestkapital	25 000,00 EUR	50 000,00 EUR
Vertretung	durch den/die Geschäftsführer (Gesamtvertretung)	durch den/die Vorstände (Gesamtvertretung)
Haftung	die GmbH mit dem Gesellschaftsvermögen; keine persönliche Haftung der Gesellschafter	die AG mit dem Gesellschaftsvermögen; keine persönliche Haftung der Aktionäre

2
- Kapitalbeschaffung: Die GmbH ist für einen begrenzten Investorenkreis geeignet; größere Kapitalbeträge können in der Regel nur durch ein breites Anlegerpublikum durch Stückelung in kleine Kapitalbeträge aufgebracht werden.
- Veräußerung der Kapitalanteile: Die Börsennotierung erlaubt eine leichtere Übertragbarkeit der Anteile.

3.1
- Bilanz: Gegenüberstellung von Vermögen und Kapital zum Bilanzstichtag
- GuV: Gegenüberstellung aller Aufwendungen und Erträge der Rechnungsperiode zur Ermittlung des Jahresergebnisses
- Anhang: Erläuterung der einzelnen Positionen der Bilanz und der GuV-Rechnung; Darstellung der angewandten Bilanzierungs- und Bewertungsmethoden

(ab 2010 zusätzlich Kapitalflussrechnung und Eigenkapitalspiegel; § 264 HGB)

3.2
- Gewinnthesaurierung in guten Jahren ermöglicht eine Dividendenkontinuität auch in schlechteren Jahren.
- Offene Selbstfinanzierung schafft Kapital für neue Investitionen (siehe TOP 7).
- höhere Kreditwürdigkeit durch Verbreiterung der Eigenkapitalbasis

3.3

Jahresüberschuss	242 Mio. EUR
./. 50 % Einstellung in andere Gewinnrücklagen	121 Mio. EUR
= Bilanzgewinn	121 Mio. EUR
./. Dividendenausschüttung 96 Mio. Aktien × 1,00 EUR	96 Mio. EUR
= Gewinnvortrag	25 Mio. EUR

Eigenkapitalpositionen nach vollständiger Gewinnverwendung:

Gezeichnetes Kapital	270 Mio. EUR
Kapitalrücklage	98 Mio. EUR
gesetzliche Rücklage	22 Mio. EUR
andere Gewinnrücklagen (660 + 121)	781 Mio. EUR
Gewinnvortrag	25 Mio. EUR

3.4 Der Jahresüberschuss und die anderen Gewinnrücklagen hätten voll ausgeschüttet werden können. Kapitalrücklage und gesetzliche Rücklage dürfen zum Zweck der Gewinnausschüttung nicht aufgelöst werden (§ 150 Abs. 4 AktG). Insgesamt hätten maximal 660 Mio. EUR + 242 Mio. EUR = 902 Mio. EUR ausgeschüttet werden können. Das hätte eine Stückdividende von 9,39 EUR ergeben.

3.5 Die Zusammensetzung des Aufsichtsrates bei Kapitalgesellschaften mit mehr als 2 000 Arbeitnehmern wird durch das Mitbestimmungsgesetz geregelt: Die Hauptversammlung wählt sechs Aktionärsvertreter in den Aufsichtsrat (§ 7 Abs. 1 Nr. 1 MitbestG).

4.1 Flüss. Mittel: + 435,2 Mio. EUR; Gezeichn. Kapit.: + 90,0 Mio. EUR; Kapitalrücklage + 345,2 Mio. EUR

4.2 - Durch die Nutzung der Bezugsrechte zum Kauf von jungen Aktien haben die Altaktionäre die Möglichkeit, ihre prozentuale Beteiligung an der Aktiengesellschaft zu erhalten (z. B. Sperrminorität).

- Die Ausgabe junger Aktien führt in der Regel zur Kursverwässerung. Der den Altaktionären dadurch entstehende Vermögensverlust soll durch die Gewährung von Bezugsrechten ausgeglichen werden.

4.3 – Bezugsverhältnis (BV) = 3:1

Bezugsrecht	= (Ka – Kn)/(BV + 1)
1,40 EUR	= (Ka – 13,60 EUR)/(3 + 1)
5,60 EUR	= Ka – 13,60 EUR
Ka	= 19,20 EUR
Mittelkurs	= Kurs alte Aktie – Bezugsrecht
	= 19,20 EUR – 1,40 EUR
	= 17,80 EUR

– Der tatsächliche Wert des Bezugsrechtes ergibt sich aus Angebot und Nachfrage an der Börse.

4.4 Vermögenswerte vor der Kapitalerhöhung:

500 Aktien: 500 × 19,20 EUR = 9 600,00 EUR

Vermögenswerte nach der Kapitalerhöhung:

– Zukauf 200 junge Aktien:

benötigte Bezugsrechte 200 × 3	= 600
./. vorhandene Bezugsrechte	= 500
= noch zu beschaffende Bezugsrechte	= 100

100 × 1,40 EUR	=	140,00 EUR
200 × 13,60 EUR	=	2 720,00 EUR
Kaufpreis für 200 junge Aktien	=	2 860,00 EUR

700 Aktien: 700 × 17,80 EUR	=	12 460,00 EUR
./. Kaufpreis für 200 junge Aktien	=	2 860,00 EUR
		9 600,00 EUR

– Verkauf aller Bezugsrechte:

500 Bezugsrechte × 1,40 EUR	=	700,00 EUR
+ 500 Aktien × 17,80 EUR	=	8 900,00 EUR
		9 600,00 EUR

VWL

Aufgabe 4: Binnenwert des Geldes und Geldwertmessung in Verbindung mit den Grundsätzen der Geldpolitik der Europäischen Zentralbank

1.1 Der Verbraucherpreisindex informiert darüber, dass sich die Preise wichtiger Güter der privaten Lebenshaltung im gewogenen Durchschnitt vom Basisjahr 2005 bis August 2008 um 7,3 % erhöht haben.

1.2 Die Preisindizes für leichtes Heizöl, Kraftstoffe und Nahrungsmittel sind stark gestiegen, der Index für langlebige Gebrauchsgüter ist gesunken.

Diese Preisindizes gehen zusammen mit den Indizes ähnlicher Güter in verschiedene Hauptgruppenindizes ein. Aus dem gewogenen arithmetischen Mittel von insgesamt 12 solcher Hauptgruppenindizes (= Wägungsschema) wird der VPI berechnet.

Die Gewichtung der Hauptgruppen „Wohnung...", „Verkehr", „Nahrungsmittel...", denen die Güter Heizöl, Kraftstoffe und Nahrungsmittel jeweils zugeordnet sind, ist größer als bei der Hauptgruppe „Hausrat", zu der die langlebigen Gebrauchsgüter gehören. Deshalb wirken sich die hier vorliegenden Preissteigerungen bei Heizöl, Kraftstoffen und Nahrungsmitteln stärker auf den VPI aus als die Preissenkung bei langlebigen Gebrauchsgütern.

1.3 – Das Wägungsschema gibt die durchschnittlichen Ausgabenanteile privater Haushalte für die verschiedenen Warengruppen an. Diese dienen als Gewichtungsfaktoren bei der Ermittlung des VPI.

– Durch die Aktualisierung des Wägungsschemas werden Änderungen des Konsumverhaltens der privaten Haushalte berücksichtigt.

1.4 103,9 Pkte. = 100,00 %
2,7 Pkte. = 2,60 % Preisniveauänderung

106,6 Pkte. = 100,00 %
– 8,1 Pkte. = – 7,60 % Kaufkraftabnahme

1.5 – Neben dem Beschäftigungsziel ist die Preisniveaustabilität das wichtigste wirtschaftspolitische Ziel. Durch seine Erreichung sollen die mit einer Geldwertminderung einhergehenden negativen Folgen vermieden werden, z. B.:

- Außerkraftsetzung von Preisfunktionen zur Steuerung der Märkte
- Fehlinvestitionen wegen mangelnder Planungssicherheit
- negative Verteilungswirkung
- sinkende Kaufkraft
- sinkendes Vertrauen in die Währung

– Das von der EZB formulierte Ziel einer jährlichen Preisniveausteigerung von „unter, aber nahe bei 2 %" wurde nicht erreicht.

2.1 Als Leitzinsen werden die von der EZB festgelegten Zinssätze (Hauptrefinanzierungssatz, Spitzenrefinanzierungssatz und Einlagesatz) bezeichnet, durch deren Höhe die EZB den angestrebten geldpolitischen Kurs signalisiert.

Offenmarktpolitik:

- Hauptrefinanzierungsgeschäft: kurzfristige Kredite der EZB an die Geschäftsbanken mit einwöchiger Laufzeit zum Hauptrefinanzierungssatz (= wichtigster Leitzinssatz)

Ständige Fazilitäten:

- Spitzenrefinanzierungsfazilität: Tagesgeldkredite der EZB an die Geschäftsbanken

- Einlagefazilität: Tagesgeldanlagen der Geschäftsbanken bei der EZB

2.2 Wegen der aus Material 1 ersichtlichen kontinuierlichen Preisniveausteigerung kann es sich nur um eine Erhöhung der Leitzinsen gehandelt haben.
Zweck: Erhöhung des Zinsniveaus zur Dämpfung der kreditfinanzierten Nachfrage und damit Stabilisierung des Preisniveaus

3.1 - Abschwächung einer drohenden Rezession durch bessere Versorgung des Bankensystems mit Liquidität in Form zinsgünstiger Kredite

- Ursache-, Wirkungs-Zusammenhänge:

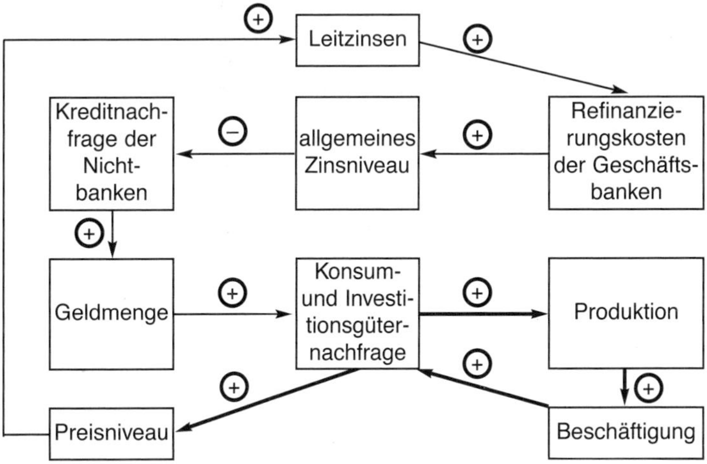

Begründungen für die ergänzenden Ursache-Wirkungs-Zusammenhänge:

- Wenn die Nachfrage nach Konsum- und Investitionsgütern steigt, steigt die Produktion.
- Wenn die Produktion steigt, steigt die Beschäftigung.
- Wenn die Beschäftigung steigt, steigt die Nachfrage nach Konsum- und Investitionsgütern.
- Wenn die Nachfrage nach Konsum- und Investitionsgütern steigt, steigt (sofern das Angebot nicht in gleichem Umfang steigt) das Preisniveau.

3.2 Das Ziel einer Konjunkturankurbelung durch expansive Geldpolitik wird möglicherweise wegen des Angebotscharakters der Maßnahmen aus folgenden Gründen nicht erreicht (Störfaktoren):

- Die Geschäftsbanken geben die günstigen Refinanzierungskonditionen nicht (vollständig) an ihre Kunden weiter, weshalb das allgemeine Zinsniveau nicht sinkt und der erhoffte Impuls auf Kreditnachfrage, Konsum und Investitionen ausbleibt.

- Aufgrund pessimistischer Zukunftserwartungen fragen Unternehmen und Verbraucher die angebotenen günstigeren Kredite nicht nach.

- Kapitalabfluss ins Ausland, wenn dort die Zinsen höher sind, statt Steigerung von Konsum und Investitionen im Inland.

3.3 - Der Zufluss von Anlagekapital aus dem US-$-Raum in den EUR-Raum schwächt sich aufgrund der geringer werdenden Zinsunterschiede ab. Das führt zu einer sinkenden EUR-Nachfrage. Bei gleichbleibendem EUR-Angebot kommt es damit tendenziell zu einer Abwertung des EUR gegenüber dem US-$.

- Dies führt zu einer Verringerung der in US-$ ausgedrückten Preise deutscher Exportgüter und zu einer Verteuerung der in US-$ zu zahlenden Importgüter. Daraus könnte eine Zunahme der Exportmengen und eine Abnahme der Importmengen resultieren.

(Anmerkung: Wenn man den Beginn des Zeitraums betrachtet und davon ausgeht, dass die *noch hohen* EUR-Zinsen im Gegensatz zu den *bereits* 0 %-USD-Zinsen das Kapital nochmals in den EUR-Raum fließen lassen, kann man auch zu folgender Argumentation gelangen: *noch* Zufluss von Anlagekapital in den EUR-Raum und damit Aufwertung, Exportrückgang, Importzunahme)

<u>Aufgabe 5:</u> Verhalten der Marktteilnehmer unter Wettbewerbsbedingungen (Nachfrage und Angebot am Gütermarkt), Preisbildung unter Wettbewerbsbedingungen in Verbindung mit Markteingriffen des Staates

1 Siehe **Anlage 1** und **Anlage 3**

2 Die Gesamtnachfrage ergibt sich durch Addition der bei unterschiedlichen Preisen individuell nachgefragten Mengen. Da für die drei Nachfrager jeweils unterschiedliche Prohibitivpreise gelten, verläuft die Nachfragekurve im vorliegenden Fall nicht stetig.

3 Siehe **Anlage 2** und **Anlage 3**

4 Das individuelle Angebot von Unternehmen ist abhängig von der jeweiligen Kostenstruktur. Im vorliegenden Fall liegt das Betriebsoptimum jeweils bei unterschiedlichen Mengen. Daraus folgt, dass auch die jeweiligen Grenzkostenkurven, die wiederum den individuellen Angebotskurven zugrunde liegen, unterschiedlich verlaufen.

5 Gleichgewichtspreis 33,00 EUR, Gleichgewichtsmenge 160 m^3

6 - Preiserhöhung bei anderen Energieträgern, z. B. Heizöl
- Umweltgesichtspunkte: Holz ist ein CO2-neutraler Brennstoff

In beiden Fällen ergibt sich eine Rechtsverschiebung der Nachfragekurve.

7

$$El_{ind} = \frac{25\ \%}{20\ \%} = +\ 1{,}25$$

Eine Preiserhöhung bei Heizöl um 1 % führt zu einer Erhöhung der nachgefragten Menge bei Brennholz um 1,25 %. Da es sich um Substitutionsgüter handelt, ist die El_{ind} positiv.

8.1 – Marktkonforme Maßnahme, da die Preisfunktionen nicht außer Kraft gesetzt werden.

– Skizze:

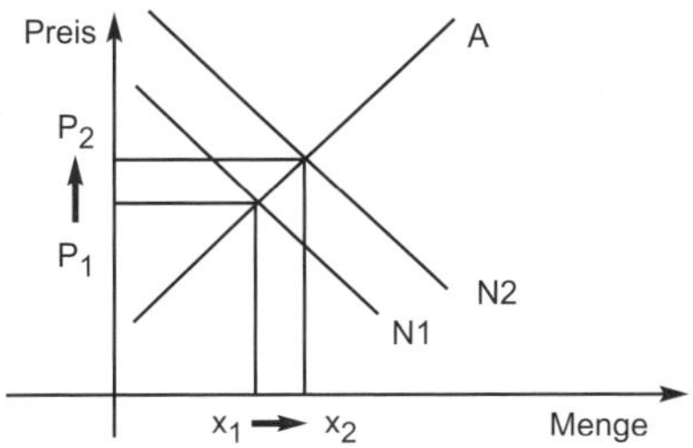

– Folgen für die Nachfrager:

- Rechtsverschiebung der Nachfragekurve wegen Zunahme der Nachfrage
- Gleichgewichtspreis und Gleichgewichtsmenge steigen
- Die Preissteigerung ist geringer als der Zuschuss, sodass die Zielgruppe tatsächlich begünstigt wird.

Folge für die Anbieter:

- Auch die Anbieter sind begünstigt, da sie eine höhere Menge zu einem höheren Preis absetzen können.

Folge für die Stadt:

- Die Stadtkasse wird durch diese Transferzahlung belastet.

8.2 – Skizze:

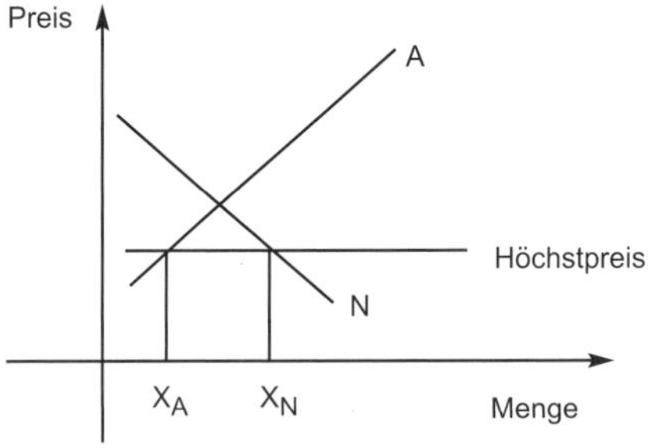

– Es entsteht ein Nachfrageüberhang

- Folgen für die Nachfrager:

  Nicht alle Nachfrager erhalten die von ihnen bei diesem Preis gewünschte Menge.

  Allerdings können einige Nachfrager die gewünschte Menge zu einem niedrigeren Preis, als sie zu zahlen bereit gewesen wären, kaufen.

- Folgen für die Anbieter:

  Angebotene Menge ist geringer, weil sich die Produktion für einige Anbieter bei diesem Preis nicht mehr lohnt (Preis liegt unterhalb der Preisuntergrenze).

- Folgen für die Stadt:

  Die Stadt muss die angebotene Menge rationieren und Bezugsscheine ausstellen, was zusätzlichen Verwaltungsaufwand bedeutet.

  Einführung von Kontrollen zur Verhinderung von Schwarzmärkten.

Anlage 1 zu Teilaufgabe 1

Individuelle Nachfragefunktionen für Brennholz:

Nachfrager Axel:	Nachfragemenge =	380 – 10.p
Nachfragerin Beate:	Nachfragemenge =	740 – 20.p
Nachfrager Cäsar:	Nachfragemenge =	1020 – 30.p

Berechnung der Gesamtnachfrage nach Brennholz:

Preis in EUR je m^3	Nachfragemengen in m^3			
	Axel (A)	Beate (B)	Cäsar (C)	Insgesamt
30	80	140	120	340
31	70	120	90	280
32	60	100	60	220
33	50	80	30	160
34	40	60	0	100
35	30	40	0	70
36	20	20	0	40
37	10	0	0	10
38	0	0	0	0

Anlage 3 zu den Teilaufgaben 1, 3 und 5

Koordinatensystem

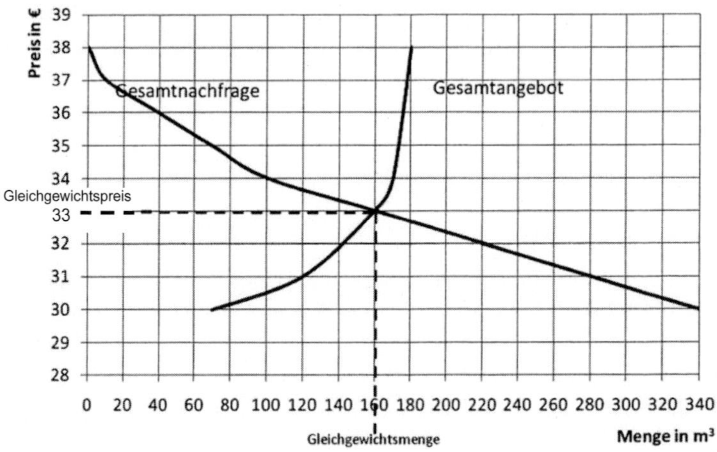

Anlage 2 zu Teilaufgabe 3

Entwicklung der Grenzkosten bei unterschiedlichen Produktionsmengen:

Anbieter Dodel (D)		Anbieter Edel (E)		Anbieter Fadel (F)	
Menge in m³	Genzkosten in EUR	Menge in m³	Genzkosten in EUR	Menge in m³	Genzkosten in EUR
70	30	30	31	5	33
90	31	40	32	9	34
105	32	45	33	12	35
110	33	48	34	14	36
113	34	49	35	16	37
114	35	49	36	17	38
114	36	49	37	Betriebsoptimum 5 m³	
114	37	49	38		
114	38	Betriebsoptimum 30 m³			
Betriebsoptimum 70 m³					

Berechnung des langfristigen Gesamtangebots für Brennholz:

Preis in EUR je m3	Langfristige Gesamtangebotsmengen in m³			
	Dodel (D)	Edel (E)	Fadel (F)	Insgesamt
30	70	0	0	70
31	90	30	0	120
32	105	40	0	145
33	110	45	5	160
34	113	48	9	170
35	114	49	12	175
36	114	49	14	177
37	114	49	16	179
38	114	49	17	180

34 Abituraufgaben 2011

BWL

Aufgabe 1: Personen- und Kapitalgesellschaften im Vergleich (rechtliche Grundlagen), Gewinnverwendung bei KG und AG

1 – Nur die beiden Komplementäre Adam und Geiger haben das Recht zur Geschäftsführung und Vertretung des Unternehmens (§§ 114,125 HGB). Klein und evtl. weitere Kommanditisten sind von der Leitung der KG und weitgehend von der Mitsprache ausgeschlossen (§§ 164, 170 HGB).

– Eine künftige Eigenkapitalbeschaffung wird durch die Aufnahme weiterer Kommanditisten, d. h. beschränkt haftender Gesellschafter, erleichtert.

2.1 Im Außenverhältnis gilt für die Komplementäre Einzelvertretungsbefugnis, d. h., der Vertrag ist für die KG bindend (§ 125 HGB).
Klein haftet gegenüber der Maschinenfabrik mit seiner noch ausstehenden Einlage in Höhe von 100 000,00 EUR unmittelbar (§ 171 Abs. 1 HGB). Da seine noch ausstehende Kapitaleinlage noch nicht fällig ist, hat er gegenüber der KG einen Ausgleichs- oder Verrechnungsanspruch. Mit der Restforderung in Höhe von 50 000,00 EUR kann sich die Maschinenfabrik an die KG oder an die Komplementäre wenden.

2.2 Adam und Geiger können den Einblick verweigern. Kommanditist Klein hat nur das Recht auf Einblick in den Jahresabschluss zum 31.12.2007 (§ 166 Abs. 1 HGB). Ein laufendes Kontrollrecht steht ihm nicht zu.

2.3 – Als Kommanditist unterliegt Klein nicht dem gesetzlichen Wettbewerbsverbot (§ 165 HGB) und benötigt daher keine Zustimmung der beiden Komplementäre. Klein kann sich neben seiner Kommanditbeteiligung auch als geschäftsführender Gesellschafter an der GmbH beteiligen.

– Da Klein als Kommanditist grundsätzlich von der Geschäftsführung ausgeschlossen ist, besteht kaum Gefahr, dass er Geschäftsgeheimnisse der Green-Tec KG in seiner Position als Geschäftsführer der GmbH nutzen könnte. Andererseits kann die Tätigkeit in derselben Branche aufgrund der Konkurrenzsituation zu Interessenkonflikten führen.

3.1

Einlage Klein am 01.02.2007	200 000,00 EUR zu 3 % für 11 Monate	->	5 500,00 EUR
Einlage Klein am 01.07.2007	100 000,00 EUR zu 3 % für 6 Monate	->	1 500,00 EUR
Ausst. Einlage bis 30.06.2007	100 000,00 EUR zu 3 % für 5 Monate	->	–1 250,00 EUR
Zinsen			5 750,00 EUR

3.2

Gesamtgewinn Komplementäre	166 250,00 EUR
– Privatentnahmen	66 000,00 EUR
= offene Selbstfinanzierung	100 250,00 EUR

4 – Die Verzinsung seines Kapitalanteils mit 3 % ist geringer als die im HGB vorgesehene Verzinsung von 4 % (§ 168 i. V. m. § 121 Abs. 1 HGB).
Der auf ihn entfallende Restgewinn von einem Neuntel erscheint ihm zu gering.

– Klein kann frühestens zum 31.12.2008 ausscheiden, sofern er bis zum 30.06.2008 gekündigt hat (§ 132 HGB).

5.1 – Der hohe Kapitalbedarf von 13 000 000,00 EUR kann von einem breiteren Anlegerpublikum durch Stückelung in kleine Kapitalbeträge aufgebracht werden.

– Die AG als juristische Person ist im Gegensatz zur KG unsterblich, d. h. vom Gesellschafterbestand unabhängig.

– Die auf das Gesellschaftsvermögen der AG beschränkte Haftung verhindert den Zugriff auf das Privatvermögen der Anteilseigner.

5.2 Bei der AG gilt der Grundsatz der Gesamtvertretung.

– Im vorliegenden Fall ist der Vertrag zunächst schwebend unwirksam und kann durch Genehmigung von Geiger für die AG rechtswirksam werden.

– Sofern die Satzung für den Vorstand Einzelvertretung vorsieht und dies im Handelsregister eingetragen und veröffentlicht ist, ist der Vertrag für die AG sofort bindend (§§ 78, 81 AktG).

5.3.1 Erforderliche Rücklagenbildung: 10 % von 15 000 000,00 EUR = 1 500 000,00 EUR
Bisher gebildet (Kapitalrücklage und gesetzliche Rücklage):
800 000,00 EUR + 150 000,00 EUR = 950 000,00 EUR

Jahresüberschuss	3 000 000,00 EUR
– Einstellung in gesetzliche Rücklage	150 000,00 EUR
= Zwischensumme	2 850 000,00 EUR
– Einstellung in andere Gewinnrücklagen	1 425 000,00 EUR
= Zwischensumme	1 425 000,00 EUR
+ Gewinnvortrag	130 000,00 EUR
= Bilanzgewinn	1 555 000,00 EUR

Anzahl Aktien: 15 000 000,00 EUR/5,00 EUR = 3 000 000 Aktien
Stückdividende: 1 555 000,00 EUR Bilanzgewinn/3 000 000 Aktien = 0,518 EUR/Aktie
-> 0,51 EUR/Aktie
Dividendenzahlung: 3 000 000 Aktien × 0,51 EUR/Aktie = 1 530 000,00 EUR

5.3.2 – Grundkapital 15 000 000,00 EUR
Kapitalrücklage 800 000,00 EUR
gesetzliche Rücklage 300 000,00 EUR
andere Gewinnrücklagen 1 652 000,00 EUR
Gewinnvortrag 25 000,00 EUR

– Höhe der offenen Selbstfinanzierung:

Jahresüberschuss 2010	3 000 000,00 EUR
– Dividendenzahlung	1 530 000,00 EUR
= offene Selbstfinanzierung	1 470 000,00 EUR

Aufgabe 2: Außenfinanzierung in Form der Darlehensaufnahme, statische und dynamische Investitionsrechnung

1.1 Kosten alte Anlage:
K = 2 000 St. × 550,00 EUR/St. + 500 000,00 EUR = 1 600 000,00 EUR

Kosten neue Anlage:

Fertigungslöhne pro Jahr	400 000,00 EUR	
Fertigungsmaterial pro Jahr	300 000,00 EUR	
sonstige variable Kosten pro Jahr	100 000,00 EUR	800 000,00 EUR
Gehälter pro Jahr	60 000,00 EUR	
sonstige fixe Kosten pro Jahr	140 000,00 EUR	
Abschreibung pro Jahr	400 000,00 EUR	600 000,00 EUR
Kosten pro Jahr		1 400 000,00 EUR

Die neue Anlage verursacht bei einer Absatzmenge von 2 000 Stück 200 000,00 EUR weniger Gesamtkosten als die alte Produktionsanlage.

1.2 kv neu: 800 000,00 EUR/2 000 Stück = 400,00 EUR/Stück

Kostenfunktion der neuen Anlage: K = 400x + 600 000

Kritische Menge:

	Kosten alte Anlage	=	Kosten neue Anlage
	550x + 500 000	=	400x + 600 000
	150x	=	100 000
	x	=	666,67 Stück

Ab einer Absatzmenge von 667 Stück ist die neue Anlage kostengünstiger. Bei kleineren Absatzmengen verursacht die alte Anlage geringere Kosten.

Ersatzlösung:
Kostenfunktion der neuen Anlage: K = 450x + 530.000
Kritische Menge: 300 Stück

1.3.1 $$\text{Amortisationszeit } t = \frac{\text{Anschaffungswert neue Anlage} - \text{Restwert alte Anlage}}{\text{Kosteneinsparung} + \text{zusätzliche Abschreibung}}$$

$$t = \frac{2\,400\,000 - 400\,000}{200\,000 + 300\,000} = 4 \text{ Jahre}$$

Die Amortisationszeit liegt mit 4 Jahren unterhalb der von der Geschäftsleitung erwarteten Amortisationszeit von 5 Jahren.

Ersatzlösung: $$t = \frac{2\,400\,000 - 400\,000}{170\,000 + 300\,000} = 4{,}26 \text{ Jahre}$$

1.3.2 – Kapitalrückflüsse nach Ablauf der Amortisationszeit werden nicht berücksichtigt, sodass u. U. Investitionsalternativen nicht berücksichtigt werden, die langfristig höhere Rückflüsse erzielen.

– Die Amortisationsrechnung gibt keine Auskunft über die Rentabilität der Investition.

1.4.1 Bei der Festlegung der Höhe des Kalkulationszinssatzes können

– der gegenwärtige Zinssatz am Kapitalmarkt zuzüglich eines Risikozuschlags und
– eine vom Investor vorgegebene Mindestverzinsung

von Bedeutung sein.

1.4.2

Jahr	Einzahlungen in EUR*)	Auszahlungen in EUR**)	Einzahlungsüberschüsse in EUR	Abzinsungsfaktor	Barwerte in in EUR
1	1 600 000,00	1 000 000,00	600 000,00	0,909091	545 455,00
2	1 600 000,00	1 000 000,00	600 000,00	0,826446	495 868,00
3	1 600 000,00	1 000 000,00	600 000,00	0,751315	450 789,00
4	1 600 000,00	1 000 000,00	600 000,00	0,683013	409 808,00
5	1 600 000,00	1 000 000,00	600 000,00	0,620921	372 553,00
6	1 600 000,00	1 000 000,00	600 000,00	0,564474	338 684,00
Barwertsumme:					2 613 157,00
Anschaffungswert:					2 400 000,00
Kapitalwert:					213 157,00

*) Einzahlungen = Umsatzerlöse (2 000 St. × 800,00 EUR/St.)
**) Auszahlungen = Kosten – Abschreibungen (1 400 000,00 EUR – 400 000,00 EUR)

Der Kapitalwert besagt, dass der Investor neben der Kapitalrückzahlung eine Verzinsung in Höhe von 10 % seines eingesetzten Kapitals sowie weitere Überschüsse erzielt, deren Barwerte 213 157,00 EUR betragen. Die Investition ist somit vorteilhaft.

Ersatzlösung:

Jahr	Einzahlungen in EUR	Auszahlungen in EUR	Einzahlungsüberschüsse in EUR	Abzinsungsfaktor	Barwerte in in EUR
1	1 600 000,00	1 030 000,00	570 000,00	0,909091	518 182,00
2	1 600 000,00	1 030 000,00	570 000,00	0,826446	471 074,00
3	1 600 000,00	1 030 000,00	570 000,00	0,751315	428 250,00
4	1 600 000,00	1 030 000,00	570 000,00	0,683013	389 317,00
5	1 600 000,00	1 030 000,00	570 000,00	0,620921	353 925,00
6	1 600 000,00	1 030 000,00	570 000,00	0,564474	321 750,00
Barwertsumme:					2 482 498,00
Anschaffungswert:					2 400 000,00
Kapitalwert:					82 498,00

1.4.3 Die Entscheidung war richtig, da eine Anlage des Differenzbetrages zum Kalkulationszinssatz einen Kapitalwert von null Euro hat, sodass sich die Kapitalwerte der beiden Alternativen nicht verändern.

2.1 – Aufwands- und Liquiditätsbelastung

Abzahlungsdarlehen (in EUR)

Jahr	Darlehens-betrag	Tilgung	Zinsen	Disagio	Aufwand	Liquiditäts-belastung
1	2 500 000	625 000	187 500	25 000	212 500	812 500
2	1 875 000	625 000	140 625	25 000	165 625	765 625
3	1 250 000	625 000	93 750	25 000	118 750	718 750
4	625 000	625 000	46 875	25 000	71 875	671 875
Summe		2 500 000	468 750	100 000	568 750	2 968 750

Annuitätendarlehen (in EUR) Faktor 0,301921 Annuität 724.610 EUR

Jahr	Darlehens-betrag	Tilgung	Zinsen	Aufwand	Liquiditäts-belastung
1	2 400 000	532 610	192 000	192 000	724 610
2	1 867 390	575 219	149 391	149 391	724 610
3	1 292 171	621 236	103 374	103 374	724 610
4	670 935	670 935	53 675	53 675	724 610
Summe		2 400 00	498 440	498 440	2 898 440

– Voraussetzung für Gewinnausschüttungen ist ein entsprechend hoher Jahresüberschuss. Der Aufwand beim Annuitätendarlehen ist geringer als beim Abzahlungsdarlehen, sodass es im Hinblick auf das Ziel hoher Dividendenzahlungen vorzuziehen ist.

2.2 Die steuerlich abzugsfähigen Aufwendungen der Finanzierung mindern den Gewinn als Bemessungsgrundlage für die Gewinnbesteuerung. Somit wird bei einem Steuersatz von 30 % ein Liquiditätsabfluss für Steuerzahlungen in Höhe von 30 % der berechneten Aufwendungen verhindert. Die Liquiditätsbelastung sinkt.

2.3 Finanzierung durch Leasing:

- Liquide Mittel nehmen ab durch die Leasingraten.
- Eigenkapital nimmt ab durch den Aufwand für die Leasingraten.

Finanzierung durch Darlehen:

- Anlagevermögen (Maschinen) nimmt zu durch den Kauf der Maschine.
- Liquide Mittel nehmen ab durch Zinszahlung und Tilgung.
- Eigenkapital nimmt ab durch Zinsaufwand, ggf. Disagio und Abschreibung.
- Fremdkapital (Verbindlichkeiten) nimmt zu durch das Darlehen.

Aufgabe 3: Zuschlagskalkulation – BAB – Kostenanalyse und Deckungsbeitrag

1.1

Fertigungsmaterial		200,00 EUR
+ Materialgemeinkosten	15 %	30,00 EUR
= Materialkosten		230,00 EUR
+ Fertigungskosten		587,00 EUR
= Herstellkosten		817,00 EUR
+ Verwaltungsgemeinkosten	5 %	40,85 EUR
+ Vertriebsgemeinkosten	2 %	16,34 EUR
+ Sondereinzelkosten d. Vertriebs		16,81 EUR
= Selbstkosten		891,00 EUR
+ Gewinnzuschlag	20 %	178,20 EUR
= Barverkaufspreis		1 069,20 EUR
+ Kundenskonto	3 %	35,64 EUR
+ Vertreterprovision	7 %	83,16 EUR
= Zielverkaufspreis		1 188,00 EUR
+ Kundenrabatt	12 %	162,00 EUR
= Listenverkaufspreis		1 350,00 EUR

Fertigungsmaterial bisher	220,00 EUR
Fertigungsmaterial neu	200,00 EUR
Kostendifferenz	20,00 EUR
Preisreduzierung in %	**9,1 %**

1.2.1 Lösung siehe **Anlage**

1.2.2 Gesamtkalkulation zur Berechnung der Ist-Zuschlagssätze

	Istkosten (in EUR)	Zuschlagssätze
Fertigungsmaterial	2 800 000,00	
+ Materialgemeinkosten	504 000,00	**18 %**
= Materialkosten	3 304 000,00	
Fertigungslöhne I	1 175.200,00	
+ Fertigungsgemeinkosten I	1 469 000,00	**125 %**
Fertigungslöhne II	983 750,00	
+ Fertigungsgemeinkosten II	1 574 000,00	**160 %**
+ Sondereinzelkosten d. Fertigung	44 050,00	
= Fertigungskosten	5 246 000,00	
Herstellkosten d. Produktion	8 550 000,00	
– Bestandsmehrung	120 000,00	
+ Bestandsminderung	30 000,00	
Herstellkosten d. Umsatzes	8 460 000,00	
+ Verwaltungsgemeinkosten	470 250,00	**5,5 %**
+ Vertriebsgemeinkosten	169 200,00	**2 %**
+ Sondereinzelkosten d. Vertriebs	26 000,00	
Selbstkosten	9 125 450,00	
Betriebsergebnis	**274 550,00**	
Umsatzerlöse	9 400 000,00	

1.3.1 Da die Istgemeinkosten des 1. Quartals höher sind als die den Kunden durch die Angebotskalkulation in Rechnung gestellten Normalgemeinkosten, führt dies zu Kostenunterdeckungen in den Kostenstellen Material, Fertigung I, Fertigung II und Verwaltung.

1.3.2 Ursachen:

- unterdurchschnittliche Beschäftigung
- Preiserhöhung für die zur Leistungserstellung erforderlichen Güter
- erhöhter Verbrauch von Gütern und Diensten

(2 Ursachen erforderlich)

1.3.3 Das tatsächlich erzielte Betriebsergebnis des 1. Quartals wird geringer ausfallen als das geplante Betriebsergebnis (Umsatzergebnis).

1.4 Die in 1.1 berechnete Preisreduktion des Fertigungsmaterials reicht nicht aus, um den gewünschten Gewinn zu realisieren.
Die höheren Istgemeinkosten werden durch die verrechneten Normalgemeinkosten nicht abgedeckt. Um eine Verringerung des angestrebten Gewinns zu vermeiden, müsste das Fertigungsmaterial noch günstiger eingekauft werden.

1.5.1 Bei einer Erweiterung des Produktionsprogramms durch Produkte, deren Herstellungsverfahren unterschiedlich sind (verschieden hohe Fertigungslohnanteile, Inanspruchnahme unterschiedlicher Maschinen und Arbeitsplätze), bewirkt eine detaillierte Kostenstellengliederung im Fertigungsbereich eine verursachungsgerechtere Verteilung der Fertigungsgemeinkosten.
Nur die Produkte, die kostenintensive Bearbeitungsmaschinen in Anspruch nehmen, werden dann mit den verursachten Kosten belastet.

1.5.2 Unterschiedliche Lösungen möglich (eine Lösung verlangt):

Qualitätsmanagement als „spezielle Hilfsstelle“:
Es werden nur bestimmte Tätigkeiten bezogen auf einzelne Kostenstellen durchgeführt (z. B. Wareneingangsprüfungen in der Materialstelle; Warenendkontrollen in den Fertigungsstellen u. a.).

Qualitätsmanagement als „allgemeine Hilfsstelle“:
Qualitätsmanagement wird unabhängig von einer bestimmten Kostenstelle als gesamtbetriebliche Aufgabe angesehen. Diese Hilfsstelle gibt folglich ihre Leistungen an alle anderen Kostenstellen (auch Verwaltungs- und Vertriebsstellen) im Unternehmen weiter.

2.1 Betriebsergebnis = DB – K_f = 480 000,00 – 600 000,00 = – 120 000,00 EUR (Verlust)

Die Gewinnschwelle erfordert einen Deckungsbeitrag in Höhe der Fixkosten. Der DB ist somit um 120 000,00 EUR auf die Höhe der K_f (= 600 000,00 EUR) zu steigern.

120 000,00 × 100/480 000,00 = 25 % (notwendige Steigerung des DB)

Weil E, K_v und DB, ausgehend vom Ursprung, linear verlaufen, müssen die Erlöse um denselben Faktor gesteigert werden:

1 000 000,00 × 1,25 = 1 250 000,00 EUR (Gewinnschwellen-Erlös)

2.2 Der maximal erreichbare Gewinn wird an der Kapazitätsgrenze erzielt.

Beschäftigungsgrad = 66 2/3 % –> DB = 480 000,00 EUR
Beschäftigungsgrad = 100 % –> DB = 720 000,00 EUR

Betriebsergebnis = DB – K_f = 720 000,00 – 600 000,00 = 120 000,00 EUR

Lösung zu 1.2.1, Anlage: Quartals-BAB der Apparatebau German GmbH

	Allgemeine Hilfsstelle	Material	Fertigungs-hilfsstelle	Fertigung I	Fertigung II	Verwaltung	Vertrieb
Summe der Gemeinkosten (in EUR)	360 000	450 000	250 000	1 200 000	1 350 000	434 250	142 200
Umlage Allgemeine Hilfsstelle	→	54 000	18 000	99 000	126 000	36 000	27 000
Zwischensumme		504 000	268 000	1 299 000	1 476 000	470 250	169 200
Umlage Fertigungshilfs-stelle			→	170 000	98 000		
Summe der Gemeinkosten (in EUR)		504 000		1 469 000	1 574 000	470 250	169 200

VWL

Aufgabe 4: Preisbildung bei Unternehmen mit Marktmacht

1.1 – Aktionsparameter

- Der Polypolist auf dem vollkommenen Markt kann sich nur mit seiner Produktionsmenge an den gegebenen Marktpreis anpassen (Mengenanpasser).
- Der Monopolist kann entweder den Preis oder die Menge festlegen (autonomer Preis- oder Mengenfixierer).

– Reaktionsparameter

- Der Polypolist muss den gegebenen Marktpreis und die Produktionskosten berücksichtigen.
- Der Monopolist muss die Reaktion der Nachfrager (direkte Preiselastizität der Nachfrage) un d die Produktionskosten berücksichtigen.

1.2 $p = -0{,}05x + 12$
$E = p \times x = -0{,}05\,x^2 + 12x$
$E' = -0{,}1x + 12$
$E' = 0$ –> $x = 120$ Waschgänge –> $p = 6{,}00$ EUR

$G = 6 \times 120 - (300 + 120 \times 1)$
$G = 300{,}00$ EUR

(auch grafische Lösung möglich)

E = Erlös (Umsatz)
E´= Grenzerlös (Grenzumsatz)
G = Gewinn

1.3 $E' = K'$
$-0{,}1x + 12 = 1$
$x = 110$ Waschgänge –> $p = 6{,}50$ EUR

$G = 6{,}50 \times 110 - (300 + 110 \times 1)$
$G = 305{,}00$ EUR

(auch grafische Lösung möglich)

1.4 Die erlösmaximale Menge ist um 10 höher als die gewinnmaximale.
Für Waschvorgänge, die über die gewinnmaximale Menge von 110 hinausgehen, liegen die Grenzkosten über den Grenzerlösen. Daher sinkt mit weiterer Mengenausdehnung der Gesamtgewinn.

1.5.1 Gewinn mit Preisdifferenzierung:

$x = -20p + 240$
Für $p = 6{,}50$ EUR –> $x = 110$ Waschgänge
Für $p = 8{,}00$ EUR –> $x = 80$ Waschgänge
$E = 8{,}00 \times 80 + 6{,}50 \times 30 = 835{,}00$ EUR
$G = 835 - (300 + 110 \times 1) = 425{,}00$ EUR

1.5.2 <u>Skizze:</u> auch ohne Achsenskalierung möglich

Konsummentenrente ohne Preisdifferenzierung: △ ACp_1

Konsummentenrente mit Preisdifferenzierung: △ABp_2 + △BCD

Abgeschöpfte Konsummentenrente = zusätzlicher Gewinn: ▭ p_2BDp_1

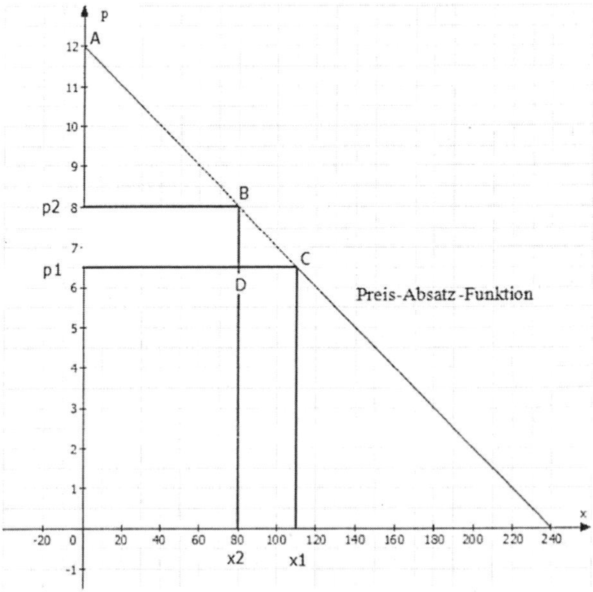

1.5.3 Z. B. zeitliche Preisdifferenzierung:

bis 16:00 Uhr geringere Preise als danach; samstags höhere Preise als unter der Woche; Nachttarife etc.

2.1 +
2.2

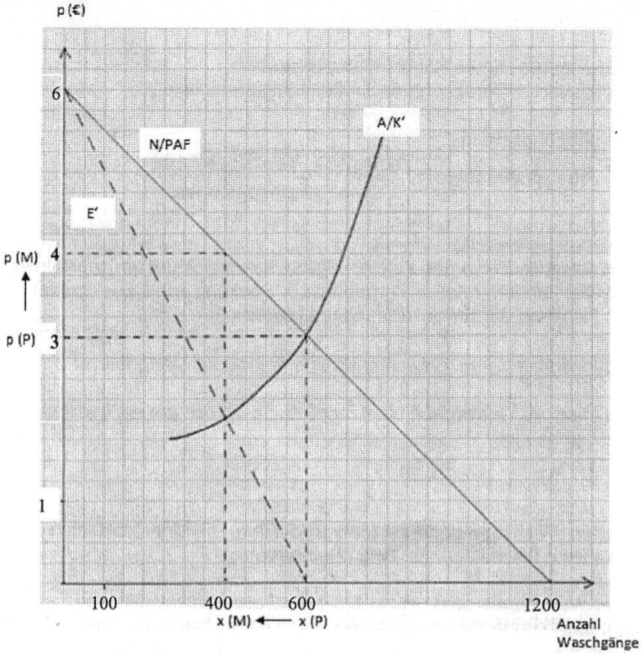

2.1 Unter den Bedingungen des Polypols auf dem vollkommenen Markt beträgt der Gleichgewichtspreis 3,00 EUR und die Gleichgewichtsmenge 600 Waschgänge.

2.2 – Beim Kollektivmonopol beträgt der gewinnmaximale Preis 4,00 EUR und die gewinnmaximale Menge 400 Waschgänge.

– Ein Markt mit vollkommener Konkurrenz ist für den Verbraucher vorteilhafter, weil unter sonst gleichen Bedingungen beim Monopol der Preis höher und die Marktversorgung schlechter ist. Durch Ausnutzung der Marktmacht realisiert der Monopolist sein Gewinnmaximum durch künstliche Angebotsverknappung mit der Folge eines höheren Preises. Deshalb sind Monopole als wettbewerbs- und verbraucherfeindlich zu beurteilen.

2.3 Die Nachfragekurve verschiebt sich nach rechts.

Es ergibt sich ein neuer Schnittpunkt der dadurch veränderten Grenzerlöskurve mit der unveränderten Grenzkostenkurve.

Die Gewinnmaximierungsbedingung E´= K´ ist bei einer höheren Menge und einem höheren Preis erfüllt.

Aufgabe 5: Ziele und Problemfelder der Wirtschaftspolitik, auch anhand von Tagesfragen: Umwelt-, Beschäftigungs- und Arbeitsmarktpolitk

1 – Stetiges und angemessenes Wirtschaftswachstum
Messgröße: Zuwachsrate des realen Bruttoinlandsprodukts

– Hoher Beschäftigungsstand
Messgröße: $\text{Arbeitslosenquote} = \frac{\text{registrierte Arbeitslose} \times 100}{\text{zivile Erwerbspersonen}}$

– Erhaltung einer lebenswerten Umwelt
Messgröße: absolute Zielvorgabe nicht möglich, da es sich um ein qualitatives Ziel handelt (relative Vorgaben, z. B. Senkung von CO_2-Ausstoß, Senkung der Erderwärmung um jeweils x %)

– Soziale Gerechtigkeit (i. V. m. gerechter Einkommens- und Vermögensverteilung)
Messgröße: absolute Zielvorgabe nicht möglich, da es sich um ein qualitatives Ziel handelt (3 Nennungen)

2 – Wirtschaftliches Wachstum bedeutet Mehrproduktion. Die Mehrproduktion führt zu erhöhtem Beschäftigungsstand (Zielharmonie).

– Die Höhe der Wachstumsraten reicht häufig nicht aus, um signifikante Beschäftigungswirkungen auszulösen, weil nach einer Phase der Unterbeschäftigung die Mehrproduktion zunächst durch den Abbau von Kurzarbeit, die Einführung von Überstunden und erhöhte Arbeitsproduktivität ermöglicht wird.
Die Mehrproduktion wird durch vermehrten Kapitaleinsatz und technischen Fortschritt erreicht (Rationalisierungsinvestitionen).
Je nach Art der Arbeitslosigkeit, z. B. strukturelle Arbeitslosigkeit, bleibt trotz Wirtschaftswachstums eine Sockelarbeitslosigkeit bestehen (jobless growth).

3

	Nachfrageorientierte Wirtschaftspolitik	**Angebotsorientierte Wirtschaftspolitik**
Funktionweise marktwirtschaftlicher Systeme	Marktwirtschaften sind tendenziell instabil, weil es aufgrund von Marktunvollkommenheiten und Marktversagen Ungleichgewichte gibt, die nicht auto matisch beseitigt werden.	Marktwirtschaften sind stabil, da sie bei funktionierendem Wettbewerb automatisch zum Gleichgewicht auf allen Märkten (inkl. Arbeitsmarkt) führen.
Hauptursache Wirtschaftskrisen	Zu geringe gesamtwirtschaftliche Nachfrage im Verhältnis zum Produktionspotenzial	Zu geringe private Investitionen aufgrund nicht ausreichend rentabler Produktionsbedingungen
Wirtschaftspolitische Rolle des Staates	Er soll die gesamtwirtschaftliche Nachfrage erhöhen, um Ungleichgewichte zu beseitigen und das System zu stabilisieren. Dazu sind Eingriffe des Staates in den Wirtschaftsablauf notwendig (Globalsteuerung).	Er sorgt für Rahmenbedingungen (Ordnungspolitik), die die Investitionsbereitschaft der Unternehmen (Angebotsseite) stärken. Eingriffe des Staates in den Wirtschaftsablauf (Interventionismus) sollen unterbleiben, da diese zur Instabilität einer Marktwirtschaft führen.

4

Vorhaben	Art der wirtschaftspolitischen Konzeption	Begründung/Wirkungsweise
Koalitionsvertrag:		
Lohnzusatzkosten niedrig halten	angebotsorientiert	Unternehmen bleiben wettbewerbsfähig; Arbeitsplätze bleiben erhalten
Arbeit soll sich lohnen –> mehr Nettoeinkommen	nachfrageorientiert	Erhöhung der Konsumgüternachfrage
	angebotsorientiert	Erhöhung der Leistungsbereitschaft
Beschleunigungsgesetz:		
Steuerpolitik	nachfrageorientiert	Erhöhung der gesamtwirtschaftlichen Nachfrage
	angebotsorientiert	Erhöhung der Leistungsbereitschaft
Förderung erneuerbarer Energien	angebotsorientiert	Sicherung zukunftsträchtiger Geschäftsfelder

Bei plausibler Begründung auch andere Zuordnungen möglich.

5.1 Deficit-spending geht davon aus, dass die in der Rezession aufgenommenen Kredite durch steigende Steuereinnahmen im Aufschwung wieder getilgt werden können.

Risiken:

- Wenn der Aufschwung ausbleibt, gelingt der Ausstieg aus der Verschuldung nicht (pessimistische Zukunftserwartungen, exogene Einflüsse wie Finanzkrise).
- Auch im Aufschwung und in der Hochkonjunktur erfolgt häufig aus politischen Gründen keine Schuldentilgung, da Politiker bisweilen dazu neigen, die Steuermehreinnahmen nicht zur Schuldentilgung, sondern angesichts bevorstehender Wahlen für Wahlgeschenke zu verwenden.

5.2 – Einschränkung des Handlungsspielraums der Regierung, da ein großer Teil der Staatsausgaben auf Zins- und Tilgungsleistungen entfällt und nicht für öffentliche Investitionen, wie z. B. Bildung und Infrastruktur, verwendet werden kann.

– Es besteht die Gefahr, dass der Staat bei der Kreditnachfrage private Kreditnehmer verdrängt und dadurch private Investitionen verhindert werden (crowding out).

5.3 – Zusammenhang zwischen Steuersatz und Steueraufkommen:

Bei gewinnabhängigen Steuern kann ein bestimmtes Steueraufkommen einerseits durch einen hohen (leistungsfeindlichen) Steuersatz bei niedriger gesamtwirtschaftlicher Gewinnsumme, andererseits durch einen niedrigeren Steuersatz bei hoher gesamtwirtschaftlicher Gewinnsumme erzielt werden. Durch die geplante Steuersenkung sollen Leistungsanreize geschaffen werden, um dadurch insgesamt mehr einkommensteuerpflichtiges Einkommen zu schaffen.

– Kritische Stellungnahme:

Bezieher mittlerer Einkommen erhalten durch Steuersenkungen mehr Nettoeinkommen bei gleicher Leistung. Es ist fraglich, inwieweit sich diese Steuersenkung bei dieser Zielgruppe, bei der es sich mehrheitlich um Arbeitnehmer (Gehaltsempfänger) handelt, in einen Leistungsanreiz mit zusätzlicher Einkommenserzielung niederschlagen kann. In der Praxis ist eine sich selbst finanzierende Steuersenkung nicht nachweisbar.

6.1 Die Ökosteuer ist eine Mengensteuer auf umweltbelastende Energieträger. Dadurch entstehen für die Produzenten höhere Kosten. Wenn die Überwälzung der Kostenerhöhung auf die Verbraucher gelingt, kommt es zu den beabsichtigten Preissteigerungen. Dadurch soll der umweltschädliche Energieverbrauch eingeschränkt werden.

Auf diese Weise sollen externe (soziale) Kosten der Umweltschädigung internalisiert, d. h. in der Kostenrechnung der Verursacher berücksichtigt werden.

6.2 Die Senkung der Ökosteuer für Biodiesel führt zu einer Kostenentlastung der Produzenten. Die Angebotskurve verschiebt sich dadurch nach rechts. Beim ursprünglichen Preis liegt jetzt ein Angebotsüberhang vor, sodass es durch eine Bewegung auf den Kurven zu einem neuen Gleichgewicht bei einem niedrigeren Preis und einer höheren Menge kommt.

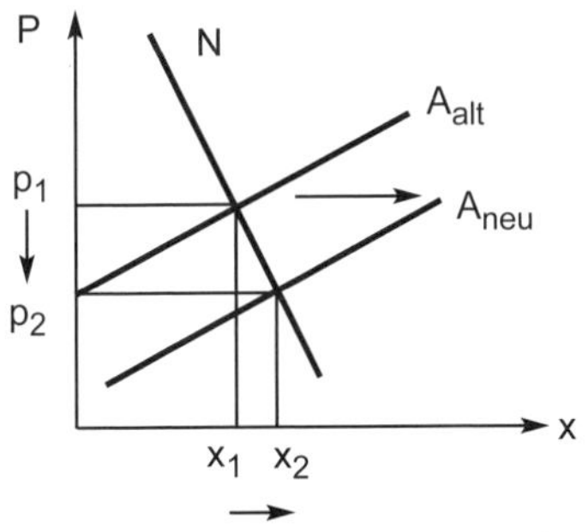

6.3 Da es sich um Substitutionsgüter handelt, nimmt die Nachfrage nach dem vergleichsweise preisgünstigeren Biodieselkraftstoff zu. Die Nachfragekurve verschiebt sich dadurch nach rechts. Beim bisherigen Preis liegt jetzt ein Nachfrageüberhang vor, sodass es durch eine Bewegung auf den Kurven zu einem neuen Gleichgewicht bei einem höheren Preis und einer höheren Menge kommt.

35 Abituraufgaben 2012

BWL

Aufgabe 1: Personengesellschaften (rechtliche Grundlagen), Darlehensfinanzierung, Vergleich Leasing – Kredit auch anhand der Barwerte

1.1 Innenverhältnis: Bei der Aufnahme eines Großkredites handelt es sich um eine außergewöhnliche Handlung, welche die Zustimmung aller Gesellschafter erfordert (§ 161 Abs. 2 i. V. m. § 116 Abs. 2 HGB). Da die Zustimmung von Maier nicht eingeholt wurde, hat Berger seine Geschäftsführungsbefugnis überschritten.

Außenverhältnis: Der Kreditvertrag ist bindend für die KG, da jeder Komplementär Einzelvertretungsbefugnis für gewöhnliche und außergewöhnliche Rechtsgeschäfte besitzt (§ 125 Abs. 1 HGB).

1.2 Als Kommanditist hat Wegmann keinen Anspruch auf Privatentnahmen, sondern nur auf Auszahlung seines Gewinnanteils. Ohne Einwilligung der anderen Gesellschafter ist er nicht befugt, seinen Kapitalanteil zu vermindern (§ 169 Abs. 1 HGB).

1.3
- Der Gesellschaftsvertrag sieht mit einer Verzinsung von 6 % des eingesetzten Kapitals für alle Gesellschafter eine höhere und damit risikoadäquatere Verzinsung als nach § 121 Abs. 1 HGB vor.
- Die Verteilung des Restgewinns soll laut § 168 Abs. 2 HGB in einem angemessenen Verhältnis erfolgen. Im vorliegenden Fall ist die Verteilung des Restgewinns offensichtlich im Verhältnis der Kapitalanteile erfolgt, was als angemessen angesehen werden kann.
- Die Mitarbeit im Unternehmen durch die beiden Komplementäre wurde bereits vorab durch die gewinnunabhängige Tätigkeitsvergütung abgegolten.
- Im Verlustfall bleibt die Belastung von Hans Maier vergleichsweise gering.

Vor diesem Hintergrund ist Hans Maier angemessen am Ergebnis beteiligt.
(drei Aspekte verlangt)

2
- Vorteile: z. B.
  Haftungsbeschränkung für alle Gesellschafter
  GmbH als juristische Person ist unsterblich und vom Gesellschafterwechsel unabhängig.

- Wegmann hat als Kommanditist lediglich ein Kontroll- und Widerspruchsrecht (§§ 166, 164 HGB).
  Als GmbH-Gesellschafter hat er in der Gesellschafterversammlung ein Stimmrecht, das sich nach der Höhe seines Geschäftsanteils bemisst. Jeder Euro eines Geschäftsanteils gewährt 1 Stimme, so dass bei einem Geschäftsanteil von 1 600 000 EUR ein spürbarer Einfluss auf die Geschäftsleitung ausgeübt werden kann.

3.1
- Finance Leasing, da der Vertrag eine unkündbare Grundmietzeit von 48 Monaten vorsieht.
- Indirektes Leasing, da eine selbstständige Leasinggesellschaft das Leasinggut zur Verfügung stellt.

3.2 Darlehen (in EUR)

Jahr	Darlehen Jahresanfang	Zinsen	Tilgung	Abschreibung	Liquitditätsbelastung	Gesamtaufwand
1	180 000	12 600	45 000	30 000	57 600	42 600
2	135 000	9 450	45 000	30 000	54 450	39 450
3	90 000	6 300	45 000	30 000	51 300	36 300
4	45 000	3 150	45 000	30 000	48 150	33 150
5	—	0	0	30 000	0	30 000
6	—	0	0	30 000	0	30 000
Σ		31 500	180 000	180 000	211 500	211 500

Leasingangebot (in EUR)

Jahr	Liquiditätsbelastung	Gesamtaufwand
1	43 200	43 200
2	43 200	43 200
3	43 200	43 200
4	43 200	43 200
5	30 600	30 600
6	30 600	30 600
Σ	234 000	234 000

3.3 Liquiditätsbelastung = Kreditbetrag × Annuitätenfaktor × Laufzeit
= 180 000 EUR × 0,295228 × 4 Jahre
= 212 564,16 EUR

3.4.1 Der Barwert ist der Gegenwartswert einer zukünftigen Zahlung.
Um die in den unterschiedlichen Jahren anfallenden Zahlungen der beiden Finanzierungsalternativen besser miteinander vergleichen zu können, müssen die einzelnen Zahlungen auf einen gemeinsamen Bezugszeitpunkt, im vorliegenden Fall auf den Beginn der Darlehenslaufzeit bzw. der Laufzeit des Leasingvertrages, abgezinst werden.

3.4.2 Darlehen (in EUR)

Jahr	Liquiditätsbelastung vor Steuern	Gesamtaufwand	Steuerminderung	Liquiditätsbelastung nach Steuern	Barwert
1	57 600	42 600	8 520	49 080	45 444
2	54 450	39 450	7 890	46 560	39 918
3	51 300	36 300	7 260	44 040	34 960
4	48 150	33 150	6 630	41 520	30 518
5	0	30 000	6 000	– 6 000	– 4 083
6	0	30 000	6 000	– 6 000	– 3 781
Σ	211 500	211 500	42 300	169 200	142 976

Leasingangebot (in EUR)

Jahr	Liquiditäts-belastung vor Steuern	Gesamt-aufwand	Steuer-minderung	Liquiditätsbe-lastung nach Steuern	Barwert
1	43 200	43 200	8 640	34 560	32 000
2	43 200	43 200	8 640	34 560	29 630
3	43 200	43 200	8 640	34 560	27 435
4	43 200	43 200	8 640	34 560	25 403
5	30 600	30 600	6 120	24 480	16 661
6	30 600	30 600	6 120	24 480	15 427
Σ	234 000	234 000	46 800	187 200	146 556

Die Liquiditätsbelastung ist beim Darlehen im vorliegenden Fall vor und nach Steuern geringer als beim Leasing. Allerdings verringert sich der Unterschied zwischen den beiden Alternativen durch Berücksichtigung von Steuern (die höhere Aufwandsbelastung beim Leasing führt zu einem höheren Steuerminderungseffekt).
Der Vergleich der Barwertsummen zeigt, dass sich die Vorteilhaftigkeit der Kreditfinanzierung weiter verringert (durch die Abzinsung fällt v. a. die höhere Liquiditätsbelastung beim Leasing in den späteren Jahren weniger ins Gewicht). Trotzdem bleibt die Kreditfinanzierung um einen Betrag, dessen Barwert sich auf 3 580 EUR beläuft, günstiger.

3.4.3 Aufgrund der höheren Zinszahlung während der Laufzeit eines Festdarlehens wären die Aufwandsbelastung und folglich die Steuerentlastung größer.

Aufgabe 2: GmbH (rechtliche Grundlagen); Vollkostenrechnung in Form der Zuschlagskalkulation, Angebotskalkulation, Deckungsbeitragsrechnung

1 Der Geschäftsanteil ist die Beteiligung eines Gesellschafters am tatsächlichen Reinvermögen einer GmbH.
Das Stammkapital ist die Summe der Nennbeträge aller Geschäftsanteile.

2 Nennbetrag und tatsächlicher Wert des Geschäftsanteils können voneinander abweichen, wenn Teile des Jahresüberschusses nicht entnommen, sondern den Rücklagen zugeführt werden.

3 Voraussetzungen:
- Das Mindeststammkapital der GmbH muss 25 000 EUR betragen.
- Vor Anmeldung der Gesellschaft müssen mindestens 25 % auf jeden Nennbetrag des Geschäftsanteils und mindestens 50 % des Mindeststammkapitals einbezahlt sein (§§ 5, 7 Abs. 2 GmbHG).

Alle Voraussetzungen sind vor der Anmeldung erfüllt. Die Anmeldung kann erfolgen.

4 Innenverhältnis:
Geschäftsführer sind allein geschäftsführungsberechtigt bis 30 000 EUR (§ 7 Gesellschaftsvertrag), d. h. Blumer hätte ohne Zustimmung der anderen Geschäftsführer die Anlage nicht bestellen dürfen.

Außenverhältnis:
Der Kaufvertrag ist für die GmbH bindend, da jeder Geschäftsführer einzelvertretungsberechtigt ist. Die Beschränkung der Vertretungsbefugnis ist gegenüber Dritten unwirksam (§ 37 Abs. 2 GmbHG).

Ergebnis:
Die GmbH ist zur Zahlung verpflichtet. Blumer ist den anderen Gesellschaftern gegebenenfalls zu Schadensersatz verpflichtet (§ 37 Abs. 1 GmbHG).

5.1 Satzungsänderungen bedürfen einer $\frac{3}{4}$-Mehrheit der abgegebenen Stimmen (§ 53 Abs. 2 GmbHG).

Stimmanteile:

Koch:	75 000 Stimmen (75 000 EUR Nennbetrag des Geschäftsanteils)
Arnold:	20 000 Stimmen (20 000 EUR Nennbetrag des Geschäftsanteils)
Blumer:	35 000 Stimmen (35 000 EUR Nennbetrag des Geschäftsanteils)
	130 000 Stimmen

Koch und Arnold verfügen lediglich über 95 000 Stimmen. Dies entspricht einem Anteil von 73,1 %. Folglich kann Blumer eine Satzungsänderung verhindern.

5.2 Für einen Kapitalgeber ist eine Ausschüttung deshalb von Interesse, weil er für sein investiertes Kapital den Ertrag ausgezahlt bekommen möchte. Er erhält damit die Möglichkeit, neue Anlageentscheidungen zu treffen.

Aus Sicht der GmbH ist es in Anbetracht des geplanten Investitionsvorhabens sinnvoll, auf die Ausschüttung zu verzichten und Teile des Jahresüberschusses einzubehalten, um die Selbstfinanzierung einer Fremdfinanzierung vorzuziehen.

6.1 Vorwärtskalkulation

	Fertigungsmaterial	140,00 EUR
+	Materialgemeinkosten 10 %	14,00 EUR
=	Materialkosten	154,00 EUR
	Fertigungslöhne	80,00 EUR
+	Fertigungsgemeinkosten 110 %	88,00 EUR
=	Fertigungskosten	168,00 EUR
	Herstellkosten	322,00 EUR
+	Verwaltungsgemeinkosten 12 %	38,64 EUR
+	Vertriebsgemeinkosten 5 %	16,10 EUR
+	Sondereinzelkosten des Vertriebs	1,26 EUR
=	Selbstkosten	378,00 EUR
+	Gewinnzuschlag 8 %	30,24 EUR
=	Barverkaufspreis	408,24 EUR
+	Kundenskonto 3 %	12,63 EUR
=	Zielverkaufspreis	420,87 EUR
+	Kundenrabatt 15%	74,27 EUR
=	Listenverkaufspreis	495,14 EUR

6.2 Rückwärtskalkulation

	Selbstkosten	378,00 EUR
+	Gewinnzuschlag	**1,27** EUR
=	Barverkaufspreis	379,27 EUR
+	Kundenskonto 3 %	11,73 EUR
=	Zielverkaufspreis	391,00 EUR
+	Kundenrabatt 15%	69,00 EUR
=	Listenverkaufspreis	460,00 EUR

Gewinnzuschlag in Prozent: $1{,}27 \times 100/378 = 0{,}34$ %

6.3 Die Auffassung von Koch ist dann vertretbar, wenn der Preis über den variablen Stückkosten liegt und somit positive Deckungsbeiträge erwirtschaftet werden. Bei Unterbeschäftigung führt diese Vorgehensweise zu einer Verbesserung des Betriebsergebnisses insgesamt.

Um jedoch dauerhaft am Markt existieren zu können (u. a. hinsichttich zukünftiger Investitionen), muss das Unternehmen einen angemessenen Gewinn erzielen. Deshalb ist die Auffassung von Arnold nachzuvollziehen, vor allem falls das Unternehmen nahezu voll ausgelastet ist.

7.1

	AXXON	**DELTA**	**XYLON**
Erlöse	236 EUR	148 EUR	132 EUR
Fertigungslöhne Sonstige variable Kosten	80 EUR 72 EUR	80 EUR 16 EUR	40 EUR 34 EUR
Stückdeckungsbeitrag	84 EUR	52 EUR	58 EUR
Produktbeitrag (gesamt)	20 160 EUR	15 600 EUR	23 200 EUR
Gesamtdeckungsbeitrag		58 960 EUR	

7.2 Benötigte Fertigungszeit ohne Kapazitätsbeschränkung:

AXXON	240 × 4 =	960 Stunden
DELTA	300 × 4 =	1 200 Stunden
XYLON	400 × 2 =	800 Stunden
Summe		2 960 Stunden

Es liegt eine Engpasssituation vor. Deshalb richtet sich die Rangfolge nach dem relativen Deckungsbetrag.

	AXXON	**DELTA**	**XYLON**
Stückdeckungsbeitrag	84 EUR	52 EUR	58 EUR
Engpassfaktor Zeit	4 Stunden	4 Stunden	2 Stunden
relativer Deckungsbeitrag	21 EUR/Std.	13 EUR/Std.	29 EUR/Std.
Rangfolge	2	3	1
Optimales Produktionsprogramm	**240 Stück**	**200 Stück**	**400 Stück**
Fertigungszeit	960 Stunden	800 Stunden	800 Stunden

Aufgabe 3: AG: Jahresabschluss, Bewertung nach HGB (BilMoG), Analyse des Jahresabschlusses

1 Die Kaiser AG muss sowohl einen Anhang als auch einen Lagebericht erstellen.

Anhang: (§ 264 Abs. 1 S.1 HGB)
Alle Kapitalgesellschaften müssen den Jahresabschluss um einen Anhang erweitern.

Lagebericht: (§ 264 Abs. 1 S.3 HGB)
Mittelgroße und große Kapitalgesellschaften müssen einen Lagebericht erstellen. Die Kaiser AG ist gemäß § 267 Abs. 3 HGB eine große Kapitalgesellschaft. Sowohl die Anzahl der Mitarbeiter (> 250) als auch die Bilanzsummen (> 19 250 000 EUR) erfüllen in beiden Jahren die Kriterien einer großen Kapitalgesellschaft.

2 Anhang: (§ 284 HGB)

Der Anhang liefert weitere Informationen zu einzelnen Posten der Bilanz und GuV-Rechnung (z. B. Bewertungsmethoden).

Lagebericht: (§ 289 Abs. 1 HGB)
Ziel ist es, ein Bild von den tatsächlichen Verhältnissen des Unternehmens zu vermitteln. Dazu sollen der Geschäftsverlauf, das Geschäftsergebnis und die Lage der Kapitalgesellschaft dargestellt werden. Im Gegensatz zum Anhang enthält der Lagebericht auch zukunftsorientierte Angaben.

3.1 (Berechnung des Eigenkapitals: 44,7 – 1,5 (Dividendensumme) = 43,2 Mio. EUR)

- Berechnung

- $\text{Eigenkapitalquote} = \frac{\text{EK} \times 100}{\text{GesKap}} = \frac{43{,}2 \times 100}{237{,}5} = 18{,}2\ \%$

- $\text{Deckungsgrad I} = \frac{\text{Eigenkapital} \times 100}{\text{Anlagevermögen}} = \frac{43{,}2 \times 100}{109{,}8} = 39{,}3\ \%$

- $\text{Deckungsgrad II} = \frac{(\text{EK} + \text{langfr. FK}) \times 100}{\text{AV}} = \frac{(43{,}2 + 100) \times 100}{109{,}8} = 130{,}4\ \%$

- $\text{Liquiditätsgrad II} = \frac{(\text{Kasse, Bank} + \text{Wertpapiere} + \text{Forderungen}) \times 100}{\text{kurzfristiges Fremdkapital}}$

$$= \frac{(15{,}4 + 7{,}9 + 49{,}3) \times 100}{(92{,}8 + 1{,}5)} = 77{,}0\ \%$$

- Beurteilung

- Eigenkapitalquote:
  Die Eigenkapitalquote ist mit 18,2 % nicht zufriedenstellend. Die Unternehmung ist sehr stark auf die Finanzierung mit Fremdkapital angewiesen.

- Deckungsgrad I:
  Beim Deckungsgrad I gilt der Richtwert von 100 %. Dieser wird hier bei weitem nicht erreicht. Dies bestätigt die schlechte Ausstattung des Unternehmens mit Eigenkapital.

- Deckungsgrad II:
  Beim Deckungsgrad II wird der Richtwert von 100 % übertroffen. Die Goldene Bilanzregel ist erfüllt, d. h. das Anlagevermögen wird durch langfristiges Kapital finanziert.

- Liquiditätsgrad II:
  Beim Liquiditätsgrad II wird der Richtwert von 100 % (one-to-one-ratio) nicht erfüllt. Das Unternehmen kann auf der Basis der einzugsbedingten Liquidität seine kurzfristigen Verbindlichkeiten nicht erfüllen. Dies lässt auf eine angespannte Liquiditätslage schließen.

3.2 Eine Erhöhung des Verschuldungsgrades führt zu einer Erhöhung der Eigenkapitalrentabilität, wenn der Fremdkapitalzinssatz niedriger als die Gesamtkapitalrendite ist.
Bei einer Verschlechterung der Gesamtkapitalrentabilität oder einer Erhöhung des Fremdkapitalzinssatzes ergibt sich das Risiko eines negativen Leverage-Effektes.
Dies führt zu einer Verringerung der Eigenkapitalrentabilität. Angesichts des bereits jetzt hohen Verschuldungsgrades und des damit verbundenen Risikos wird der Kreditgeber den Zinssatz erhöhen und/oder keine weiteren Kredite mehr zur Verfügung stellen.

3.3 Die Finanzierung aus den Pensionsrückstellungsgegenwerten stellt eine langfristige Fremdfinanzierung dar, bei der keine Zinszahlungen anfallen. Die mit der Rückstellungsbildung verbundenen Aufwendungen sind noch nicht auszahlungswirksam. Der ausgewiesene Gewinn wird geringer und die Rückstellungsbildung wirkt als Ausschüttungssperre. Durch die geringeren Gewinnsteuern werden zusätzliche liquide Mittel im Unternehmen belassen.

Allerdings führen die gegebenen Pensionszusagen in der Zukunft zu Auszahlungen, die dann die Liquidität der Unternehmung beeinflussen.

4.1 Das „Ergebnis der gewöhnlichen Geschäftstätigkeit" beträgt lediglich 0,7 Mio. EUR. Auffällig ist die GuV-Position 11 „außerordentliche Erträge" in Höhe von 5,7 Mio. EUR. Sie enthält einmalige Vorgänge, die verglichen mit dem Jahresüberschuss in dieser Periode sehr hoch sind. Dies ist nicht in jeder Periode wiederholbar. Bereinigt um diese Größe, wäre der Jahresüberschuss negativ.

4.2.1

		in Mio. EUR
	Jahresüberschuss	3,1
+	a.o. Aufwendungen	0,7
–	a.o. Erträge	5,7
+	Ertragssteuern	2,1
+	Zinsaufwendungen	1,6
–	Zinserträge	0,4
=	EBIT	1,4

4.2.2 Durch das Herausrechnen

- der Steuern kann die Ertragskraft von Unternehmen verglichen werden, für die unterschiedliche Gewinnsteuersätze gelten (Unternehmensform, Land);
- von Zinsen können Unternehmen mit unterschiedlicher Kapitalausstattung und unterschiedlichen Fremdkapitalzinssätzen verglichen werden;
- von außerordentlichen Erträgen und Aufwendungen bleiben einmalige und zufällige Vorgänge unberücksichtigt.

5.1

Artsatz für 10 Maschinen	**Wertuntergrenze**	**Wertobergrenze**
Materialeinzelkosten	400 000 EUR	400 000 EUR
Materialgemeinkosten	100 000 EUR	100 000 EUR
Fertigungseinzelkosten	1 000 000 EUR	1 000 000 EUR
Fertigungsgemeinkosten	1 500 000 EUR	1 500 000 EUR
	3 000 000 EUR	3 000 000 EUR
Verwaltungsgemeinkosten (Verwaltungsbereich)	-	300 000 EUR
Vertriebsgemeinkosten	-	-
Bilanzansatz 31.12.2011	3 000 000 EUR	3 300 000 EUR

Der Unterschiedsbetrag beträgt 300 000 EUR.

5.2 Änderung der GuV-Positionen:

2	Bestandserhöhungen Erzeugnisse:	von 3,5 Mio. EUR auf 3,8 Mio. EUR
15	Jahresüberschuss:	von 3,1 Mio. EUR auf 3,4 Mio. EUR